古代歷史文化 研究輯刊

三二編

王明蓀 主編

第13冊

古代上海與海上絲綢之路

張曉東 著

國家圖書館出版品預行編目資料

古代上海與海上絲綢之路／張曉東 著 -- 初版 -- 新北市：花
木蘭文化事業有限公司，2024〔民113〕
序 2+ 目 4+270 面；19×26 公分
（古代歷史文化研究輯刊 三二編；第 13 冊）
ISBN 978-626-344-876-6（精裝）
1.CST：絲路 2.CST：區域研究 3.CST：歷史地理
4.CST：上海市
618   113009482

ISBN-978-626-344-876-6

古代歷史文化研究輯刊
三二編　第十三冊　　　　　ISBN：978-626-344-876-6

古代上海與海上絲綢之路

作　　者　張曉東
主　　編　王明蓀
總 編 輯　杜潔祥
副總編輯　楊嘉樂
編輯主任　許郁翎
編　　輯　潘玟靜、蔡正宣　美術編輯　陳逸婷
出　　版　花木蘭文化事業有限公司
發 行 人　高小娟
聯絡地址　235 新北市中和區中安街七二號十三樓
　　　　　電話：02-2923-1455／傳真：02-2923-1452
網　　址　http://www.huamulan.tw 信箱 service@huamulans.com
印　　刷　普羅文化出版廣告事業
初　　版　2024 年 9 月
定　　價　三二編 28 冊（精裝）新台幣 84,000 元　　版權所有・請勿翻印

古代上海與海上絲綢之路

張曉東　著

作者簡介

張曉東，男，（1977～），籍貫山東威海。華東師範大學歷史學系 08 屆博士畢業，2008 年入上海社會科學院工作，現任上海社科院歷史研究所副研究員，上海鄭和研究中心助理主任及兼職教授。

作者多年來專攻運河史、軍事史和海洋史，海權戰略問題，曾撰寫專著《漢唐漕運與軍事》、《漢唐軍事史論集》、《隋唐海上力量與東亞周邊關係》，撰寫歷史學與國際問題研究領域論文六十餘篇，在雜誌、報紙等媒體發表時政評論二十餘篇。

提　　要

本書的名稱為「古代上海社會與海上絲綢之路」，研究古代上海地區的歷史發展和海上絲路的關係，包括上海地區在海上絲路上的地位、影響，海上絲路交流活動對上海地區社會發展的影響等。「上海地區」一詞的內涵是指當代上海直轄市的行政管轄範圍內地域，及其在古代相對應的地理範圍。

本書按上海地區絲路港變遷的三個不同階段分三編展開研究，三個階段為「青龍鎮絲路港時期」、「上海絲路港前期」、「上海絲路港後期」。階段劃分的依據是地理環境和人文環境的變遷。研究具體圍繞多個方面的問題展開：一是地理環境變遷及其對港口的影響，包括港口體系、關係的變化；二是航線變遷對港口的影響，及港口地位變化；三是國家對外政策變化，包括市舶貿易機構變化對當地對外關係、社會經濟、傳統城市化的影響；四是古代上海與絲路貿易有關的商業和生產進步；五是古代上海發生的中外文化交流活動；六是考古資料、域外文獻等新資料的集中分析利用。

係 2019 年申請所獲上海市社會科學規劃辦資助一般課題項目結項成果，項目號為「2019BLS007」。

序

　　歷史是一個過程，這個過程包括過去、現在、和未來，它從未結束。

　　整部歷史是一個極其宏大的過程，或者說進程，而其中又可辨認出很多相對小的具體過程。無數的具體歷史過程各有始終，彼此之間可能會是互不相干，也可能是相互影響的關係。眾多的具體歷史過程一旦在共同的時空相交織，就構成了有機的歷史格局。在特定的歷史格局中，某些強大的具體歷史過程會造成引領整個格局的歷史潮流。

　　今天的上海是中國最大、最重要的城市之一，而在世界上也是最大、最重要的城市之一。今天的上海直轄市，是中國的省級行政區，在國內是級別最高的行政區劃。無論政治、經濟還是文化，上海都在全中國具有舉足輕重的地位。在全球的港口貿易中，上海的地位也是位列前茅的。然而，在古代，在大一統的王朝時期，上海只是郡縣制體系中的一隅之地。今天上海市轄境之地在古代所設過的最高行政區劃是松江府，在中央王朝的指揮棒面前和全國幾百個同級別行政區沒有什麼兩樣。即使如此，古代上海依然能成為沿海地區屈指可數的絲路交流重鎮之一，從唐宋開始這片土地在海上交流中的地位在很多方面都不亞於中國東南沿海的主要港口城市。除了本書中將要分析的地理條件優勢外，上海的絲路地位也是相關的歷史過程和歷史格局的作用結果。

　　中國自古就是是一個大國，其海陸複合型大國的地理形態形成於秦漢，在那時就兼有了廣闊的大陸疆域、漫長的海岸線和廣闊的海疆，也開始了海上絲綢之路交流活動。從秦漢到隋唐，中國的經濟重心一直在向更便於海洋交流的東南部移動，這一進程直到宋代才完成。在唐宋之際，海上絲綢之路的興盛進程以唐代海上陶瓷之路的興盛為前驅和重要表現，古代上海最初的海港青龍

鎮港因此被催生。因此,從一開始,上海地區的城鎮在古代興起之初就在經濟重心南移和陶瓷之路興盛的環境中成長。唐朝、宋朝和元朝對海上對外交流持日益重視甚至鼓勵的態度,而中國海洋活動的發展態勢也呈持續上升的狀態。在明初鄭和下西洋活動結束之後,明清王朝面對海洋卻開始逐漸變得保守,其海洋政策不斷出現消極作用。可是,從唐宋到明清,海上絲綢之路交流活動日益興盛,無論怎樣的海禁政策都無法扭轉中國和世界向海交流,以及向海求發展的歷史進程,中國的歷史轉型也向一個海洋大國非常緩慢的在推進。16 世紀開始,全球化的進程如火如荼的開展,海洋對人類文明發展的意義變得空前重要,以海洋為中心的新的世界歷史格局出現,各地的舊格局被打破,無論哪個地區的社會想要和海洋活動保持距離都是困難的。傳統的海上絲綢之路交流,以及明清上海的生產和貿易,也都被深深捲入新的歷史進程中,被全球化的浪潮所推動。在整個明清時期,世界性的海上交流始終處在向上發展的歷史進程中,古代上海的港口發展和對海交流也就在明清政策消極面和全球繁盛海洋活動之間的巨大張力中繼續前行。

目

次

序

緒　論 ……………………………………………… 1

　一、研究緣起與意義 ……………………………… 1

　二、國內外相關研究現狀述評 ………………… 4

　三、寫作內容和研究思路 ……………………… 9

　四、研究方法及創新方向 ……………………… 12

　五、上海絲路關係史的分期與理論借鑒………… 13

第一編　青龍鎮絲路港時期 ……………………… 19

第一章　隋唐五代時期青龍鎮的興起及其絲路
　　　　歷史背景 ……………………………… 21

　一、唐代上海地區絲路活動的支點港出現……… 23

　二、唐五代絲路貿易新變化與上海地區社會經濟
　　　發展 …………………………………………… 24

　三、文獻所見上海地區早期海上絲路航行及其
　　　航線背景分析 ………………………………… 29

第二章　青龍鎮與唐宋海上陶瓷之路中轉貿易…… 37

　一、海上陶瓷之路的興盛是青龍鎮港發展的重要
　　　機遇 …………………………………………… 37

二、青龍鎮遺址出土唐代陶瓷的豐富來源及其
意義分析 ……………………………………………… 40

三、唐代青龍鎮港的中轉貿易外銷輻射範圍分析 ‧‧ 43

四、青龍鎮遺址出土宋瓷的產地與海外市場分析 ‧‧ 47

第三章 「循海岸水行」航線變遷與青龍鎮港
中轉貿易樞紐地位 …………………………… 53

一、唐代青龍鎮港是東北亞絲路航線上的中轉
樞紐 ……………………………………………… 53

二、唐五代青龍鎮港在中國南北間的航海樞紐
地位 ……………………………………………… 57

三、宋代沿海航線演變與青龍鎮港之陶瓷中轉
貿易樞紐地位 …………………………………… 61

第四章 宋代的上海地區與中日佛教交流 ………… 65

一、宋代上海地區佛教發展與超果寺法脈之興盛 ‧‧ 65

二、宋代中日佛教發展大勢與佛學交流 …………… 70

三、日本俊芿國師來滬求法始末考論 ……………… 74

四、俊芿求法有成的交通條件分析 ………………… 75

第五章 宋代市舶貿易與華亭、青龍的城鎮社會
經濟 …………………………………………… 79

一、北宋華亭縣與青龍鎮港的市舶務機構設置 ‧‧‧‧ 80

二、市舶貿易對青龍鎮社會經濟的推動 …………… 85

三、南宋時期華亭市舶司的變動與青龍鎮的興衰 ‧‧ 90

四、南宋晚期青龍鎮港的衰落與上海地區海港的
分散化 …………………………………………… 96

第六章 青龍鎮港興衰的交通地理分析 ………… 101

一、青龍鎮的地理優勢之一：長江口的水上丁字
路口效應 ………………………………………… 102

二、青龍鎮港地理優勢之二：江南的出海門戶 ‧‧‧ 107

三、青龍鎮港地理不利因素分析 ………………… 112

第二編 上海絲路港前期 ……………………………… 115

第七章 上海港的興起：從外貿港市到絲路港
城市 …………………………………………… 117

一、上海鎮市舶機構的設置 ……………………… 118

二、上海市舶與上海鎮的關係 …………………… 121

第八章　元代海洋貿易政策與上海地區絲路港口
　　　　條件變遷 ……………………………………… 127
　　一、元代前期外貿政策的拉動作用 …………… 127
　　二、元代中後期上海港口地理條件和貿易政策的
　　　　變化 ………………………………………… 131
第九章　元代上海地區大族與外貿活動………… 135
　　一、海運權貴與海事活動：崇明朱氏、嘉定張氏
　　　　和西沙殷氏 ………………………………… 135
　　二、市舶權貴楊氏及其他家族的海上貿易活動 … 141
第十章　元代上海地區與中日佛教交流 ………… 147
　　一、清拙正澄赴日傳法事蹟考論 ……………… 147
　　二、清拙傳法與文化交流成功之原因分析 …… 149
第三編　上海絲路港後期 ……………………… 155
第十一章　明代上海地區與海上絲綢之路 ……… 157
　　一、明初上海地區與官方海事活動 …………… 158
　　二、明代上海地區出口生產基地的形成與本地
　　　　絲路貿易的復興 …………………………… 164
第十二章　清代上海地區與東、南海上絲綢之路
　　　　　貿易 …………………………………… 175
　　一、清代上海港口貿易與東方海上絲綢之路 … 175
　　二、清代南方海上絲綢之路上的上海地區與
　　　　東南亞貿易 ………………………………… 182
　　三、清代上海地區棉布生產進步和中西貿易的
　　　　發展 ………………………………………… 185
　　四、清代絲路貿易與上海沙船業的興起………… 188
第十三章　《備邊司謄錄》中清代上海社會與
　　　　　海上貿易的資料考察 ………………… 191
　　一、以《備邊司謄錄》所見涉及古代上海地區
　　　　參與國際貿易的史料 …………………… 193
　　二、史料所見古代上海地區海上航行人員的地域
　　　　和職業信息 ……………………………… 200
　　三、史料所見涉及古代上海地區的航行線路與
　　　　商品信息 ………………………………… 204
　　四、史料中所見航行日程及其他信息…………… 213

第十四章　海洋歷史變革中上海地區絲路貿易的
　　　　　困境及波折轉型 …………………………… 217
　一、海關時代的海禁政策對上海地區對外貿易的
　　　制約 …………………………………………… 218
　二、全球貿易的歷史變革與上海港口的絲路美譽 224
　三、古代上海的海洋城市性質問題 ……………… 228
第十五章　明清上海地區港口的通海地理條件……… 231
　一、明清上海的交通地理優勢 …………………… 231
　二、明清上海地區絲路交流活動的不利地理因素
　　　分析………………………………………………… 237
第十六章　結　論 ……………………………………… 243
　一、古代上海作為絲路重鎮的發展分期及其特徵 243
　二、古代上海地區在絲路中的地位形成的原因 … 246
　三、政策和人文因素對上海絲路活動的影響 …… 250
　四、上海與絲路關係史的現實啟示意義………… 251
參考文獻 ………………………………………………… 253
後　記 …………………………………………………… 269

緒　論

一、研究緣起與意義

　　本書名為「古代上海與海上絲綢之路」，是在上海市社會科學規劃辦公室資助的一般課題項目「古代上海社會與海上絲綢之路研究」結項成果的基礎上擴展和深化而成的。本書主要研究的是「上海地區」的古代歷史發展和古代海上絲綢之路的關係，包括上海地區在古代海上絲綢之路上的地位和影響，以及古代海上絲綢之路交流活動對上海地區社會發展的影響等問題。

　　本書中將使用的「上海地區」一詞是一個地理範圍，而不是指一個行政區劃，其地理內涵是指當代上海直轄市的行政管轄範圍內地域，及其在古代相對應的地理範圍，在東經 120°52′～122°12′及北緯 30°40′～31°53′之間，包括今天上海市 16 個市轄區的地域範圍，總面積為 6340.5 平方千米，主要包括大致相當於清代松江府的區劃範圍的全部，以及清代蘇州府、太倉州的一部分地域。因為在中國古代並無「上海直轄市」的區劃名稱，當然歷史上也存在過以「上海」為名的行政區劃，如南宋出現的「上海鎮」和元代開始有的「上海縣」，但與今天上海直轄市的地理範圍也有很不相同。從行政區劃看，今天上海市的歷史前身最初是由唐宋的華亭縣開始演變，包括了元代的松江府和明清的松江府。其實直到現在，浦東區的外圍沿海地帶仍然有些地方是新近不久才成陸的，某些地方成陸淤積也仍在海平面 1 米線以下，沿海淤積形成新陸的自然歷史過程仍在繼續發展中。上海東部沿海的海岸線也有一些地方可能會發生有限的海侵、海蝕現象，而上海直轄市範圍內的土地在歷史上也出現過已形成的陸地重新淪為海洋的現象。如在宋代，大、小金山本與大陸陸地連

接，存在熱鬧的聚落，而今天卻成為位於杭州灣口北部的島嶼，距上海市金山區陸地上的金山嘴約 6.2 千米。完全打破流動化的歷史地理過程去論述上海史是不可能的，也沒有必要。

在當今世界中，海洋對於各國社會和經濟發展的意義重大。南方財經全媒體集團南財智庫、《21 世紀經濟報導》聯合中國（深圳）綜合開發研究院共同編製的《現代海洋城市研究報告（2021）》顯示，當時中國全國海洋生產總值占我國沿海地區生產總值的比重在逐年上升，已接近五分之一，在 2021 年首次突破 9 萬億元，達 90385 億元，同比增長 8.3%。而早在 2017 年，《全國海洋經濟發展「十三五」規劃》便首次提出，推進上海、深圳等城市建設全球海洋中心城市。2019 年底至今，天津、青島、大連、寧波、舟山 5 座城市也相繼提出創建「全球海洋中心城市」的目標。根據南方財經全媒體集團智庫所發布的《中國城市海洋發展指數報告（2019）》選取了 28 個沿海城市作為研究對象，提出的指標體系主要為海洋經濟活力、海洋對外開放度、海洋資源儲備度、海洋科技創新力、海洋文化吸引力等五大維度和 20 項數據測評結果，其中上海、青島、廣州三大港口城市位居前三，上海憑藉其海洋經濟發展規模效應突出、科創基礎雄厚等優勢，拿下了綜合績效第一的成績，還在海洋對外開放度、海洋文化吸引力兩個方面的分數上遙遙領先。〔註1〕當代的上海市早已是中國乃至全球最重要的港口城市之一。海洋問題日益重要的現實也對學術研究也提出了新的要求。

近年來中外關係史的研究範式正在經歷重要的變化，對於海洋史和絲綢之路史的研究得到更多的重視，從全球史角度重新審視古代中國和外部世界的關係成為新的學術潮流。曾經在古代絲綢之路上佔據過一席之地的港口城市的歷史研究也都得到了不斷的梳理和重視。上海史研究也不應例外。

今天的上海是世界性的大型海洋港口城市，因此從海洋史角度展開的研究是非常重要的。但在古代歷史上，上海地區參與海上絲綢之路交流活動的歷史開端相對較晚，因此在以往的相關歷史評價中上海的地位也遠不及敦煌、泉州、廣州等絲路名城聲名顯赫。直到隋朝建立，古代上海地區仍然缺少參與絲路交流活動的記載，幾乎可以算是默默無聞。由於今天上海地區東部沿海的很大一部分地區成陸較晚，〔註2〕因此到了唐代，由於海上陶瓷之路貿易活動發

〔註 1〕《21 世紀經濟報導》，2020 年 10 月 26 日第 4 版。
〔註 2〕譚其驤：《上海市大陸部分的海陸變遷和開發過程》，《考古》，1973 年第 1 期。

展的推動，以及有利的地理條件進一步成熟，上海地區的港口與外貿才開始興起，城鎮發展也受到了積極的影響。唐代上海地區出現了青龍鎮港，是中外貿易活動中重要的陶瓷中轉貿易樞紐港。宋代上海地區出現了多個不同海港，經歷了重要的新的發展，由青龍鎮港的一枝獨秀狀態演變為港口群的交替興衰歷程，在南宋，青龍鎮港一度短期代替寧波明州港成為長江下游兩浙路政區最重要的市舶貿易港口，到南宋的晚期上海港出現。在宋元時期江南地區以佛教交流為主要代表的對外文化交流也開始活躍並出現成就，上海地區參與其中，出現兩位名僧充當文化傳播的重要使者。在元代初年，上海港躋身於官方設定的八大對外開放港口之列。在明清時期伴隨著斷斷續續的海禁政策的干擾，以及水文條件的變化，上海地區的港口在經歷了新的一輪波折發展後，走出元末明初的低谷期，在明朝前期重新興起，出現清代數一數二的對外大港，其對外貿易活動依然得到重要發展。在明清時期上海地區作為海上絲綢之路上的生產中心而崛起。總的來看，上海地區的港口對絲綢之路交流活動的參與經歷了曲折的興衰歷程，並長期擔當了樞紐重鎮。這段內容豐富而歷程曲折的歷史是以海洋為中心而發生的重要歷史。

　　本書研究的宗旨和目標，主要在於以下三點。

　　第一，長期以來古代上海港口和城市的絲路歷史地位在研究中被有所輕視，需要重新給予應有的評價。本書研究可以填補相關的學術研究空白，完成一部古代上海地區與海上絲路關係研究的著作，對古代上海地區的海上絲路樞紐重鎮和歷史名城的地位做出一個適當的評價，以助於豐富和充實上海史及海洋史、絲路史研究的體系。

　　第二，希望本書的寫作可以攻克和充實古代上海地區與絲綢之路關係史的多方面多個缺乏研究的問題領域，包括絲路貿易活動與古代上海地區社會發展的不同方面，比如在傳統城市化、城鎮經濟等方面的相互影響，以及古代上海地區在海上絲綢之路上所具有的特定歷史地位和影響力及其形成原因，古代上海地區參與海上絲路交流的豐富表現，古代上海地區在對外文化交流中的特殊表現和作用。本書對於其中具體問題提出必要的認識和新認識。

　　第三，希望本書的寫作有助於當前上海參與「一帶一路」建設所需要的歷史借鑒和歷史定位，搞清歷史上上海與絲綢之路的關係，上海在古代絲綢之路上的地位，古代上海社會經濟文化如何受益於絲綢之路這三個問題的資料和歷史面貌，對於今天上海參與新海上絲綢之路建設，可以發掘提供對外宣傳的

素材和主題，提供歷史經驗認識和教育活動所需的知識來源，提供文化外交活動的依據，對促進經濟建設和海外市場開拓視野都有意義。

二、國內外相關研究現狀述評

本書的研究需要首先從已有的學術研究成果出發，尊重和利用已有的學術成果。以往有關上海史的研究，以數量而論，則以近代以來上海歷史的研究成果居多，而古代上海史的研究成果相對為少。過去上海史研究也有一些從貿易史和港口史的角度進行的探索，但是以絲綢之路史角度為主題開展的研究相對較少。古代海上絲綢之路史的研究者則往往把研究對象集中在福州、廣州、揚州、泉州等絲路歷史名港，而對古代上海這方面的歷史關注和梳理的成果相對較少。必須指出的是，海上絲綢之路史的研究角度和港口史的研究角度是有所不同的。港口史研究所關注的首先是港口碼頭本身的發展變遷，一般也要涉及貿易史的研究角度，但在文化交流史、航線史方面的論述相對較弱，對相關的城市發展史問題的梳理也非其主要研究對象。港口史研究一般聚焦在個別的港口或港口城市，「點」的觀察角度較深入，而「線」和「面」的顧及則有所不足。絲綢之路歷史研究則不同，其關注的重點包括國際間的交流通道、通道上的各種交流活動歷史影響等問題，因此對經濟、文化、政治和軍事各方面的內容都有可能涉及，觀察角度和研究結論相對立體，包括背景考察的地理空間範圍較大。在當下，一個絲路樞紐或絲路港口和絲綢之路的關係史並非新的角度，但是這種研究視角往往可以從更廣闊的視域去理解交流重鎮和絲綢之路通道各自的歷史，包括共同的歷史背景，並通過追求多維的歷史觀察，增加史料利用範圍，並通過比較研究取得突破。已有相關學術成果大致可以分為以下幾個方面。

第一個方面，涉及古代上海與絲綢之路之關係的考古新資料研究。

近年來唐宋青龍鎮遺址一直是考古研究活動的熱點，其中發現的歷史信息也是重要的歷史研究的突破口，近年來青龍鎮遺址的考古活動有數篇考古報告發表，引出新的研究熱點和社會關注，也可為本書研究提供更多的前期資料來利用。近年來，相關的考古成果主要包括上海博物館考古研究部發表的《上海市青浦區青龍鎮遺址 2010 年發掘簡報》，〔註3〕青龍鎮考古隊的《上海

〔註3〕上海博物館考古研究部：《上海市青浦區青龍鎮遺址 2010 年發掘簡報》，《東南文化》，2012 年第 2 期。

市青浦區青龍鎮遺址 2012 年發掘簡報》、〔註4〕《2010～2012 年青龍鎮考古的主要收穫》,〔註5〕高文虹,王建文的論文《上海青龍鎮遺址出土閩清義窯瓷器初步研究》,〔註6〕王建文的文章《從出土瓷器看青龍鎮對外貿易》,〔註7〕以及上海博物館編著出版的《千年古港:上海青龍鎮遺址考古精粹》,〔註8〕《考古‧古港:上海青龍鎮的發掘與發現》等專著。〔註9〕根據近年來的考古研究發現,唐宋青龍鎮和古代上海地區在中外貿易史上的地位獲得新的提升,因此也出現了進一步深化歷史認識的巨大空間。

　　第二個方面,港口貿易歷史的發展也是與絲綢之路史研究有一定關係的重要研究角度,古代上海地區港口貿易發展與海上絲綢之路的關係的研究已有一定成果,但是以往這一部分的研究在選題方面存在著不平衡現象,主要表現為唐宋時期的青龍鎮港口研究已有相當論述,包括清代的上海港口史研究也有一些,而中間部分相對較少,同時也缺少前後縱貫的長時段研究。對唐宋之後上海城鎮社會文化發展和海上絲路交流的關係,包括上海港口的地位變遷等問題研究相對薄弱。

　　早期的青龍鎮歷史問題研究一度是相關學術研究的熱點,如鄒逸麟教授的論文《上海地區最早的對外貿易港——青龍鎮》〔註10〕和《青龍鎮興衰考辨》,〔註11〕王曾瑜的論文《宋代的上海》〔註12〕都是學術史上開路的傑作。近年來有一些新的成果問世,也有一些涉及絲綢之路史的研究角度,專著如王輝的《青龍鎮》一書〔註13〕,考證翔實,洋洋灑灑,而論文則主要包括朱少偉

〔註4〕青龍鎮考古隊:《上海市青浦區青龍鎮遺址 2012 年發掘簡報》,《東南文化》,2014 年第 4 期。

〔註5〕青龍鎮考古隊:《2010～2012 年青龍鎮考古的主要收穫》,《上海文博論叢》,2013 年第 1 期。

〔註6〕高文虹、王建文:《上海青龍鎮遺址出土閩清義窯瓷器初步研究》,《福建文博》,2017 年第 2 期。

〔註7〕王建文:《從出土瓷器看青龍鎮對外貿易》,《文匯報》,2017 年 1 月 13 日。

〔註8〕上海博物館編:《千年古港:上海青龍鎮遺址考古精粹》,上海書畫出版社,2017 年版。

〔註9〕上海博物館編:《考古‧古港:上海青龍鎮的發掘與發現》,上海古籍出版社,2017 年版。

〔註10〕鄒逸麟:《上海地區最早的對外貿易港——青龍鎮》,《中華文史論叢》,上海古籍出版社,1980 年第 1 輯。

〔註11〕鄒逸麟:《青龍鎮興衰考辨》,《歷史地理》第 22 輯,上海人民出版社,2007 年版。

〔註12〕王曾瑜:《宋代的上海》,《上海師範大學學報》,1993 年第 1 期。

〔註13〕王輝:《青龍鎮》,上海人民出版社,2015 年版。

的《青龍鎮與海上「絲綢之路」》，〔註14〕周運中的《青龍鎮海上絲綢之路兩則新史料》，〔註15〕顧吉辰的《宋高宗時期有關上海青龍鎮的幾條史料》，〔註16〕張劍光的《宋元之際青龍鎮衰落原因探析——兼論宋元時期上海地區對外貿易的變遷》〔註17〕，戴鞍鋼的《唐宋青龍港與明清上海港》〔註18〕，拙作《從海上陶瓷之路變遷看唐宋青龍鎮港口的興衰》〔註19〕等，這些論文分別涉及了不同角度不同時代的具體問題研究。

對古代上海港的港口外貿史和航運史的研究論文包括如周運中的《元明時期上海的海運業變遷》，〔註20〕單麗、馬琳的《元明清時期上海沙船航運業的發展與變遷》，〔註21〕樊紅爽的《江海關與上海地區的對外貿易研究（1684～1757）》，〔註22〕趙紅軍、陸佳杭、汪竹的《美洲白銀輸入是否抬升了江南的米價？——來自清代松江府的經驗證據》〔註23〕等。此外，國外學者如日本的松浦章教授有不少對清代帆船貿易的研究，其中也有涉及古代上海地區或江南地區的涉海貿易活動的側面表現，如《清代帆船與中日文化交流》、〔註24〕《清代華南帆船航運與經濟交流》、〔註25〕《清代上海沙船航運業史研究》、〔註26〕《清代海外貿易史研究》〔註27〕等著作所收錄的論文及其

〔註14〕 朱少偉：《青龍鎮與海上「絲綢之路」》，《都會遺蹤》，2015 年第 1 期。

〔註15〕 周運中：《青龍鎮海上絲綢之路兩則新史料》，《都會遺蹤》，2018 年第 2 期。

〔註16〕 顧吉辰：《宋高宗時期有關上海青龍鎮的幾條史料》，《都會遺蹤》，2016 年第 4 期。

〔註17〕 張劍光：《宋元之際青龍鎮衰落原因探析——兼論宋元時期上海地區對外貿易的變遷》，《社會科學》，2019 年第 3 期。

〔註18〕 戴鞍鋼：《唐宋青龍港與明清上海港》，復旦大學出版社，2019 年版。

〔註19〕 張曉東：《從海上陶瓷之路變遷看唐宋青龍鎮港口的興衰》，《史林》，2022 年第 5 期。

〔註20〕 周運中的《元明時期上海的海運業變遷》，《上海：海與城的交融》，上海古籍出版社，2012 年版。

〔註21〕 單麗、馬琳：《元明清時期上海沙船航運業的發展與變遷》，《航海》，2014 年第 2 期。

〔註22〕 樊紅爽：《江海關與上海地區的對外貿易研究（1684～1757）》，黑龍江大學 2014 年碩士研究生學位論文。

〔註23〕 趙紅軍、陸佳杭、汪竹：《美洲白銀輸入是否抬升了江南的米價？——來自清代松江府的經驗證據》，《中國經濟史研究》，2017 年第 4 期。

〔註24〕 （日）松浦章：《清代帆船與中日文化交流》，上海科學技術文獻出版社，2012 年版。

〔註25〕 （日）松浦章：《清代華南帆船航運與經濟交流》，廈門大學出版社，2017 年版。

〔註26〕 （日）松浦章：《清代上海沙船航運業史研究》，江蘇人民出版社，2012 年版。

〔註27〕 （日）松浦章：《清代海外貿易史研究》，天津人民出版社，2016 年版。

所用資料，有一些也和上海地區古代對外貿易史存在一定關係。

　　以往有關上海城市史的學術專著不少，如唐振常的《上海史》〔註28〕、熊月之主編的《上海通史》〔註29〕等專著對上海古代貿易史問題和港口史問題都多少有所涉及。茅伯科主編的《上海港史》〔註30〕、辛元歐的《上海沙船》〔註31〕等著作分別聚焦於港口和航運兩個角度的歷史研究，但限於觀察角度，並沒有對上海地區和絲綢之路的關係作專門的論述。

　　筆者近年來一直致力於上海與絲綢之路關係史的資料搜集與課題研究。筆者的論文《略論唐宋元時期的上海地區與海上絲綢之路交流活動》、〔註32〕《明清時期的上海地區與海上絲綢之路貿易活動》〔註33〕根據不同斷代分別對古代上海地區的絲路貿易史的宏觀面貌做出梳理和論述，並提出了上海參與絲路的分期問題。筆者的論文《〈備邊司謄錄〉中的清代上海社會與海上貿易》〔註34〕則借助韓國史料中有關漂流船的記錄來研究清代上海地區海上貿易，從域外漢文文獻中通過挖掘和整理新史料，論述清代上海在對日貿易交流中擔負較早的重鎮角色，上海地區的船商和水手在海上與南北各地的商人水手存在一定的合作關係，充當了沿海海上貿易重要力量。

　　第三個方面，古代上海地區在海上絲綢之路上的歷史地位與角色研究。

　　市舶貿易是中國古代由官方主導和控制的對外貿易形式，但其內容仍屬於絲綢之路貿易活動的範疇。古代上海地區也是市舶貿易的重鎮。有關古代上海地區在市舶貿易活動中的地位，以往的研究相對有限，如周運中的論文《宋元之際上海的興起》〔註35〕曾論及宋元時期上海歷任市舶分司長官及其表現，而筆者的論文《唐宋上海地區市舶機構設置沿革與港口城市地位發展》〔註36〕

〔註28〕唐振常：《上海史》，上海人民出版社，2017年版。

〔註29〕熊月之主編：《上海通史》，上海人民出版社，1999年版。

〔註30〕茅伯科主編：《上海港史》，人民交通出版社，1986年版。

〔註31〕辛元歐：《上海沙船》，上海書店出版社，2004年版。

〔註32〕張曉東：《略論唐宋元時期的上海地區與海上絲綢之路交流活動》，《傳統中國研究集刊》第12輯，上海社會科學院出版社，2015年版。

〔註33〕張曉東：《明清時期的上海地區與海上絲綢之路貿易活動——兼論絲路貿易和殖民貿易的興替》，《史林》，2016年第2期。

〔註34〕張曉東：《〈備邊司謄錄〉中的清代上海社會與海上貿易——基於史料整理為主的考察》，《寧波大學學報》，2019年第4期。

〔註35〕周運中：《宋元之際上海的興起》，《學術月刊》，2012年第3期。

〔註36〕張曉東：《唐宋上海地區市舶機構設置沿革與港口城市地位發展——兼論從上海鎮到上海縣的發展歷程》，《歷史視野下的港城互動》，科學出版社，2018年版。

梳理了古代上海地區所設立的市舶機構設置及變遷，論述了古代上海地區港口在市舶貿易活動中的地位變遷，提出古代上海地區的城鎮發展所受到的絲路貿易的重大影響，包括得出結論認為宋代出現上海鎮是一個受外貿活動刺激而逐步形成的商業市鎮。

上海海事大學鄭和研究中心課題組的《上海鄭和下西洋史料整理》課題研究在史料挖掘方面有一定的突破，〔註37〕課題組成員蘇月秋的論文《上海與鄭和下西洋關係考》、《上海有關鄭和下西洋的人物考》對鄭和下西洋這一重要歷史事件與古代上海地區的關係做出了梳理研究，發現相關問題的一些新史料，擴展了觀察視野和利用範圍，豐富了對相關問題的認識，提高了對上海地區在明代絲綢之路上的地位的認識。

地理區位也是觀察理解上海地區在古代海上絲綢之路上的地位的重要切入點。筆者的論文《歷史時期上海地區的地理特徵與絲路地位》〔註38〕討論了古代上海地區的地理位置對其參與絲綢之路交流活動的重要性，並分析了古代上海地區在國內外交通貿易網絡中的地理區位特徵，認為古代上海地區在海上絲路中的獨特地位是由其長江流域出海口和江南地域出海口、沿海南北洋航線交點等多重因素共同決定的，其航運和貿易的腹地廣闊而相交匯，上海港口晚起與長江口海岸線變遷及揚州港口條件衰落有關。筆者的論文《從海上陶瓷之路變遷看唐宋青龍鎮港口的興衰》對唐宋青龍鎮港口興衰和海上航線、海上陶瓷之路的關係進行了論證，從海上陶瓷貿易的興盛、循海岸水行路線的歷史演變、各地外銷陶瓷前來青龍鎮的路線和去向等角度進行了考證。〔註39〕

第四個方面，古代上海地區社會發展與絲綢之路的關係研究。

一個和海上絲路國際交流活動發生關係的港口城市或是經濟區域，其城鄉社會發展不可能不受到相關貿易活動的影響。古代上海地區不僅是絲綢之路上帝的經貿樞紐，也是溝通中外的文化橋樑和交流中心。除了經濟領域以外，當地地方社會發展也受到絲綢之路交流活動的深刻影響。古代上海地區的社會發展所受海上絲綢之路的影響，涉及經貿、文化、社會發展和傳統城市化多個方面，可是以往相關的研究相對是相對薄弱的。阮仁澤、高振農主編的專

〔註37〕時平、朱堅秋：《上海與鄭和研究》，海洋出版社，2016 年版。

〔註38〕《海洋文明研究》第 3 輯，中西書局，2018 年版。

〔註39〕張曉東：《從海上陶瓷之路變遷看唐宋青龍鎮港口的興衰》，《史林》，2022 年第 5 期。

著《上海宗教史》的古代佛教部分著重於寺廟和名僧的簡述，但可惜沒有討論上海古代佛教和絲綢之路的關係。筆者的論文《古代上海地區與海上絲綢之路——以宋代為中心考察》〔註 40〕論及宋代上海地區佛教文化對外交流和東北亞絲綢之路交流的關係，論文《古代上海地區發生的中日佛教交流——以宋元為中心的考察》〔註 41〕專門論述了在宋元時期中日佛教交流當中古代上海的重要地位和作用，論文《古代上海的大族與海上航運：以元代為中心》論述了元代的海上權貴大族在海事活動中的突出表現。〔註 42〕

總之，有關古代上海地區與絲綢之路的關係的各個方面，已有研究成果的動態特徵首要問題在於研究主題分布存在著不平衡的現象，學術研究的關注點比較分散，此外也缺少縱貫的長時段研究。古代上海地區的絲路文化交流，古代上海地區在絲路上的歷史地位，古代上海地區社會發展與絲路的關係等重要問題的研究仍然是相對薄弱的，但卻是仍然需要深入的重要問題。

三、寫作內容和研究思路

本書的主要研究內容為古代上海地區的歷史發展與古代海上絲綢之路的關係，大致分為三個方面，一是古代上海地區的港口和城鎮在海上絲綢之路中，包括與絲綢之路相聯繫的國內外貿易與交通網絡中所具有的地位與功能，及其興衰與原因；二是海上絲綢之路對上海地區社會發展，包括對傳統城市化現象所造成的積極影響；三是這種關係的階段性及其特徵。

在本書的論述展開以前，需要特別指出以下幾點。

其一，在古代歷史時期，上海地區雖然位於中國東南沿海的海岸線上，但和陸上絲綢之路也並非沒有發生聯繫，比如元代就有很多色目人進入上海地區定居，還把伊斯蘭教帶入上海，而敦煌壁畫上也出現南朝時期上海地區石佛浮江史蹟的內容，但因和上海有關的陸上絲路歷史事蹟記錄相對缺乏，也並非本書的主題範圍和研究重點，故不予專門論述。

其二，海上絲綢之路有著約定俗成的內涵，其不同的分支各有獨特的稱

〔註 40〕張曉東：《古代上海地區與海上絲綢之路——以宋代為中心考察》，見《行舟致遠：揚帆海上絲綢之路》，黃海數字出版社，2015 年版。

〔註 41〕張曉東：《古代上海地區發生的中日佛教交流——以宋元為中心的考察》，《江南大學學報》，2019 年第 3 期。

〔註 42〕張曉東：《古代上海的大族與海上航運：以元代為中心》，《許昌學院學報》，2022 年第 1 期。

謂，本書主要涉及與古代上海港口相關的路線。

「海上絲綢之路」的提法最早出現於 1913 年法國漢學家沙畹所著的《西突厥史料》，書中稱：

> 中國之絲絹貿易，昔為亞洲之一重要商業。其商道有二，其一最古，為出康居之一道；其一為通印度諸港之海道，而以婆盧羯泚為要港。〔註43〕

在 1967 年日本學者三杉隆敏在其《探索海上絲綢之路》等多部著作中明確直接使用了「海上絲綢之路」的概念，〔註44〕以區別陸上絲綢之路，之後該說法為學術界所普遍接受。〔註45〕古代海上絲綢之路也存在不同的分支通道及其稱謂，譬如中國和東北亞地區之間的航道曾被學者稱為「東方海上絲綢之路」，〔註46〕也有學者將其範圍放得更大，〔註47〕而自中國海岸出發穿過南海，通往東南亞和印度洋地區的通道曾被稱為「南方海上絲綢之路」，〔註48〕歷史上的上海地區和南北各個方向上的不同的海上絲路路線都發生了聯繫，這些不同絲路通道上發生的相關貿易活動只要和上海地區發生關係都會成為本書研究的重要內容，並力圖對此開展比較研究。

當然在學術研究中也存在「北方絲綢之路」、「南海絲綢之路」等更多的不同概念表達，但在本書研究中根據古代上海地區的航運地理特點選擇借用「東

〔註43〕沙畹：《西突厥史料》，中華書局，1958 年版，第 208～209 頁。

〔註44〕（日）三杉隆敏：《探尋海上絲綢之路——東西方陶瓷交流史》，大阪：創元社，1968 年，第 6～9 頁。

〔註45〕（日）三杉隆敏著，吳昊陽譯：《陶瓷：黏連文明的泥土》，北京燕山出版社，2020 年版，第 31 頁。

〔註46〕「東方海上絲綢之路」一詞的內涵是指中國東部沿海和東北亞地區之間的絲綢之路通道。可參考劉鳳鳴：《山東半島與東方海上絲綢之路》，人民出版社，2007 年版。

〔註47〕如有學者認為「東方海上絲綢之路的中國大陸的港口主要包括：登州、膠州、寧波、泉州等。」見田聖寶：《東方海上絲綢之路研究述評》，《山東行政學院學報》，2018 年第 1 期。但是上海的古代港口無論如何也是在其中發揮了重要作用。

〔註48〕自中國出發的絲綢之路向南方延伸的分支通道，在陸上主要是自云貴地區向南亞和西南亞延伸的路線，包括南詔通天竺道、茶馬古道等，還有自東南沿海向東南亞和印度洋出發的路線，後者就是南方海上絲綢之路，自雲南穿越古代緬甸然後進入印度洋的貿易路線也可以包括在其中。一般來講「南方絲綢之路」一詞較多用來指「南方陸上絲綢之路」，即從中國西南地區走陸路向南延伸出去的通道。本書使用的「南方海上絲綢之路」一詞是指從中國沿海出發通往南海地區和印度洋周邊地區的絲路通道。

方海上絲綢之路」和「南方海上絲綢之路」的提法，有助於開展論述。

其三，古代中國通過海上絲綢之路發生的對外貿易活動大致可以分為三種形式，即官方的朝貢貿易和採購貿易，民間合法貿易為主的私人貿易，〔註49〕民間的非法的走私貿易，本書的寫作也將儘量在論述中兼顧不同的角度，但因為主題、學力所限目前尚難免不能面面俱到。

當然古代官方也會借民間的商業力量和渠道來實現間接採購，但這種現象從其貿易規模和持續階段來看並非是對外貿易形式的主流，也可以籠統地歸入第一種形式或第二種形式，而海盜，包括武裝走私商，除了劫掠，也會從事交易，但這種交易往往是可以歸入第三種即走私貿易，比如倭寇貿易，但是是否可以算作是絲路貿易活動的一部分可能會有學者提出爭議，而在古代上海地區的歷史上這三種形式的貿易活動都發生了。又如朝貢貿易活動雖然基本較少在上海地區過路的問題，但是古代上海地區是官方採購貿易活動的重要出發港之一無疑，比如在清代中日之間官方採購活動中表現比較突出。未來，特別是第三種形式需要將來發掘更多的資料來開展更多的深入研究。

本書的主要研究思路首先包括充分搜集和組織中外歷史文獻以及考古發現的信息資料，特別是從唐宋以來的正史文集到考古資料，以集中分析古代上海地區和古代海上絲綢之路發生關係的各個方面因素，在不同時代和環境空間的歷史背景中根據課題的問題意識，然後合理安排課題的篇章結構，在材料的有機組織下總結觀點並清晰表達，同時力爭形成具有嚴密邏輯和清晰線索的論述。

本書的研究重點包括努力揭示古代上海地區如何參與海上絲路交流活動及在其中的歷史地位，及其在海上絲綢之路上能夠佔有一席之地的原因，古代上海地區城鎮發展在經濟、文化、社會等不同方面所受絲路交流的影響，古代上海在國內外交通網絡中的位置和功能，古代上海地區在參與絲路交流活動方面的條件優劣，特別是不同歷史時期的劃分，與其他絲路港口城市相比而見的獨特性等等問題，並從中總結出古代上海與海上絲綢之路關係史的重要特徵。本書研究的難點在於中文的史料部分相對較少，除了方志和正史記載外分布也都比較分散，有一部分資料分散在日韓保存的古代歷史資料當中。

〔註49〕從時間跨度上看，中國古代民間受法律允許的私人貿易主要是市舶貿易，因為市舶貿易是唐宋實行市舶制度之後，在這一制度框架下發展的對貿易活動，在明代仍然設有市舶司，自清代實行江海關制度之後，可以認為市舶貿易和市舶制度都結束了，中國海上對外貿易進入了海關貿易的時代。

四、研究方法及創新方向

就本書的研究方法而言，力爭運用新方法，開展理論創新和利用新資料，提出新觀點。

第一，具體的研究方法仍然要遵循歷史學的傳統方法，包括充分搜集資料，然後進行歸納、分析、綜合，在注重細節和全局的關係基礎上，考證和還原各個問題的歷史面貌，對史料作充分和重新解讀。

第二，要運用歷史文獻和考古資料相結合的二重證據法，努力發掘和利用新資料，將歷史文獻資料與近兩年來新發現的考古資料相結合，推進對歷史的認識和再解讀。

第三，到域外漢文史料中發掘日韓保留的新資料，包括古代李氏朝鮮的重要官方檔案《備邊司謄錄》當中的涉及的有關來自古代上海地區的遇難船商記錄等重要的資料彙編，把中國保存的歷史文獻記載和日本韓國保存的明清漂流船資料相結合。

第四，結合運用跨學科分析方法，借鑒地理學和經濟學理論方法，借鑒腹地等概念，以及重視腹地和航線交通的方法。

在理論工具方面，本書將會努力借鑒經濟地理學理論中的腹地概念和重視交通區位的視角進行觀察，指出古代上海地區成為絲路樞紐的區位優勢在於上海是連接長江流域、江南地區和海上絲綢之路三大腹地的樞紐，且在中國海岸線還是環中國海域的位置都是相對南北適中，存在聯動效應和聚合效應，因此成為長江貿易航線、江南貿易線路以及通往東北亞、東南亞乃至全球更大範圍的絲路航線匯合點，這使得古代上海地區在國內外貿易與交通網絡中處於左右逢源的中心地位。

第五，本書力爭從新的角度開展研究，首先是對歷代市舶司機構設置變遷和上海港口貿易及城市發展興衰的關係這樣研究較弱的角度加強研究，與其他絲路港口城市如寧波、揚州、廣州的興衰進行比較以助形成結論；其次是不僅關注古代上海地區的對外貿易活動，也對上海參與絲路文化交流，主要是相關的中外佛教文化交流做出研究，肯定其在古代絲路文化交流中的重鎮地位，再次是從歷代海洋航線的變遷角度介入，考察上海地區在國外貿易網中的地位及其變化。

第六，在理論和方法運用方面，本書還將借鑒法國年鑒學派代表人物布羅代爾的理論和方法，來開展長時段的和分期的研究，根據地理環境的變遷，劃

分上海與絲路關係史的不同發展時期，建立研究框架。

　　雖然上海地區參與絲路活動的歷史相對較短，也有長達超過一千多年的時間，如此長時段的歷史不通過分期觀察是很難看清楚歷史的具體面貌的，更何況上海地區的歷史特別是港口的歷史經歷了曲折的變遷。參與海上絲路交流需要支點，這個支點就是港口，而不同時段絲路活動的支點港口的位置和條件都在變化，地位和所處其中的格局也在變動，不分歷史時期是很難細緻觀察和得出清晰的結論的。布羅代爾的傑出研究，提供了一種有意義的方法借鑒，特別是他有關地中海區域歷史的分期研究，具有良好的啟示作用。具體見下節展開。

五、上海絲路關係史的分期與理論借鑒

　　在超過一千年的歷史長河中，上海地區發展與海上絲綢之路興衰的關係先後經歷了不同的重要時期，不通過劃分不同歷史時期來觀察難以得出深刻的認識。以前筆者曾經將上海與絲路的關係史劃分為三個時期，〔註50〕基本按照朝代為主，分為唐宋元和明清不同階段，但現在看來實際上這個分期及其依據過於簡單，仍有深化和修正的需要，也並沒有通過抓住相關的「歷史過程」來開展長時段研究。歷史的最大特徵是它是一個無比宏大的「進程」或者說是「過程」，但這個「過程」中存在無數小的「過程」或是說是「進程」，這些「過程」絕大多數不是以人為認定的斷代作為終始的。目前，根據筆者的新的觀察，本書研究對象的不少重要歷史現象的存續並非與朝代的起始相一致，因此，需要從環境條件變遷等角度來觀察相關歷史現象，特別是可以借鑒法國年鑒學派代表人物和第二代領軍人物費爾南·布羅代爾的理論和方法，因為布羅代爾的史學名著《地中海與菲利普二世時期的地中海世界》是結合海洋史和特定地理區域歷史的研究，本書的研究對象也包含了特定地理區域與海洋史的結合角度，兩者的研究對象具有一定相似性。

　　布羅代爾在其名著《地中海與菲利普二世時期的地中海世界》〔註51〕一書中提出了長時段、中時段和短時段的觀察方法去劃分和揭示歷史的多層次

〔註50〕關於上海海上絲綢之路活動史的分期問題觀點最初見拙作（第二作者）：《歷史時期的上海地區與海上絲綢之路》，《文匯報》，「說苑」，2015年4月8日。在本章中由筆者個人提出新的總結和變化。

〔註51〕（法）布羅代爾：《地中海與菲利普二世時期的地中海世界》，商務印書館，1996年版。

性，分別按「地理時間」、「社會時間」和「人的時間」三個不同維度來撰寫著作的三個分支部分，分別以「結構」、「情勢」和「事件」三大歷史要素進行觀察分析，闡述意義非凡的研究結論。儘管本書研究對象的地理規模相對地中海而言要小很多，但仍可借鑒布羅代爾的理論方法來完成對相關問題的分期，以便為課題研究提供分析框架，有助於對複雜紛呈的歷史現象開展長時段研究。

首先，從「地理時間」的維度來考察，上海與絲路的關係史的歷史分期是比較容易來劃分的，變遷的進程也最為清晰。

地理是歷史的舞臺。地理條件的變化是相對而言最為緩慢的。古代上海地區和海上絲綢之路的關係要依靠港口和交通才能發生，也就等於要依靠穩定而優良的水文地理條件才能有所成就。港口的興衰與地理條件密不可分，古代上海地區的港口地理條件是上海與絲路關係史中最為重要的歷史「結構」因素，在明代以前出現過較大的兩次波動，故此筆者也從地理條件變化去看問題，按照「地理時間」來做考察和劃分，把上海地區參與絲路活動的歷史按照支點港口發展的變動分為三個時期，第一時期以青龍港的興衰為主，以上海港的出現為結束，這是青龍鎮港口環境基本保持相對穩定的時期；第二個時期則以南宋晚期上海港的出現為標誌，在元代取得重要發展，這是上海港的一個相對完整的發展時期，先有興後有衰，在這個時期的後期，也就是元朝晚期因為出現了環境的變動導致了上海港歷史上的首輪衰落現象出現，並以衰落期為結束期；第三個時期則以上海港在明代的重新興起為肇始期，由於明初江南的水利整治得法，上海港作為佔據長江口的國內大港，長盛直至清代，當然其間也受到海禁政策的干擾限制。所以，本書可以把這三個前後相繼的時期分別稱為「青龍鎮海絲港時期」、「上海海絲港前期」和「上海海絲港後期」，以此分立章節，展開論述。

其次，如果按照「社會時間」來考察，以「情勢」為重要的觀察要素，則有國家政策和社會經濟發展各自的不同「情勢」構成不同的線索，並有所交織，同時也體現出歷史的合力作用存在，在階段和時期劃分的觀察上可能有小的不同，但卻不應該簡單地用朝代去分期和理解上海地區發生的絲路活動，而是要用不同朝代國家政策和社會經濟發展的聯合表現去觀察。仔細觀察會發現，在上海與絲路的關係史上，按照「社會時間」的劃分，與「地理時間」的劃分竟然相當接近。

　　無論是唐宋還是元代，抑或明清，其外貿政策在宏觀層面存在兩面性，即既存在一些變化和斷續的現象，又有與本朝國策特徵相應而長期貫穿本朝大部分年代的一面。與此相應的是，古代上海地區與對外交流相關的社會和經濟現象表現為極易受政策影響，結果使兩者的發展曲線存在一定的接近性，形成「情勢」與「社會時間」發展曲線的相重合。

　　從古代國家政策與上海地區對外經濟形勢的發展來看，由於前者對後者之制約作用較大，因此兩者作用表現為發展曲線大體接近，故「社會時間」背景下之上海地區參與絲路交流之「情勢」發展表現可以被視為兩條重合起來的粗曲線，而此曲線與「地理時間」背景下之「結構」發展表現曲線之起伏保持粗略一致。如唐代之上海地區並無直接的對外貿易權，但可參與中轉貿易，並有突出的和上升的表現，而到宋代在本地設置了不同級別的市舶貿易管理機構，不僅可以中轉貿易，還可以直接對外貿易。從唐到宋是國家政策對海外貿易日益重視和加強扶持的階段，表現呈上升曲線，也是上海地區對外經濟交流的上升階段，而在南宋前中期對外貿易活動出現鼎盛，但在南宋晚期外貿政策發生了收縮，同時也對應了外貿的衰落，也與青龍鎮港的衰落階段在時間上大致巧合。從唐到宋中期的上海地區市舶貿易發展表現為是以青龍鎮港為中心的上升曲線，上海港接替青龍港也是在南宋晚期發生的。從宋朝晚期出現的上海鎮發展為元代上海縣，上海港的整體發展自宋晚期開始基本是走上坡路的，特別是元初上海設縣前後，而從宋末到元初也確實是外貿活動再度振興的歷史階段，而元代後期貿易政策發生衰落，與民爭利的現象較多，海外貿易也一蹶不振，上海港地理條件的第一輪衰落也恰當其時。明代前期，水利建設改善了水文條件，上海港的港口環境條件也從此穩定下來，發展形勢有所好轉，而同時上海港發展曲線再度上揚。明清時期，上海港的貿易形勢發展迅速，儘管國家政策「情勢」依然構成牢牢的約束，但是社會經濟「情勢」的作用已經越來越大。整個明清時期，摒除明清易代間的戰爭及其引起的清初嚴苛海禁這一特殊現象之外，明清上海港的發展曲線總體上是不斷上升的。

　　進一步來詮釋上述的看法。本地的生產發展加上對外貿易的拉動，包括江南經濟結構的整體影響和對外交流的拉動，都是上海地區當地貿易發展的根本原因，而國家政策的扶持拉動作用與抑制阻礙作用也都是重要因素。中國對外經濟交流自唐代後期開始進入市舶貿易時代，直到清代才轉為海關貿易時代，但無論是市舶管理制度還是古代海關制度都體現出一種國家對外貿的控

制，不同時期的變化僅僅是這種控制的形式和強度的變化，而管制的總體原則從未消失。但即使是在控制最為嚴厲的時期，實際的經濟發展仍然可以以艱難甚至扭曲的方式進行，國家政策也不能被完全視為消極因素，從唐代開始上海地區不斷出現新的有特色的市鎮和縣，外貿的規模與內容也與時俱進。在按照「地理時間」劃分出的第一個時期，即「青龍鎮絲路港時期」，上海地區的市鎮及港口在唐宋市舶貿易的框架下取得發展。在本地沒有設立市舶司的上百年時間裏，上海地區的青龍鎮已經作為陶瓷貿易中轉樞紐而融入了國際絲路貿易網中，同時在早期江南市鎮聚落狀態中存在和發展。在第二個時期，「上海絲路港前期」，從上海鎮港的興起到元代後期發生的第一次衰落為止，特別當元初上海縣出現的時候，上海地區的對外貿易已經開始從少數商品如陶瓷中轉貿易向種類多樣化過渡，正式的港口城市業已形成。相對而言，元朝對外貿的態度在歷朝歷代中是比較積極的，因此這一時期的城鎮發展和市舶政策作用的變化基本是相互促進的。在第三個時期，「上海絲路港後期」，上海港的發展再次呈上升曲線，明清江南市鎮經濟的發展已經如火如荼，同時大航海時代開啟引發東亞海上貿易交流的進步，江南市鎮生產與中歐直接貿易相結合，導致「棉布貿易時代」已經來臨，上海地區的絲路外貿活動已經從上一個時期的多樣化走向以本地生產中心的特色商品來拉動的新的貿易時代，在這個時代本地的經濟結構成為。從這種意義上講，上海地區對於絲路貿易的參與反映了一種真正的、源自本地的生產與貿易，真正的始發港貿易形態在這一時期才有可能出現。

然而，以「社會時間」的視角去觀察會發現「上海絲路港後期」中的明清兩個時期有相當不同，可以做一個小的再分期，作為以「地理時間」劃分的小補充。清朝初年為平定臺灣而執行的嚴苛「海禁」是個重要的分期標誌，之前是明代為主的市舶貿易時代，後期是清朝的海關時代和取消上海地區獨立海關後的時期。但是在海關時期和後海關時期（1840 年以前在上海地區撤除海關的時期），除了對外貿易的關係方式不同，主要是外貿和中轉貿易的共同的大發展，本地的生產者多積極參與其中。如果沒有清朝官方的控制與壓制，這種經濟活力理當引發更大的發展。顯著的差異在於，明朝的禁海數次廢弛，原則上不禁止朝貢貿易，但是明代經由上海的出口很活躍，明朝的禁海也非完全的禁斷，而清朝不同，清朝前期的禁海曾在原則上達到「片板不許下海」的嚴苛程度，而解禁後海關選點限制很大，上海地區港口在 1840 年以前的清朝只

有在較短的時期內是海關港口，對於上海地區出發的外貿活動的管理限制也較前代為甚。因此，即使是以歷史的「結構」因素來劃分而出現的第三個時期「上海絲路港後期」內部也依然可以根據歷史「情勢」而分為前後兩個小分期，明代為主的和清代為主的。

　　所幸的是，無論是出於歷史巧合，還是多種歷史因素之間的相互影響所致，本書研究對象按照「結構」與「情勢」的不同因素做出的時期劃分大致接近，以對歷史「結構」的變化觀察在先，來引領對歷史「情勢」的觀察，完全是可以的。

　　再次，如果套用布羅代爾的「人的時間」理論視角來看，以歷史「事件」的時間標誌作用來考察，效果相對遺憾一些，無法用來做階段性歷史分期的觀察角度。原因如下。

　　古代上海地區與古代地中海世界相比，畢竟太小了，儘管其曾具有特殊重要的經濟地位，但在古代中國歷史上大一統的影響非常深遠，上海地區只是中國大一統王朝治下龐大的郡縣城市體系中的一個角落，既沒出現過獨立或自治的城邦，也沒有出現過割據本地的藩鎮，或做過都城、首府，當地從事各種社會活動的人士在歷史全局中能夠以上海本地本位角度而發揮重要作用的空間和條件也很有限，因此這也就是只出現了少數人士才能對絲路交流活動做出區域性的或局部的貢獻的原因，其主要代表人物包括宋元的少數名僧、元代的海商權貴和清代的沙船業主大族，當然像黃道婆這樣的古代科技人士通過紡織業技術傳播和創新也對棉布生產做出巨大貢獻，因而對絲路貿易也構成了間接的但不容忽視的刺激。但是這些歷史人物的影響力大小和上海地區在古代中國的政治地位有限有關，他們無法對上海參與絲路活動的階段性轉折、變遷起到重大推動作用，更多的是順應歷史發展，借助歷史潮流來有所作為。

　　綜上所述，如果對古代上海地區與海上絲綢之路的關係做一長時段考察研究，用「地理時間」為主，「社會時間」為輔的方式來劃分分期和抓住線索最為合適。

第一編　青龍鎮絲路港時期

　　在歷史上，上海地區港口貿易發展與海上絲綢之路的關係經歷了不同的多個發展時期。本編各章的論述主題為在古代上海參與絲路交流的第一個歷史時期——「青龍鎮絲路港時期」——發生的相關歷史問題。這一歷史時期大致起於從青龍鎮設鎮的唐天寶五載（公元 746 年），終於南宋晚期的慶元元年（公元 1195 年）前後，時間跨度大約為四個半世紀。

　　古代上海地區的發展與海上絲綢之路貿易交流存在相當密切的關係，古代上海港口也是海上絲綢之路的眾多的貿易中轉港和起點港之一。從城市發展的歷史脈絡看，今天上海城市的前身包括唐宋時期的青龍鎮、華亭縣城和宋代以降上海地區出現的一系列城鎮聚落。從港口發展的歷史脈絡看，今天上海港口的前身最早可以從青龍鎮港開始溯源，因為其為古代上海地區出現的最早的海港，也是本地參與絲路活動的主要支點。

　　本編寫作重點雖集中於自盛唐至南宋晚期這段時間的港口經貿交流方面的內容，但必須指出的是古代絲綢之路交流活動起源於不同文明社會之間的相互吸引，也包括古代國家當局的有意識推動，交流活動的內容不僅有經濟的，也包括宗教文化的，唐宋上海地區也曾參與其中，也是本章的論述內容。自盛唐到南宋的前、中期，恰逢海上陶瓷之路興盛的歷史時期，也是上海地區參與海上絲路活動的重要歷史時期。在盛唐時期青龍鎮設鎮，而唐代後期和北宋都是以華亭縣青龍鎮港口市舶貿易為中心的時期，青龍鎮港發展態勢不斷攀升，借了中唐時期開始的海上陶瓷之路的東風。在宋代，海上陶瓷之路已經出現盛期，朝廷開始在上海地區設立有市舶務，一度設過兩浙路市舶司。無論唐宋，青龍鎮的陶瓷中轉貿易都有重大發展。南宋晚期，在青龍鎮衰落的

過程中，對外港口開始在青龍鎮周邊轉移，特別是江灣鎮、黃姚鎮和上海鎮等港口興起之後。上海鎮港雖然在南宋晚期才出現，但是發展速度較快。即使到了宋代，中古魏晉時期出現的「循海岸水行」絲路線仍然發揮著巨大作用，青龍鎮港口得以依傍求得重要發展，成為航線上中轉貿易的樞紐。在南宋時期上海地區發生了中日之間重要的佛教交流活動，日本國師俊芿來到華亭寺廟學習中國佛學，並取走大量文化典籍。唐宋是市舶貿易出現並發展的重要時期，對外貿易對上海地區的經濟和城市發展都存在重大的推動力，地理條件不僅是青龍鎮港崛起的重要原因，也和其衰落息息相關。以下各節展開具體論述。

第一章　隋唐五代時期青龍鎮的興起
及其絲路歷史背景

　　在上海史的研究領域中，早期的青龍鎮研究一度出現突破性的學術研究成果，如鄒逸麟教授的論文《上海地區最早的對外貿易港——青龍鎮》和《青龍鎮興衰考辨》。〔註1〕近年來還有專著如王輝的《青龍鎮》，〔註2〕論文則主要包括朱少偉的《青龍鎮與海上「絲綢之路」》，〔註3〕周運中的《青龍鎮海上絲綢之路兩則新史料》，〔註4〕顧吉辰的《宋高宗時期有關上海青龍鎮的幾條史料》，〔註5〕張劍光的《宋元之際青龍鎮衰落原因探析——兼論宋元時期上海地區對外貿易的變遷》。〔註6〕然而，近年來青龍鎮遺址的考古發現，曾經轟動一時，並提供了新的歷史資料信息，因此催生了新的研究成果和新的歷史認識。近年來公開發布的相關考古成果主要包括上海博物館考古研究部發表的《上海市青浦區青龍鎮遺址2010年發掘簡報》，〔註7〕青龍鎮考古隊發表的

〔註1〕　鄒逸麟：《上海地區最早的對外貿易港——青龍鎮》，《中華文史論叢》第1輯，
　　　　　上海古籍出版社，1980年版；鄒逸麟：《青龍鎮興衰考辨》，《歷史地理》第22
　　　　　輯，上海人民出版社，2007年版。
〔註2〕　王輝：《青龍鎮》，上海人民出版社，2015年版。
〔註3〕　朱少偉：《青龍鎮與海上「絲綢之路」》，《都會遺蹤》，2015年第1期。
〔註4〕　周運中：《青龍鎮海上絲綢之路兩則新史料》，《都會遺蹤》，2018年第2期。
〔註5〕　顧吉辰：《宋高宗時期有關上海青龍鎮的幾條史料》，《都會遺蹤》，2016年第
　　　　　4期。
〔註6〕　張劍光：《宋元之際青龍鎮衰落原因探析——兼論宋元時期上海地區對外貿易
　　　　　的變遷》，《社會科學》，2019年第3期。
〔註7〕　上海博物館考古研究部：《上海市青浦區青龍鎮遺址2010年發掘簡報》，《東
　　　　　南文化》，2012年第2期。

《上海市青浦區青龍鎮遺址 2012 年發掘簡報》、《2010～2012 年青龍鎮考古的主要收穫》等，〔註8〕高文虹、王建文合作的論文《上海青龍鎮遺址出土閩清義窯瓷器初步研究》，〔註9〕王建文的論文《從出土瓷器看青龍鎮對外貿易》，〔註10〕以及上海博物館編的《千年古港：上海青龍鎮遺址考古精粹》，〔註11〕《考古·古港：上海青龍鎮的發掘與發現》等兩部著作。〔註12〕王輝的《青龍鎮》一書也較好的利用了考古成果。〔註13〕於是，青龍鎮和古代上海地區在中外貿易史上的地位被大大提升，也因此出現了進一步深化認識的巨大空間。唐宋青龍鎮港口與陶瓷貿易的關係也被予以了新的高度重視，並可以以此來構建青龍鎮港的絲路貿易樞紐地位，但是現在考古研究的成果在利用上仍然有所不足，出現了急需要研究的幾個問題。一是需要從唐宋時期海上陶瓷之路興起的整體歷史背景去發掘古代上海地區在絲路上的地位，僅僅從出土文物出發證明陶瓷中轉貿易存在還是不夠的。二是魏晉時期出現的「循海岸水行」航線在唐宋時期發生了存續和變遷，這條航線也是理解當時青龍鎮港貿易樞紐地位的重要角度，因為它也是陶瓷貿易的重要航線。三是需要在以上兩個角度下，儘量借助青龍鎮遺址出土之文物資料探索更多的歷史信息，考證歷史事實，僅僅像已有的考古研究成果那樣把唐宋時期進行混合論述是不行的，要發掘和比較唐宋不同時期的歷史現象。

　　古代上海地區參與絲綢之路交流活動，首先出現的主要是港口貿易和中轉航運的現象，其港口貿易活動初步興起的歷史背景主要有三個方面。一是，盛唐年間上海地區鎮港聚落取得初步發展的同時，行政建制和傳統城市化都有重要發展，先後設立了青龍鎮和華亭縣，這促成了絲路活動支點港口的出現；二是在唐五代時期，絲綢之路貿易的發展和上海地區經濟發展都在不斷進步，發生新的轉變，兩者逐漸發生關係；三是中古時期出現的「循海岸水行」

〔註 8〕 青龍鎮考古隊：《上海市青浦區青龍鎮遺址 2012 年發掘簡報》，《東南文化》，2014 年第 4 期；青龍鎮考古隊：《2010～2012 年青龍鎮考古的主要收穫》，《上海文博論叢》，2013 年第 1 期。

〔註 9〕 高文虹、王建文：《上海青龍鎮遺址出土閩清義窯瓷器初步研究》，《福建文博》，2017 年第 2 期。

〔註10〕 王建文：《從出土瓷器看青龍鎮對外貿易》，《文匯報》，2017 年 1 月 13 日。

〔註11〕 上海博物館編：《千年古港：上海青龍鎮遺址考古精粹》，上海書畫出版社，2017 年版。

〔註12〕 上海博物館編：《考古·古港：上海青龍鎮的發掘與發現》，上海古籍出版社，2017 年版。

〔註13〕 王輝：《青龍鎮》，上海人民出版社，2015 年版。

航線繼續發揮重要作用，青龍鎮港依傍這條航線，出現了本地最早期的中外交流活動，開始參與絲路航行。

一、唐代上海地區絲路活動的支點港出現

唐代上海地區鎮港聚落的發展和行政建制發展有兩個重要表現，即華亭縣和青龍鎮的設立，而青龍鎮港口是當地參與絲路交流活動的「主角」，也是相關活動的重要支點。

古代上海地區在東漢時期屬於吳郡的管轄範圍，就出現了屯兵的現象，目的是防範海盜，在東晉時期也建造了滬瀆壘來防備海上的孫恩武裝力量，但均未設置行政區劃。〔註14〕今天上海直轄市轄區的西境和北境，在南朝梁時期曾屬新設的信義縣境內，信義縣則屬當時的信義郡管轄，而今天上海地區的陸地部分在隋朝已經露出海面的部分約在當時的崑山縣和吳縣轄境內。〔註15〕華亭之地在隋唐時期屬於吳郡或蘇州。〔註16〕到唐朝才得以設立的華亭縣，是從崑山、嘉興、海鹽三縣轄地中分割出來，屬唐蘇州（曾一度改稱吳郡）管轄。故此有港口史研究者指出：「上海港的歷史，究其源頭，當始於隋唐。」〔註17〕但這只能是溯源式的解釋，隋唐時期沒有用「上海」二字命名的港口甚至地名出現。上海地區在歷史上出現的第一個市鎮區劃是華亭鎮，也就是華亭縣的前身，出現於隋代初年，縣城城址的位置濱臨吳淞江的支流顧會浦。當時顧會浦北通青龍江，南通杭州灣，竟可連接長江與錢塘江。一開始，華亭縣的內河港口華亭港形成於隋朝開皇年間。但華亭港港口沒有形成海港，僅僅是一個內河港，和外貿、對外交流沒有直接關係。華亭縣及周邊當地所產的穀物和鹽可以借助江南的運河網輸往外地。華亭縣建縣於天寶十載（公元751年），而天寶五載（公元746年）設立的青龍鎮很快成為江南地區重要的江海港口之一。青龍鎮港緊鄰吳淞江，溯江可走水路達蘇州城，因此可以說是唐代蘇州通海的門戶，史稱其「控江而浙淮輻輳，連海而閩廣交通」，即當地出發的航線交通範圍遠至幾乎整個東南沿海。清朝康熙時期的《松江府志》卷

〔註14〕《上海軍事編年》編纂委員會編：《上海軍事編年（公元132年～公元1990年）》，上海社會科學院出版社，1992年版，第1頁。

〔註15〕熊月之主編：《上海通史》第2卷，上海人民出版社，1999年版，第64頁。

〔註16〕《中國文物地圖集・上海分冊》，中國地圖出版社，2017年版，第32頁。

〔註17〕茅伯科主編：《上海港史（古、近代部分）》，人民交通出版社，1990年版，第1頁。

三稱青龍江「在宋以前，浩瀚無比」，[註18]這當然會吸引一些貢使船和商船以此為目的地或過路航行、停泊。

青龍鎮的得名，據地方志所記載的傳說，是與三國的孫權在此地建造青龍戰艦有關。青龍、黃龍之類的戰艦名稱在魏晉南北朝時期對應戰船的不同類型，在古代文獻中數次出現，如北周庾信的《哀江南賦》云「排青龍之戰艦」。[註19]在三國時期，東吳政權的地盤主要包括三峽以東的長江流域和嶺南地區，戰船如果是在上海地區建造，當然可以通過長江及其支流的航運前去東吳各地。假設在某地造船則需要有船廠，如果有船廠存在的話青龍鎮當地應該有一定的聚落規模。但是，青龍鎮設鎮於盛唐時期，也就是說自孫權統治時期到唐朝前期長達 500 多年的歷史中從未在青龍鎮當地設過鎮，那麼在此期間當地社會經濟發展的規模應該是非常有限，或者說沒什麼發展，則在當地造船的傳說不太可能是真實可靠的，就是說三國時期的青龍鎮當地已經是所謂造船中心基本是不可能的，但若說偶而曾有東吳的青龍戰艦在當地停靠過、集中過確實是有可能的。

唐朝的歷史大致可以以天寶末年的安史之亂作為大的劃分標誌，分為前後期。唐代青龍鎮設置於天寶五載（公元 746 年），距安史之亂爆發的時間已經不遠，因此這個港口基本上是唐代後期興起的，這和唐代對外貿易的大背景也有一定關係。盛唐階段結束過程中，唐朝國力衰退，西域地區政局動盪，導致陸上絲路衰落，這也是「海上絲綢之路」開闢的重要前提條件。在安史之亂以後，通往東北亞的「東方海上絲綢之路」之所以能夠持續繁榮，因為東亞諸國與唐朝的「朝貢貿易」活動仍在繼續進行，同時，吸引沿海的藩鎮地方官員和大批民間商團加入有著豐厚利潤的海上貿易也是原因之一。要知道日本和新羅與唐代後期的中國海上往來，是要以山東半島和長江口為樞紐的。青龍鎮港的興起當然也是藉此環境條件實現的。

二、唐五代絲路貿易新變化與上海地區社會經濟發展

第二個方面，絲路交流在唐宋之時發生的重要變化包括絲綢之路的重心在唐代開始由陸上向海上傾斜，出現了海上陶瓷之路貿易的興盛，使青龍鎮港的發展因此大大受益，這是海上絲綢之路經濟交流活動和上海地區本地社會

[註18] 康熙《松江府志》卷 3，見《上海府縣舊志叢書（松江府卷）》第 4 冊，上海古籍出版社，1990 年版，第 87 頁。
[註19] 庾信：《庾子山集注》卷 2，中華書局，1980 年版，第 136 頁。

經濟發展發生聯繫的重要背景。

　　唐朝出現了新的遠洋航線直指向印度洋地區，而中唐以降，海上陶瓷之路興起，青龍鎮港的興起也借了陶瓷貿易的東風。海上陶瓷貿易的重要特徵是偏好中轉貿易。青龍鎮的地理條件使其在國內外貿易網中佔據了有利和重要的位置。

　　自公元 9 世紀開始，由於航海技術的提高，全球交通格局發生重大變遷，海上貿易發展的速度非常迅猛，參與海上絲綢之路成為東半球很多國家對外交通的重要方式甚至是主要方式，特別對古代中國這樣的海陸大國而言海路經濟交流的規模已經超過陸路。在北宋中期，党項族建立的西夏國在西北地區崛起，夏宋關係大大改變了陸上絲綢之路的地緣秩序。同時，宋代經濟重心南移的趨勢逐步接近完成，江南地區的經濟發展更上一層樓。當時海洋航運技術不斷進步，陸上絲綢之路的貿易地位急劇下降，於是海上貿易的各種優勢更加凸顯。美國著名歷史學家斯塔夫里阿諾思曾指出在宋代：「海港而不是古老陸地的陸路，首次成為中國同外界聯繫的主要媒介。」〔註20〕這一觀點非常契合歷史的真相。

　　一般認為，「絲綢之路」一詞最初是由德國地質學家李希霍芬於 1877 年提出的，原意是指古代中國通向中亞的陸上交通路線，後來內涵不斷擴大，用來泛指古代中國通向外部世界的多條交通路線。「海上絲綢之路」一詞則是後來由日本學者正式使用的。歷史上的「海上絲綢之路」實際包含了不同的通道路線，如中國和東北亞之間的路線可以被稱為東方海上絲綢之路，而有學者指出早在春秋戰國時期，山東半島的航海業已經有了相當的發展，當時的齊國就開闢了「東方海上絲綢之路」，〔註21〕而自中國沿海前往南海周邊和印度洋地區的海上貿易通道則有所謂「南方海上絲綢之路」。古代上海地區則早在唐五代時期就同時和這兩條海上絲綢之路上的交流活動都逐漸發生關係。

　　在唐代以前絲綢之路的大宗運輸主要是在陸路上進行，海路上則相對沒有那麼大的貿易量，這主要是限於當時航海技術發展的歷史局限。唐代中國的西方方向曾出現過波斯、東羅馬兩大強國，後來又出現了大食帝國，中國出口的絲綢等優質物產在這些國家都很暢銷，「羅馬、安都和拜占庭成了地中海社

〔註20〕（美）斯塔夫里阿諾思：《全球通史：1500 年以前的世界》，上海社會科學院
　　　　出版社，1999 年版，第 438 頁。
〔註21〕劉鳳鳴：《山東半島與古代中韓關係》，中華書局，2010 年版，第 56 頁。

會內部的巨大絲綢倉庫」。〔註22〕在唐天寶十載（公元751年），唐朝與西部鄰國大食開戰，發生著名的怛羅斯戰役，唐朝將領高仙芝指揮的遠征大軍被阿拉伯軍打敗，不久之後唐朝內部又爆發了安史之亂。安史之亂是中國歷史發展的重要的轉折點。從安史之亂前的盛唐到亂後的中唐，不僅出現唐朝由盛轉衰的轉變期，唐朝對西域通道秩序的控制力也是一樣逐漸結束其高峰表現，陸上絲綢之路也因此出現了消極的波動，於是，海上絲綢之路快速發展的契機正在到來。

海上絲綢之路國際交流活動，無論是貿易交流還是文化交流，都必須通過海洋航行，因此也就必須有航線和依靠港口，交流活動的盛衰也必然和港口的興衰發生聯繫。一個沿海港口如果受到政策性限制，不能或不完全對外開放，不參與國際貿易交流活動，很難成為海上絲綢之路的重要港口，而位於某個地區的港口之所以成為絲路港口，除了港口水文條件良好，臨近絲路航線之外，還要與絲路貿易的商品產地發生聯繫，可以開展中轉貿易，或者當地就是瓷器、絲綢等絲綢之路商品的重要產地。早在史前時期上海地區已經出現早期的海洋文化。雖然上海地區參與中外絲路交流相對於其他絲路重鎮要晚一些，古代上海地區大致符合以上各種條件，地處長江入海口，在歷史上雖然較晚才出現良港，但本地或周邊也是絲綢、棉布等優質紡織品的重要產地，且可以通過水路中轉來自遙遠內地的商品。當然不同歷史時期的表現不同，在唐宋時期中轉貿易的現象更加突出一些，同時它位於國內南北航線和中國到日本朝鮮甚至南洋的重要航線附近，其參與海上絲綢之路交流活動的最早時間段從文獻記載看應當開始於唐代。

海上絲綢之路的興盛需要大量可交易商品的出現。古代長江下游地區的絲綢紡織生產可謂源遠流長，早在河姆渡文化時期就已經出現了專用的紡織工具。自戰國到秦漢時期，濱海的吳越地區航運業和漁鹽生產都有了一定的發展規模。到了六朝時期，長江下游的三吳地區的絲綢生產已經比較普遍。經過自六朝到隋唐的長期經濟開發，經濟重心南移的趨勢不斷發展，在隋唐時期江南地區已經逐步成為全國的財賦重心和手工業中心，也是發達的絲織業中心。有學者指出「唐代後期江南絲織業發展最重要的一個特點是出現了分布地域越來越廣的傾向，已經達到了每州都有絲織業的程度，但總體布局上並不平

〔註22〕（法）L・布爾努瓦，耿昇譯：《絲綢之路》，新疆人民出版社，1982年版，第217頁。

衡。江南北部幾州依然最為發達」。〔註23〕唐代江南當地的所產紡織品除民間貿易外，還有不少上繳國庫，甚至被用來參與唐朝和北方游牧民族之間的陸上絲綢之路貿易，比如用江南絲織品交換回紇的馬。白居易在其詩中講到元和二年（公元807年）唐朝廷下詔要江淮保證「馬價絹」生產質量：

> ……五十四縑易一匹，縑去馬來無了日。養無所用土非宜，每
> 歲死傷十六七。縑絲不足女工苦，疏織短截充匹數。藕絲蛛網三丈
> 餘，回鶻訴稱無用處。咸安公主號可敦，遠為可汗頻奏論。元和二
> 年下新敕，內出金帛酬馬直。仍詔江淮馬價縑，從此不令疏短織。
> ……〔註24〕

　　詩文的背景故事是唐朝送公主去回鶻和親後每年以絲織品易馬，造成對江南地方絲織業生產的巨大壓力。生產者勞苦不堪，難以保證產品質量和數量，回鶻堅持貿易需求和低價交換，抱怨所得不滿足需要。元和二年（公元807年）唐朝只好從內庫出資支付回鶻，為此要求江淮地區保證產品產量和質量。詩中提到馬價值絹高達五十四。在歷史上，唐朝和回鶻的絹馬互市貿易前後持續了82年之久。〔註25〕雙方的貿易額很大，見於史書記錄的馬價絹至少有180萬匹，〔註26〕單匹馬所交換的絹價有的高如《冊府元龜》記載為四十匹，陳寅恪先生和岑仲勉教授對絹價和縑價的關係各有觀點，楊富學則認為四十匹和五十匹之差異反映的是唐肅宗初開馬絹互市時期和白居易所處時代（公元9世紀上半葉）的不同情況，〔註27〕而唐太宗和唐高宗時期唐朝對外互市馬價不過「以一縑易一馬」。〔註28〕

　　白居易曾任蘇州地方官，則詩中所云必然也包括了他在蘇州所見的情況。上海地區在隋唐五代時期主要屬於蘇州華亭縣管轄。蘇州的絲織生產表現也

〔註23〕張劍光：《唐五代江南工商業布局研究》，江蘇古籍出版社，2003年版，第55頁。
〔註24〕《全唐詩》卷427《陰山道》，中華書局，1960年版，第4785頁。
〔註25〕楊富學、安語梵：《唐與回鶻卷碼互市實質解詁》，《石河子大學學報》，2020年第4期。
〔註26〕楊富學、安語梵：《唐與回鶻卷碼互市實質解詁》，《石河子大學學報》，2020年第4期。
〔註27〕楊富學、安語梵：《唐與回鶻卷碼互市實質解詁》，《石河子大學學報》，2020年第4期。
〔註28〕楊富學、安語梵：《唐與回鶻卷碼互市實質解詁》，《石河子大學學報》，2020年第4期。

很突出，出產的特產包括紅綸巾和綾。〔註29〕明代的《正德松江府志》卷四則記載：

> 線綾，一名苧絲綾，自唐有之。天寶中吳郡貢方紋綾。〔註30〕

這也就是說明松江府出產的線綾就是唐代的方紋綾流傳而來。這樣寶貴的資源不可能不和出口發生關係，也不會只限於陸地交流。照理說，唐代存在自南方沿海出發遠至印度洋的「南方海上絲綢之路」貿易線路，上海地區的絲綢應該是能夠藉此出口的，但是這方面保留的資料仍然缺乏，具體面貌仍然難以考證。

唐朝結束後，到五代十國時期，華亭縣先屬吳越國開元府管轄，後屬吳越國秀州管轄，當時的歷史記載中沒有直接而明確的有關上海地區的絲路經濟交流事蹟，但不等於當地不參與海上絲綢之路交流活動。後晉天福五年（公元940年）吳越國王奏准中央朝廷以嘉興、海鹽、華亭、崇德四縣合設為秀州。當時的江南有很大一部分地區，包括蘇、杭、湖、秀諸州的紡織品生產和對外貿易在吳越國政權的庇護和鼓勵下得到了持續的進步，少受戰亂的摧殘。吳越國錢氏政權向北方的五代王朝稱臣，向朝廷奉獻的貢品當中也有不少文綾、絳紗等絲織品。上海史領域的著名學者唐振常曾指出：「華亭縣絲紡織手工業也很發達，能織出精美的絲織品，行銷國內外。」〔註31〕吳越國在五代十國時期屬於能夠在所轄區域內保持穩定秩序的政權之一，其統治者遵循「保境安民」的策略，並不謀求主動對外擴張和征戰。吳越國當局非常重視發展商業，專心發展社會經濟以增強自保能力。吳越國政權在沿海地區廣設名為博易務的機構，用來專門管理對外貿易活動，甚至負責開闢貿易市場，以大力開展海外貿易，與日本、高麗和北方遠隔的契丹政權通商，因此吳越國成為東亞地區的「東方海上絲綢之路」的重要接力推手，不僅推動了經濟交流，還有文化交流。上海地區的生產和貿易應該也能從中獲得一些推動。

吳越國還曾數度遣使日本，根據日本方面流傳的古文獻《日本紀略》、《扶桑略記》、《本朝世紀》《本朝文粹》等的記載，吳越國和日本國雙方在公元909

〔註29〕 張劍光：《唐五代江南工商業布局研究》，江蘇古籍出版社，2003年版，第77頁。

〔註30〕 正德《松江府志》卷4，見上海市地方志辦公室、上海市松江區地方志辦公室編：《上海府縣舊志叢書（松江府卷）》第1冊，上海古籍出版社，2011年版，第66頁。

〔註31〕 唐振常：《上海史》，上海人民出版社，1989年版，第18頁。

年到公元 959 年之間，發生商船、使臣、高僧的來往活動達 16 次。日本學者
木宮泰彥根據《日本紀略》等多種史料考證，蔣承勳曾以吳越國來人（使者）
的名義於後唐清泰末年（公元 935 年）的九月到日本「獻羊數頭」，而同年十
二月日方的交易唐物使藏人藤原親盛前往大宰府（日本管理對外關係的機
構），或為驗收貨物，次年七月日方大宰府報告蔣承勳再次前來。木宮泰彥認
為蔣承勳來日本似乎負有外交使命，而八月日本國左大臣藤原忠平也有書信
贈與吳越國王錢元瓘。後晉天福三年（公元 938 年）七月，蔣承勳復來日本，
並獻羊兩頭，且日方大宰府賜布給蔣承勳。到公元 940 年日本左大臣藤原忠平
有書信致吳越國王，但未知搭何船隻及託何行人前往。〔註32〕到公元 953 年，
蔣承勳明確以使臣身份前來日本，獻上吳越國官方的書信和錦綺等禮品，日本
右大臣藤原師輔則託其帶回給五月國王的覆信。〔註 33〕五代時期的華亭縣一
度也屬於吳越國嘉興府管轄。蔣承勳的籍貫對應今天的浙江嘉興市地區，與
上海地區看似並無直接聯繫。然而，日本學者木宮泰彥曾經以《唐大和上東征
傳》與《續日本紀》等文獻考證遣唐使的海上航路和出發港，指出在日本的聖
武朝和孝謙朝派出的遣唐使回日本時都從自蘇州出發的，時間都在公元八世
紀範圍內，但是史料中沒有記錄出發港的詳細地點。〔註34〕當時蘇州有兩大
通海港口，青龍鎮和黃泗浦。根據日本僧人圓仁來華的遊記記載，唐代蘇州的
「松江口」，即青龍鎮就是中日之間航線出發的港口，具體見下一小節考證。
很有可能聖武朝和孝謙朝的遣唐使也有從青龍鎮出發登船的。在五代時期，秀
州華亭縣的青龍鎮港，當然應該也能繼續作為吳越國與對外海上交通發生聯
繫的一處重要港口，但是五代時期上海地區直接參與海上絲綢之路的具體資
料還是太少。

三、文獻所見上海地區早期海上絲路航行及其航線背景分析

　　古代上海地區的最早期出海航行借「循海岸水行」航線的長期發展而獲
得重要發展。在絲路航線的變遷過程中，青龍鎮港口依託「循海岸水行」航線
開展中轉貿易，成為唐宋海上絲路中轉貿易的重鎮，自唐代即成為中日間航行
的始發港之一。

　　《三國志·魏書·東夷傳》最早記載了自中國遼東地區的帶方郡「循海岸

〔註32〕　（日）木宮泰彥：《日中文化交流史》，商務印書館，1980 年版，第 223 頁。
〔註33〕　（日）木宮泰彥：《日中文化交流史》，商務印書館，1980 年版，第 224 頁。
〔註34〕　（日）木宮泰彥：《日中文化交流史》，商務印書館，1980 年版，第 80、86 頁。

水行」到日本的航路起止與所經：

> 倭人在帶方東南大海之中，依山島為國邑……從（帶方）郡至
> 倭，循海岸水行，歷韓國，乍南乍東，到其北岸狗邪韓國，七千餘
> 里，始度一海，千餘里至對馬國……又南渡一海千餘里，名曰瀚
> 海，至一大國，官亦曰卑狗，副曰卑奴母離……又渡一海，千餘里
> 至末盧國……東南陸行五百里，到伊都國，官曰爾支，副曰泄謨觚、
> 柄渠觚。有千餘戶，世有王，皆統屬女王國，郡使往來常所駐。東
> 南至奴國百里……南至邪馬壹國，女王之所都，水行十日，陸行一
> 月。〔註35〕

《新唐書・地理志》對這一條路線的北段所經詳細記載為：

> 登州東北海行，過大謝島、龜歆島、末島、烏湖島，三百里。
> 北渡烏湖海，至馬石山東之都里鎮，二百里。東傍海壖，過青泥
> 浦、桃花浦、杏花浦、石人汪、橐駝灣、烏骨江，八百里。乃南傍海
> 壖，過烏牧島、貝江口、椒島，得新羅西北之長口鎮。又過秦王石
> 橋、麻田島、古寺島、得物島，千里至鴨淥江、唐恩浦口。乃東南
> 陸行，七百里至新羅王城。〔註36〕

以上為從山東半島出發到朝鮮半島的路線，接下來繼續前行至日本，而唐代「循海岸水行」路線的南段的情況則是可以從登州港延伸到浙閩沿海的港口，使中國江南的優質產品得以出口東北亞。雖然到了唐代航船能力已經足以支持橫渡渤海、黃海直達朝鮮半島東海岸，甚至自長江口出發橫渡東海到日本列島，但是「循海岸水行」航線沿途不僅便於商船獲取給養及淡水補給，也是當時最為安全的航線。

古代東亞地區的國際往來多是從海上進行，沿著「循海岸水行」的路線或直接跨海的航線，穿越黃海、東海進行。「循海岸水行」路線上的風浪風險相對較小，路線易辨識，而直接跨過東海則風浪相對較大，路線也難以辨識。上文所引述的「東方海上絲綢之路」在最初主要是沿山東半島、長山列島和朝鮮半島的海岸線進行的航行路線。到了南北朝時期，中國和朝鮮半島都陷入了分裂狀態，不同政權間的敵友關係狀態不同且不斷變化，國際航線因此也不是總那麼暢通的。「漢代至魏晉南北朝時期，山東半島至朝鮮半島和日本的海上航

〔註35〕《三國志集解》卷3，上海古籍出版社，2009年版，第2251頁。
〔註36〕《新唐書》卷43下，中華書局，1975年版，第1147頁。

線，是歷史上著名的『循海岸水行』的黃金通道。」北魏使者出使東北亞諸國「從東萊浮海」，走的便是這條路線。〔註37〕當時百濟、日本也開闢有到長江流域的直達航線，包括中古時期自長江口出發橫渡東海直達日本的奄美大島。日本還好避開朝鮮半島政權的某些干擾，直接跨東海去中國，直通中國南方的揚州，受技術水平限制，「可以縮短時日和距離，……是一條最危險，遇難率極高的航路」。〔註38〕以航運技術和風浪風險來看，六朝時期的使臣直行於南中國與日本之間是可能的，但是成規模的貿易運輸不太可能存在。

　　在唐代，中國和日本、新羅之間的航線仍以北方沿海岸線的「循海岸水行」路線最重要，但同時也存在跨海直接抵達長江口的路線。有史料表明公元8世紀以後，日本遣唐使基本上放棄了北路航線，多採取直接橫渡東海或繞經琉球列島入唐的路線，使寧波明州港成為日本遣唐使所乘船隻最重要的登陸地和返航啟航地。但是，這不能說明當時所有航船都立即轉向直跨東海的航行，能轉向而去的只能是技術條件過硬的船，其他連接日本和中國的平行海上航線應該是繼續使用的狀態，特別是需要儘量躲避風浪顛簸的陶瓷運輸船隻和希望在航線沿線開展中轉貿易的船。日本僧人圓仁是公元九世紀搭乘遣唐使船來華的，往返都是走的循海岸水行，而非跨東海直發長江口，並在《入唐求法巡禮行記》中明確記載了由唐去往日本的海上交通的大體路線，即自楚州北上到海州，然後繞成山角到登州，橫渡黃海到達朝鮮半島，再經對馬島、壹岐島後抵達日本。〔註39〕唐代海岸線與今天不同，唐代楚州即今天的江蘇省淮安市所在，在當時是海港城市。在天寶年間，青龍鎮已經發展成為蘇州的海港口，蘇州的租米和貢物有一部分經吳淞江和滬瀆出口北運。江南地區的產品自產地出發到達楚州，其中有不少還是要沿著今天浙江、上海、江蘇的海岸線運輸，這與青龍鎮港口的中轉貿易活動也會發生一定關係。蘇州和揚州都是當時重要的對外海上口岸，雖然其權限有所差異。上海地區的港口發展態勢和貿易地位在當時相對要低的多。當時江南地區有很多外商甚至新羅移民活動，有史料顯示「松江口」也是一處東方海上絲綢之路的出發港，根據來華日本名僧、日本佛教天台宗山門派創始人圓仁大和尚在其來華遊記中的記錄，曾有唐人和新羅人自此乘船東渡前往日本，事在大中元年（公

〔註37〕劉鳳鳴：《山東半島與東方海上絲綢之路》，中華書局，2010年版，第1～2頁。
〔註38〕（日）藤家禮之助：《日中交流二千年》，北京大學出版社，1982年版，第99、103頁。
〔註39〕劉洪石：《唐宋時期的海州與海上「陶瓷之路」》，《東南文化》，1990年第5期。

元 847 年）六月：

> 九日，得蘇州船上唐人江長、新羅人金子白、欽良暉、金珍等
> 書云：「五月十一日從蘇州松江口發往日本國。過廿一日，到萊州界
> 牢山……」〔註40〕

這是目前可以查到的有關船隻自上海地區港口出發去外國的最早的確切的文獻記錄，不妨稱這是上海地區被歷史所記錄的「絲路首航」。今天的萊州市是山東省煙台市下屬的縣級市，而在唐代，設置於當地的萊州是山東半島沿海一州。上引的「牢山」應指今山東省青島市嶗山，靠近海濱，山海相連。在全國的名山中，嶗山是少有的在海邊拔地崛起的名山。繞著嶗山的海岸線長達87 千米，嶗山周邊有沿海大小島嶼 18 個，構成了當地的海上奇觀。這一景觀在史料中的出現更加證實了經過山東半島海岸線的循海岸水行的航路經途。史料中出現的三個人名以唐人江長排名在前，似為領頭者。與此重要事蹟直接相關的史料較少，但有兩個問題值得注意，即航行路線問題和航行活動的歷史背景問題，尚可加以考證。

根據《新唐書地理志》中的記載，唐代丞相魏國公賈耽在唐德宗貞元年間記述稱「入四夷之路與關戍走集最要者七」，即存在對外交通的七條通道，其中海路兩條，一是「登州海行入高麗、渤海道」，即從山東半島登州港出發去渤海國和朝鮮半島，二是「廣州通海夷道」，即從廣州出發到東南亞和印度洋的海上絲綢之路路線，但這主要是唐代後期對外交通路線的大體輪廓。縱觀整個隋唐時期，不同時期通航條件和航線上情況要稍複雜一些。

到了唐代，特別是在唐新戰爭結束後，朝鮮半島和中國都基本解決了內部的統一問題，唐朝統一了遼東，新羅國統一了大同江以南的朝鮮半島，日本入侵朝鮮半島的努力受挫，東北亞地區的國際格局存在定型的傾向，唐新雙方的政治關係也開始緩和，「循海岸水行」航線上沒有了政治障礙和軍事風險，就顯得特別暢通和重要，其由山東半島出發到新羅王城的路線也被詳細記錄下來。〔註41〕唐代日本遣唐使前來中國的路線，在很長的時間裏是自日本博多港起航，先到達五島，再經屋久屋再到奄美大島，繼續向西航行橫渡東海，然後從長江入海口處進入揚州港，再走京杭大運河去唐朝的京城長安。從唐代中國

〔註40〕（日）圓仁：《入唐求法巡禮行記》卷 4，上海古籍出版社，1986 年版，第 200頁。

〔註41〕《新唐書》卷 30，中華書局，1975 年版，第 751 頁。

到日本的最短路線是古人文獻中說的「南道」，也稱大洋道，從明州出發，直達日本的五島列島，反之則自博多港出發到五島列島再順風渡海去揚州、明州。但是最具安全性的航路還是「循海岸水行」無疑。

文獻所見這次航行活動的起點是「松江口」。日僧圓仁在《行記》中所記錄的松江是吳淞江的古稱，即古太湖地區的「三江」之一，其下游河道隨著古代上海地區東部的逐漸成陸而不斷向東綿延。東晉時期的松江口，即吳淞江入海口，位於今天上海市青浦區白鶴鎮西北的滬瀆村，當地在南朝時期曾發生石佛浮江而來的靈異，事件被繪於敦煌石窟第 323 窟的壁畫中。今天的上海市中心城區在唐代初期除了今楊樹浦地段東端和復興島外大部分面積都已經成陸。唐代吳淞江的入海口形成了一個廣闊的喇叭形海灣，地形地貌與今天大不相同。到唐代中期，松江的入海口移至今上海市虹口區最北端的江灣鎮地區以東一帶，而到北宋時期又移至今上海市浦東區高橋鎮附近的南蹌浦口，後來最終變遷到大蹌浦口，即今天的吳淞口地點。吳淞江早期是作為太湖的下泄水道存在，因此水源比較豐富，而河道也比較寬闊。在唐代，松江入海口寬達二十里，而到明朝永樂初年疏濬河道前，吳淞江江面僅寬 150 丈。唐朝的吳淞江是當時蘇州地區內陸最方便的出海航路。日本的圓仁大和尚來華是在中唐的會昌年間和大中時期，因此圓仁《行記》史料中的松江入海口應當還是在今天上海市的浦西地區。

唐人江長、新羅人金子白、欽良暉、金珍等數人應該就是從松江口的青龍鎮港出發的，然而其具體目的未知，其一行人花了二十一天的時間到了應為今天青島的嶗山地方，而非直接穿越東海去日本，說明他們準備通過「循海岸水行」路線北上沿朝鮮半島海岸線到對馬海峽東渡，在途中和圓仁發生的通信聯繫。上文曾引日本學者木宮泰彥的考證，即日本聖武、孝謙朝兩朝遣唐使都是自蘇州出發的，[註 42]筆者估計木宮泰彥所考證的遣唐使出海港可能是唐代蘇州的黃泗浦，也可能就是同屬唐代蘇州管轄的松江口青龍鎮港。從圓仁《行記》的記錄來看說明當時從上海地區出發到山東半島的海上航線已經和東方海上絲綢之路的航線相銜接。

這次航行活動中有至少三名新羅人參與，也很值得深入分析。唐朝與其鄰邦新羅關係密切，交往程度不亞於同時期的唐日關係。

唐朝後期，新羅出現軍閥張保皋，是熟悉海上生活的「海島人」，大搞海

〔註 42〕（日）木宮泰彥：《日中文化交流史》，商務印書館，1980 年版，第 80、86 頁。

權活動，被今人稱為「海上王」。公元 828 年張保皋自唐朝的徐州鎮回國，被國王任命為清海鎮大使，掌了本國海防大權：

後歸國謁王，以卒萬人鎮清海。〔註43〕

公元 838 年新羅朝廷發生內亂，張保皋派親信鄭年帶兵入朝平亂，〔註44〕立神武王，新王尊崇張氏：「封清海鎮大使弓福（張保皋別名）為感義軍使，食實封二千戶。」

通過兵變廢立，張保皋實現對新羅國政的掌控，且坐鎮新羅西南沿海的莞島清海鎮，並以此為根據地，掌握東北亞國際間海洋活動的交通主導權，打擊海盜，組織和庇護國際的航行，掌握了東亞國際海域通道的制海權，甚至跨國建造寺廟，〔註45〕資助宗教文化活動，溝通國際交流，導引出公元九世紀初葉東亞經濟文化交流的新面貌。在當時，日本僧人和使者來華都是乘坐新羅船隻和車輛等交通工具，〔註46〕雇用新羅水手來駕船，〔註47〕依靠新羅翻譯的幫助〔註48〕和新羅信使。〔註49〕張保皋的海洋活動超越國界，而新羅航運業也同樣掌東亞航海牛耳，張保皋修建了中國山東半島沿海的登州赤山法華寺，日僧圓仁來華期間留住該寺廟時，張保皋派遣大唐賣物使崔兵馬司來寺中慰問。〔註50〕當時中國東部沿海有很多旅居新羅人，有些城市甚至存在新羅人聚居的社區新羅坊，又比如登州赤山當地新羅移民圍繞張保皋捐造的法華院而聚居，加之海上船隻和水手多來自新羅，可見新羅人在東北亞國際間海上世界的重要地位。張保皋也因此對東亞海洋具有重大影響力，組建在唐新羅人網絡，船隊遍及各港口碼頭。九世紀前期，從事唐日貿易的商人群體以新羅商人為主，唐朝商人東渡日本也要搭乘新羅商船，史料中的首艘唐朝商船出現於公元 841 年，之後東亞商人群的重心才逐漸轉到唐朝商人。〔註51〕當時新

〔註43〕（高麗）金富軾著，孫文範等校勘：《三國史記》，吉林文史出版社，2003 年版，第 144 頁。

〔註44〕（高麗）金富軾著，孫文範等校勘：《三國史記》，吉林文史出版社，2003 年版，第 144 頁。

〔註45〕（日）圓仁：《入唐求法巡禮行記》，上海古籍出版社，1986 年版，第 2、62 頁。

〔註46〕同上書，第 2、199、201 頁。

〔註47〕同上書，第 2、36 頁。

〔註48〕同上書，第 2、10 頁。

〔註49〕同上書，第 2、198 頁。

〔註50〕同上訴，第 2、63 頁。

〔註51〕吳玲：《九世紀唐日貿易中的東亞商人群》，《西北工業大學學報》，2004 年第 3 期。

羅海商甚至在日本北九州地區也形成了一定的存在和影響力。其實早在公元八世紀前期日本和新羅的貿易關係正如現存正倉院文書中的「買新羅物解」中所展現的一樣，貿易活動也是前往日本的新羅使團的活動的一部分。這一期間日本與新羅間的貿易活動尚且以國家間貿易為主，民間貿易活動尚未興起。在公元九世紀初，日本在對馬島增設新羅譯語、國博士等職務以求能夠滿足溝通的需求。

　　圓仁來華之時正值張保皋發展海權，資助東方海上絲綢之路貿易活動，而新羅人是公元九世紀東北亞地區的國際航海主力。〔註52〕當時江淮地區有大量新羅移民，故此唐人與新羅人結伴出海是完全有可能的。有意義的地方在於中國人帶領韓國人乘船去日本，而由日本僧人見證，即參與者及見證者，以及航線的始終所經包括了東北亞的三個主要國家。

　　以此可見，上海地區自華亭青龍出發的對海交通在公元8～9世紀中期已經納入海上絲綢之路航行和貿易的網絡，松江口青龍鎮港是國際交往航行的始發港，且在中日之間充當了重要的始發港。

〔註52〕張曉東：《唐代後期的海上力量和東亞地緣博弈》，《史林》，2013年第2期。

第二章　青龍鎮與唐宋海上陶瓷之路中轉貿易

　　青龍鎮設鎮於唐天寶年間，興起於唐代，極盛於宋代，在南宋衰落，而上海鎮自南宋設立，在元代建立上海縣。「到中晚唐時，由於國際貿易和中西海上交通的發展，形成了著名的『海上陶瓷之路』。」〔註1〕海上陶瓷之路發展則是自中唐時期出現直至元代的繁盛期，而在唐代後期中國之外的亞洲各國還沒有瓷器製造業。〔註2〕因此，青龍鎮興衰的整個歷史時期和自上海鎮港興起到上海縣興起的歷史時期相加，與海上陶瓷之路的繁盛期相比，時間起止比較接近。可以說青龍鎮港的發展歷程借了海上絲綢之路陶瓷貿易快速崛起階段的東風，青龍鎮港的全部歷史基本上都處在海上陶瓷之路的上升期，這個時期的絲綢之路國際貿易規模迅速膨脹，是中國與印度洋地區的陶瓷貿易迅速提升的年代。

一、海上陶瓷之路的興盛是青龍鎮港發展的重要機遇

　　海上絲綢之路的內涵非常豐富，包括中外間的「海上陶瓷之路」也是重要組成部分。1913 年法國漢學家沙畹最早提出了「海上絲綢之路」的說法，在其所著的《西突厥史料》中提出：「絲路有陸、海兩道。北道出康居，南道為通印度諸港之海道。」1967 年，日本學者三杉隆敏在其《探索海上絲綢之路》等多部著作中使用了「海上絲綢之路」的概念，以區別陸上絲綢之路，之後該

〔註1〕謝端琚、馬文寬：《陶瓷史話》，社會科學文獻出版社，2012 年版，第 97 頁。
〔註2〕馮先銘：《元以前我國瓷器銷行亞洲的考察》，《文物》，1981 年第 6 期。

說法為學術界所普遍接受。〔註3〕日本學者三上次男在其名著《陶瓷之路——東西文明接觸點的探索》中，〔註4〕將連接東西方的海上航路，稱為「陶瓷之路」，指的是以陶瓷為紐帶的中西海上貿易通道。陶瓷之路其實也是絲綢之路的分支或是不同形式。古代陶瓷貿易是絲路貿易的重要內容，曾經一度在貿易內容中佔有最大的份額。中國古代的陶器至遲出現於 12000 年前，而中國古代陶瓷產品的對外出口，可以說是大約在唐代的後半期開始有重大發展，至宋元時期則達到最盛的階段。從各種出土文物的信息看，唐代中國陶瓷外運主要有海陸兩條路線，陸路自長安出發經西北地區和吐蕃可以進入南亞和中亞、中東，也可以自蜀地向西南入吐蕃、南亞，或者出營州通過遼東陸地去朝鮮半島。

　　海上絲綢之路貿易活動的分期觀察，大體可以中唐時期的開始作為一個重要劃分。由於陸路運輸瓷器困難較大，途中損失也較大，因此在中唐以前，絲綢之路上陶瓷出口的數量相對是很小的，但是隨著唐代海上交通的發展進步，造船業的發展以及航海技術的不斷提高，為瓷器的大量輸出創造了條件。公元 755 年安史之亂爆發，隨後西北也出現多種勢力間的衝突，經由中國北方港口的海上絲綢之路貿易路線一度受阻，西北的陸上絲綢之路也受到一些干擾，而安史之亂後北方也常有藩鎮作亂發生，唐朝對西北邊疆的控制力下降也影響了陸上絲綢之路的秩序，而南方出發的海上陶瓷貿易之路卻因此加快興旺起來。自中唐以後，航海技術有了很大發展，中外航海活動都開始不斷進步，從西亞地區到東北亞地區之間的印度—太平洋海域的海上貿易交流開始出現日益發達的現象，同時中國經濟重心東南移的趨勢也開始加快。青龍鎮正是在盛唐天寶年間出現的，即始設於天寶五載（公元 746 年），屬於唐代華亭縣管轄，距離中唐歷史階段的開始已經為時不遠。唐朝末期党項族勢力在西北地區逐漸崛起，到北宋時期建立了西夏國，宋夏之間時戰時和，導致陸上絲綢之路多次出現干擾，因此陶瓷外銷加快向海路轉移。

　　按《新唐書》記載，唐代時在中外海陸之間有七條主要通道，其中自廣州出發有一條被賈耽記錄下來的「廣州通海夷道」，經南海和馬六甲海峽遠達印度洋，再經斯里蘭卡繼續向西：

〔註 3〕（日）三杉隆敏著，吳昊陽譯：《陶瓷：黏連文明的泥土》，北京燕山出版社，2020 年版，第 31 頁。

〔註 4〕（日）三上次男著，胡德芬譯：《陶瓷之路——東西文明接觸點的探索》，天津人民出版社，1983 年版，第 1 頁。

廣州東南海行，二百里至屯門山（今香港九龍西南），乃帆風西行，二日至九州石（今海南省文昌市東部海中的七州列島）。又南二日至象石（大洲島）。又西南三日行，至占不勞山（今越南占婆島），山在環王國東二百里海中。又南二日行至陵山（一般認為在今越南義平省東南海岸的歸仁一帶）。又一日行，至門毒國（今越南富慶省東岸一帶）。又一日行，至古笪國（今越南和慶，一說在芽莊）。又半日行，至奔陀浪洲（今越南藩朗）。又兩日行，到軍突弄山（今越南崑崙島）。又五日行至海硤（馬六甲海峽），蕃人謂之「質」，南北百里，北岸則羅越國（今馬來亞南端），南岸則佛逝國（今印尼蘇門達臘島一帶）。佛逝國東水行四五日，至訶陵國（今印尼爪哇島），南中洲之最大者。又西出硤，三日至葛葛僧祇國（在今馬六甲海峽南部不羅華爾群島），在佛逝西北隅之別島，國人多鈔暴，乘舶者畏憚之。其北岸則箇羅國（今克拉地峽）。箇羅西則哥谷羅國。又從葛葛僧祇四五日行，至勝鄧洲（今印尼蘇門達臘島亞齊）。又西五日行，至婆露國。又六日行，至婆國伽藍洲（今印度尼科巴群島）。又北四日行，至師子國（斯里蘭卡），其北海岸距南天竺大岸百里。〔註5〕

按照《新唐書地理志》的記載這條航線還可以繼續自南印度向西延伸到中東地區，遠達波斯灣地區。這條線路自公元7世紀發展起來，在唐代中後期成為與南海諸國和中東非洲地區開展交流的海上航路。經由青龍鎮港發生的中轉貿易也通過沿海航線與這條「廣州通海夷道」航線發生銜接，以把長江流域內陸和東南沿海所產陶瓷產品運往更廣闊的遠方。約在唐代後期的公元 8 世紀七八十年代至公元 8 世紀末之間，唐朝中國銷往海外的瓷器出現了大規模的上升，其中絕大多數就是沿著這條連接唐朝和中東的絲路航線輸出的，這也預示著海上陶瓷之路盛期的開啟。青龍鎮港的陶瓷中轉貿易在很大程度上也是為這條貿易線路服務的，為中外的經濟與文化交流發揮了重要的橋樑作用。這條航線把大量唐以前屬於陸上絲綢之路的貿易內容轉到海上，再加上東北亞地區海上絲綢之路上陶瓷交流的興盛，一南一北構成了拉動青龍鎮港中轉貿易發展的重要條件。

青龍鎮港對海上絲綢之路貿易活動的參與可以說趕上了中唐以後的海洋

〔註5〕《新唐書》卷43，中華書局，1975 年版，第 1153～1154 頁。

貿易發展大潮。從近年的考古發現來看，在青龍鎮遺址出土了大量唐宋時期的瓷器，器型多與出口品相同，這是最好的歷史見證。雖然考古發現表明來自不同地區的名窯陶瓷產品在青龍鎮遺址以匯聚的方式出現，但是它們其實遵循著不同的貿易路線來去，在海外的銷售範圍也很廣，反映著青龍鎮港在海上貿易中的多重地位與功能。

二、青龍鎮遺址出土唐代陶瓷的豐富來源及其意義分析

以前曾有學者指出：「五城（指設有市舶司的廣州、福州、泉州、明州、杭州）作為南方重要港口，基本包攬了全部進出口業務。但海路艱難，尚無法大量運送一般性產品，只能以奢侈品為主。」〔註6〕結合近年青龍鎮遺址考古發現來看，史實的完整面貌其實更為豐富和複雜，對外貿易不可能僅僅依靠五個設有市舶司的港口。青龍鎮當地在唐代雖然沒設任何市舶司機構，但考古證據表明也承擔了相當規模的對外商品貿易，是以非直接對外的中轉貿易樞紐地位來發揮重要作用，出口商品的數量和質量也都卓越。史書文獻中所記載的市舶司設廢史事並不是考察一個港口是否參與外貿活動的唯一標準，因為走私貿易和中轉貿易都有可能在未設立設市舶司機構的港口存在，甚至可能有巨大的規模，所以，沒有設市舶司或沒有設立市舶機構的很多港口仍可能通過中轉貿易的方式參與對外貿易。從青龍鎮考古遺址出土陶瓷的多樣性來源可以看出唐青龍鎮港中轉貿易的腹地廣闊。

上海青龍鎮遺址出土了大量國內名窯生產的瓷器，以碗、盤、碟、壺等日用瓷為主。青龍鎮遺址出土的瓷器絕大部分是南方長江流域以及錢塘江流域、閩江流域各地名窯生產的瓷器，其中唐代的部分以今天浙江、湖南的產品，即以長沙窯、越窯、德清窯所產的陶瓷為主，從總體上看很少見到北方窯口的產品。這些唐代陶瓷都非當地所產，數量之大也非本地所能消化，毫無疑問都是通過中轉貿易才來到青龍鎮，並可能繼續向北銷往日本和朝鮮，或南下去印度洋周邊地區。這些考古發現證明唐代的青龍鎮港已經是絲綢之路上的世界性陶瓷貿易中轉樞紐，陶瓷貿易的產地腹地範圍因此延伸遠至長江中游和東北亞，貿易航線遠至印度洋地區。

青龍鎮遺址出土的唐代陶瓷中，產地最遠者應屬來自長江中游的長沙窯，

〔註6〕耿元驥：《五代十國時期南方沿海五城的海上絲綢之路貿易》，《陝西師範大學學報》，2018年第4期。

出土的相關陶瓷器片非常多。〔註7〕長沙窯位於今天湖南省長沙市銅官鎮附近石渚的瓦渣坪地方一帶，出現於唐朝前期，大約興起於安史之亂時期，在唐宋時期是馳名國內外的名窯，產量巨大，其產品則馳名海內外，通過長江航線而來青龍鎮。

青龍鎮遺址還出土了不少唐代越窯、德清窯的瓷器，來自今天的浙江境內。德清窯創燒於東漢的晚期，其生產活動一直持續到隋唐時期，同係的窯口主要分布於東苕溪中下游地區的德清、餘杭、湖州南部等地，都是青瓷與黑瓷同窯合燒的窯場。〔註8〕德清窯的黑釉瓷在中國陶瓷史上的地位是比較顯赫的，早在東晉南朝時期德清窯就已經出現發展的鼎盛時期，其產品色黑如漆，比較有特色，在東晉南朝時期就已經遠銷到朝鮮半島，今天在半島有大量出土。〔註9〕也就是說，德清窯出口東北亞，在南北朝已經打開銷路，確立名聲了，這在參與出口貿易的國內諸窯中堪稱「前輩」。但可惜的是，到中唐時期，德清窯已經迅速走向了衰落，窯址數量不多，而產品種類相對較少。〔註10〕可是在中轉貿易和外銷中，德清窯產品的數量還是不少的，應該是依然有一定的國際暢銷度。青龍鎮遺址所發現的唐代德清窯所產瓷器大部分都沒有使用痕跡，可以判定為出口商品無疑，而且為窯址以外最大量的發現地。〔註11〕這說明當時的青龍鎮承擔了德清窯外銷中轉貿易的最大份額。

德清窯瓷器是沿著江南運河及其水網支流來到青龍鎮的。唐宋江南運河的杭州嘉興段以北至太湖南岸之間，以湖州地區為中心形成一個運河水網。古稱太湖總共連接了「一河二溪三江五湖」，二溪為荊溪和苕溪，自太湖水系的上游匯入。荊溪在太湖以西，而苕溪也是杭州、湖州一帶重要的水運路線，兩溪共同構成太湖水系西部和南部的水路要道。苕溪與東溪、南溪等河流匯成長興運河，向東匯合東苕溪，再向北注入太湖。清學者顧祖禹詳細分析了湖州苕

〔註7〕上海博物館考古研究部：《上海市青浦區青龍鎮遺址 2010 年發掘簡報》，《東南文化》，2012 年第 2 期；青龍鎮考古隊：《上海市青浦區青龍鎮遺址 2012 年發掘簡報》，《東南文化》，2014 年第 4 期。
〔註8〕鄭建明：《德清窯略論》，《文物》，2011 年第 7 期。
〔註9〕王軼凌、鄭建明：《隋唐時期浙江地區窯業的時空特徵》，《東南文化》，2015 年第 2 期。
〔註10〕王軼凌、鄭建明：《隋唐時期浙江地區窯業的時空特徵》，《東南文化》，2015 年第 2 期。
〔註11〕上海博物館編：《千年古港：上海青龍鎮遺址考古精粹》，上海書畫出版社，2017 年版，第 146 頁。

溪水系與江南運河的關係，及唐代苕溪運河的經濟功能：

> 又苕溪經湖州府城下，分流為運河，經府東七十里之潯溪，達於
> 蘇州府吳江縣南四十里之鶯脰湖，而與杭、嘉二郡之運河合。唐天授
> 二年（691）敕錢塘、於潛、餘杭、臨安四縣租稅，皆取道於苕溪，
> 公私便之。然今自餘杭以上，漲涸不時，未可方舟而濟矣。潘季馴
> 曰：「浙西運河，大都發源於天目，蓋以苕溪為之委輸也。」〔註12〕

苕溪算是江南運河的浙西部分。東苕溪與西苕溪兩條河在湖州合流入太
湖。隋朝開通了江南河，在唐初有新發展，就是東苕溪航路的開闢，構成了江
南運河西線水網的重要部分。東苕溪流過杭州後分為兩支流，向東的分支稱下
塘河，正支則向北流經湖州再與苕溪匯合。

唐天授二年（公元 691 年），武則天以武康縣分設德清縣，初名武源縣，
到天寶元年（742）方改稱為德清縣，是德清窯的中心地。德清能立縣與東苕
溪航運開通存在一定關係。嘉靖《德清縣志》記載：「邑人戴德永等上言，武
康東界一十七鄉枕溪澤，通舟航，饒魚稻桑麻竹茗之利，願析置一縣。從之，
以縣東有武承塘，置縣曰武源。」〔註13〕武承塘是江南運河西線東苕溪航道的
重要河段，也是東苕溪下游主航道，又稱石塘運河，是武則天朝在東苕溪沿線
開展的運河工程，竟能以河名縣。《讀史方輿紀要》也記載了武承塘和雪溪的
源流：

> 自杭州府安溪奉口流入縣西南境，會武康縣前溪之水，逶迤而
> 北，經百僚、吳匡兩山之間，至下蘭山東，益折而東北，為苧溪
> 漾。至縣東北十八里，為武承塘。亦謂之石塘。南岸為東石塘，西
> 岸為西石塘，逮接數里，入郡界。北至峴山漾，與北流水合，而為
> 雪溪。〔註14〕

杭州到湖州的東苕溪航道在唐宋被稱為餘不溪，嘉泰《吳興志》記載了
其航道：

> 經臨安縣，又經餘杭縣，又東至安溪，又東至奉口，經德清縣，
> 折而東北至苧溪漾、敢山、牛墳、戈亭，又後林村，又東北為菱湖，
> 又東北至湖趺漾，經荻岡寺東，直北折而西為大灣，又西北會前溪

〔註12〕（清）顧祖禹：《讀史方輿紀要》卷 89，中華書局，2005 年版，第 4110 頁。
〔註13〕嘉靖《德清縣志》卷 1，《輿地考》，清康熙十一年抄本。
〔註14〕《讀史方輿紀要》卷 91，中華書局，2005 年版，第 4195 頁。

　　水入峴山漾，入定安門至江子匯為霅溪。〔註15〕

　　此外，中唐時期開挖的陵波塘也是對東苕溪航道的完善優化，《新唐書》載：「東南二十五里有陵波塘，寶曆中（湖州）刺史崔玄亮開」。〔註16〕陵波塘運河往南延伸到菱湖鎮，南接德清縣，河道較直。

　　可見隋朝開通的江南運河，在唐代經歷了不少修繕改良，而在唐代，「德清窯產品就是沿東苕溪順流而下到太湖，然後沿太湖到吳淞江，再到達青龍鎮。」〔註17〕這便利了大量德清窯瓷器運到青龍鎮而後外銷異域。

　　此外，考古發現表明「青龍鎮遺址出土了數量較多的越窯瓷器，在出土唐代瓷器的數量中僅次於德清窯。」〔註18〕要知道隋唐時期也算是浙江地區陶瓷生產發展的又一個重要時期，而隋唐浙江地區陶瓷生產又是以越窯為主表現出來的，同時包括婺州窯、德清窯、甌窯等各窯的生產也都有突出的發展。〔註19〕可以說中晚唐時期算是隋唐時期浙江窯業發展的一個高峰期，作為進一步的結論，青龍鎮港的陶瓷中轉貿易也參與和得益於其中是無疑的。但是越窯的瓷器時遵循何種路線來到青龍鎮的還需要考證，具體見下面的幾節文字。

　　除此之外，青龍鎮遺址也有極少量的北方陶瓷，比如僅僅出土了兩件唐代鞏義窯白釉瓷碗。〔註20〕鞏義窯的窯址在今天河南省境內鞏義的白河兩岸，窯口創燒自北朝時期，而唐代是其盛期，自宋代開始衰落。出土數量少，似乎說明並非有大規模貿易的貨物存在，但在學術研究中有時考古出土所見只是歷史存在的冰山一角，沒有更詳細的資料難以做進一步地判斷。

三、唐代青龍鎮港的中轉貿易外銷輻射範圍分析

　　在古代中外之間海上陶瓷之路貿易活動範圍極為廣泛。陶瓷貿易航線穿越了印度洋的盡頭，抵達埃及，再從此經陸運轉運進地中海去歐洲。如在埃及

〔註15〕嘉泰《吳興志》卷5，《河瀆》，第70頁，民國刻吳興叢書本。

〔註16〕《新唐書》卷41，中華書局，1975年版，第1059頁。

〔註17〕上海博物館編：《千年古港：上海青龍鎮遺址考古精粹》，上海書畫出版社，2017年版，第146頁。

〔註18〕上海博物館編：《千年古港：上海青龍鎮遺址考古精粹》，上海書畫出版社，2017年版，第154頁。

〔註19〕王軼凌、鄭建明：《隋唐時期浙江地區窯業的時空特徵》，《東南文化》，2015年第2期。

〔註20〕上海博物館編：《千年古港：上海青龍鎮遺址考古精粹》，上海書畫出版社，2017年版，第182頁。

的福斯塔特考古遺址，曾發現中國陶瓷片約有一萬二千片之多，從這個遺址中發現的中國陶瓷片，種類相當豐富，而且質量一般較高。日本學者三上次男分析後認為每六十片陶瓷中就有一片是中國陶瓷。福斯塔特考古遺址中所發現的中國陶瓷片所屬年代從八至九世紀的唐代直到十六至十七世紀的清代的都有，三上次男稱：「在這期間中國生產的有名的陶瓷器，差不多在這裡都能找到。」〔註21〕

經由唐代青龍鎮港的絲綢之路中轉貿易的銷售範圍也極廣，既有自內地經此銷往東南亞和印度洋，也有經此沿海岸線北上銷往北方與東北亞。這主要是因為古代航海技術發展水平有時代的局限性，古代的國際海上貿易單次航程相對較短，極少有像今天的跨洋遠發直航現象，像瓷器的海上外銷基本上是一種轉口貿易，從始發港出發後會在中途的多個地點停留，在補充補給之餘，賣掉一部分貨品，同時再補充購買一部分貨品繼續前行，商人採取的銷售策略往往是在航行中途不斷靠岸貿易的方式，因此在古代的中外間中轉貿易很普遍。唐代的青龍鎮雖無市舶司機構的設置，但其出土的外銷陶瓷數量巨大，主要是中轉貿易的體現。

唐五代時期中國的瓷器外銷以長沙窯和越窯所產為最多。長沙窯的產品大量出口到東北亞和印度洋地區，而越窯則主要是在東亞地區大量銷售，歷史比長沙窯還悠久。青龍鎮遺址所見也以這兩窯產品居多。

青龍鎮遺址的考古發現中有很多唐代長沙窯瓷器，而唐代長沙窯產品在海外的出土幾乎遍及朝鮮半島、日本列島、東南亞沿海及群島、南亞次大陸、斯里蘭卡、西亞兩河流域、阿拉伯半島和中亞內陸各地，可見其對外銷售的地理範圍廣闊，超越唐朝以前的歷史時期，這也顯示出當時的新的中外間絲路貿易的高潮已經形成。以各地出土文物的情形來看，西亞地區所見長沙窯產品數量最多，這與西亞人在當時最善航海有關。青龍鎮遺址中所發現的唐代長沙窯產瓷器的樣式多有西域風格色彩，多屬來樣定燒的產品，其藝術風格比較獨特，有別於以國內為市場的內銷產品。長沙窯陶瓷產品的大量銷售其實也在一定程度上反映了中國經濟重心與外貿重心同時向南移的發展趨勢，伴隨著這種趨勢中國北方的陶瓷出口大大衰落，而南方的商品出口額不斷攀升。在唐朝晚期的公元九世紀初，長沙窯瓷器的生產突然得到新的發展，不僅數

〔註21〕（日）三上次男著，李錫經、高喜美譯：《陶瓷之路》，文物出版社，1984年版，第10頁。

量大大增加，質量也明顯得到提高，而這正當青龍鎮港開始崛起的歷史時期，相信青龍鎮港中轉貿易和長沙窯的生產進步也是相得益彰的。從考古發現來看，長沙窯出口主要是走海道，當然有較少的一部分從陸上絲綢之路販運出去，但是其海、陸不同路線產品外銷的比例也正反映出唐代中外海陸絲綢之路貿易的不同比重，即中唐及其以後海上外貿的繁盛開始超越陸上絲路。長沙窯產品走海路出口的路線必經長江口，因此經過青龍鎮港口並發生中轉活動也是必然的。

　　青龍鎮遺址還出土了不少的唐代越窯瓷器，在出土唐代瓷器的數量中僅次於德清窯。〔註22〕青瓷是越窯的特產。有人認為：「中國瓷器是以青瓷的出現而開始的。」〔註23〕在古代瓷器外銷活動中青瓷也確實有領先的表現，特別是越窯青瓷。在浙江地區有較多商周時期的原始青瓷器出土發現。自三國時期到隋朝是越窯瓷器生產的長足發展階段。古代越窯既生產青瓷，也生產黑瓷，而越窯青瓷的外銷可以說是比較早的，甚至領先其他窯口的，其出口史能夠追溯到兩晉南朝時期。自六朝時期到中唐之前，中國海上對外貿易的規模在總體上還處於發展程度相對較低的階段，但當時瓷器外銷已經是以越窯產品為主，其他窯口產品遠無法相提並論。〔註24〕朝鮮半島的中部和南部地區都出土有古代中國瓷器，器物的時代大體是始於兩晉和南朝時期，正是由越窯出口瓷開始的。早期的中國陶瓷海上外運主要是對朝鮮半島的輸出，其中部分原因當然是古代中國到朝鮮半島的航海路線可以遵循風險較低的「循海岸水行」航線，其航行安全度在古代中國對外國的所有海上航路中是最高的，而且在朝鮮半島發現的隋唐以前的早期中國瓷器基本上都是越窯和其他沿海窯口的產品。〔註25〕到了唐代，越窯青瓷才開始輸出到日本列島，這當然也和沿著中國海岸線航行的安全性最高有一定關係。在歷史上，絲綢之路商品的出口範圍擴大要受到航海技術進步的推動，出口範圍之擴大與航海技術之提高基本是成正比的。

〔註22〕上海博物館編：《千年古港：上海青龍鎮遺址考古精粹》，上海書畫出版社，2017 年版，第 154 頁。
〔註23〕謝端琚、馬文寬：《陶瓷史話》，社會科學文獻出版社，2012 年版，第 4 頁。
〔註24〕秦大樹：《中國古代陶瓷外銷的第一個高峰：9～10 世紀陶瓷外銷的規模和特點》，《故宮博物院院刊》，2013 年第 5 期。
〔註25〕秦大樹、任林梅：《早期海上貿易中的越窯青瓷及相關問題討論》，《遺產與保護研究》，2018 年第 2 期。

自公元 8 世紀末到 9 世紀上半葉，唐朝和新羅之間的海上貿易一度被新羅軍閥張保皋的勢力主導，新羅人主導了東亞國際海上航運，〔註26〕而考古學者也在韓國莞島的張保皋故城不斷發現唐代的越窯青瓷產品。〔註27〕根據早年的考古發現，日本的古代鴻臚館遺址中發現大量自唐代的公元 7 世紀後期至宋代的公元 11 世紀前期的越窯青瓷碎殘片，總計約 2500 多片，且涵蓋了越窯青瓷所有的種類。〔註28〕這些應該是國際貿易和交流的後果。根據過去的考古資料統計，在日本出土的越窯青瓷主要集中在其西部，這當然是因為日本西部距離中國東南沿海更近，所以自海上運來的越窯青瓷絕大部分在此區域集中出現。根據不完全統計，在日本西部至少有 190 餘處遺址都發現有唐宋時期的越窯青瓷出土，其中較多的是來自古代日本新舊都城平安京（京都）和平城（奈良）以及的福岡附近。今天日本的福岡當地也就是古代日本對外重要口岸博多港的所在地，曾在歷史上設有對外接待和管理的機構九州太宰府。〔註29〕近年來的研究表明，在日本考古發現的唐五代時期中國產陶瓷的出土遺址超過 300 處之多，而出土的陶瓷則包括越窯青瓷、長沙窯彩繪瓷以及邢窯或其他窯口生產的白瓷等，在發掘出土的早期中國陶瓷中以公元 9 世紀後期生產的越窯青瓷最多。〔註30〕這些考古證據中有相當的部分可能就是經「循海岸水行」路線中轉貿易而來的。越窯在地理上最為臨近的港口是浙江的寧波港口。唐代明州港是直發港之一，越窯瓷器可以就此就近出海，中晚唐時期寧波的明州港當然是東亞地區國際性貿易大港，也是唐朝和日本、朝鮮半島之間的貿易樞紐。然而，為何會有大量越窯青瓷在青龍鎮遺址出土呢？這是因為青龍鎮港在「循海岸水行」的路線上有著重要的中轉港樞紐地位，又扼由海入長江的口岸，而向日本朝鮮出口的路線，或進入長江流域內陸地區的路線經過青龍鎮港是必然或非常可能的。下一章文字會對特定路線造成的港口地位再做分析。

〔註26〕 張曉東：《唐代後期的海上力量和東亞地緣博弈》，《史林》，2013 年第 2 期。

〔註27〕 林士民：《東亞商團傑出人物——新羅張保皋》，見林士民著《再現昔日的文明——東方大港寧波考古研究》，三聯書店，2005 年版，第 290～295 頁。

〔註28〕 （日）龜井明德、石丸詳：《關於九州出土的中國陶瓷器》，《東京國立博物館研究志》第 291 號，1975 年 6 月，第 27～34 頁。

〔註29〕 （日）三上次男：《從陶磁貿易看中日文化的友好交流》，《社會科學戰線》，1980 年第 1 期，第 220～221 頁。

〔註30〕 賀雲翱、千有成：《考古學視野下的寧波越窯青瓷與東亞海上陶瓷之路》，《海交史研究》，2020 年第 3 期，第 96 頁。

四、青龍鎮遺址出土宋瓷的產地與海外市場分析

宋代是我國陶瓷產品的繁盛時代，名窯迭出，產量巨大，陶瓷生產產業非常的活躍。可以說這一時期是中國古代瓷器外銷的發展和成熟的重要階段。宋代瓷器外銷的市場地理範圍非常廣闊，影響深遠超過之前的漢唐歷代。〔註31〕考古所見宋代青龍鎮港中轉貿易的陶瓷產地來源唐代相比更加豐富，但也有一定的變化，所反映的貿易規模也更大，而中古時期就形成的「循海岸水行」貿易線路向南延伸，也變得更加深入。

青龍鎮遺址出土的唐宋瓷器主要都是南方窯口的產品，唐代部分以浙江、湖南地區的產品為主，而至宋代則轉為以福建、浙江、江西等地的窯口產品為主，其中少見有北方窯口的瓷器，如包括來自景德鎮窯、吉州窯、茶洋窯、義窯等窯口的瓷器。〔註32〕從地域角度來看，其中主要的變化是湖南產的陶瓷基本退出，福建和江西的陶瓷產品卻大量出現。青龍鎮遺址出土的北宋陶瓷以越窯、義窯和景德鎮窯的產品為主，另有少量的龍泉窯、建窯和吉州窯的產品，而屬於南宋時期的出土陶瓷則以龍泉窯、義窯和景德鎮窯的產品為主，另有少量的吉州窯、東張窯以及茶洋窯的產品。吉州窯在今天江西省的吉安永和鎮，在古代此地的產品可以沿著贛江向外運銷，該窯的產品質量也很高，不亞於宋代其他瓷窯。從遺址出土的瓷器可以看出宋代青龍鎮中轉貿易活動繁盛之狀。唐代的長沙窯在五代時期已經衰落，故此青龍鎮遺址出土宋代陶瓷中來自長沙窯的就少見了。

宋代青龍鎮的陶瓷商品來源依然能夠覆蓋包括閩浙和整個長江下游，而外銷航線延伸至遙遠的海外。五代時期戰亂頻仍，導致中國國內經濟格局的變化加速。名震一時的長沙窯興起於公元八世紀中後期，卻衰落於五代，至宋代大大衰落。但是，伴隨海洋航運的進步和拉動作用，在海外市場的刺激和影響下，宋代的陶瓷器外銷達到了一個新的高峰，宋代的東南沿海出現了更多以出口為主要目的的窯場，「從而形成了一個特色鮮明的外向型瓷業生產體系。」〔註33〕如景德鎮窯口在唐代燒製的是青瓷，到宋代景德鎮出現了代表作「影青」，在國外受歡迎的程度不遜色於長沙窯。根據傳說，宋朝的景德鎮生產規

〔註31〕（日）三上次男著，李錫經、高喜美譯：《陶瓷之路》，文物出版社，1984年版。

〔註32〕上海博物館編：《千年古港：上海青龍鎮遺址考古精粹》，上海書畫出版社，2017年版，第143頁。

〔註33〕孟原召：《華光礁一號沉船與宋代南海貿易》，《博物院》，2018年第2期。

模很大，有 300 個窯，有技術的窯工超過 1.2 萬人，此外還有大量非熟練的工人。〔註 34〕因此，也可以發現青龍鎮遺址出土的宋代陶瓷產品依然很多，來自宋代各地興盛的窯口，如有建窯、景德鎮窯、吉州窯、龍泉窯、東張窯、茶洋窯、義窯，其中如義窯在東北亞地區的銷量也不小，「在日本博多遺址、韓國馬島沉船及我國東海、南海沉船都發現了大量的義窯產品。」〔註 35〕

青龍鎮遺址出土的浙江產瓷器中，唐代的部分以德清窯、越窯為多，宋代的部分則以越窯與龍泉窯居多。在歷史上，越窯大規模的陶瓷出口活動主要集中在自晚唐時期到北宋初年。北宋後期至南宋以後，海外青瓷的外銷逐漸不再以越窯為主。曾經有學者做抽樣統計，從青龍鎮遺址出土瓷器產地來看主要是福建窯址的產品，占比 63%，其次則為浙江產品，占比 21%；江西產品的份額為 5%，湖南的部分只占 1%，此外還有產地不明的占 10%。產地不明瓷器的主要是韓瓶，在宋代的浙江、江蘇等地均有生產。〔註 36〕古代文獻記載中也有輔證，如《宋會要》記載宋代上海地區的黃姚鎮：「黃姚稅場，係二廣、福建、溫、臺、明、越等郡大商海船輻輳之地」，「每月南貨關稅動以萬計。」〔註 37〕這說明宋代上海地區和浙閩地區之間的貿易關係緊密，其中來自福建的所謂「南貨」似應包括一定量的陶瓷。福建地區在宋代時期所產陶瓷是中國外銷瓷的重要部分，其中也有大量在國內向北販運，或經青龍鎮港中轉販運者。青龍鎮遺址中出土的來自福建的瓷器，主要是閩江流域窯址的產品，其中以閩清義窯、建陽建窯、福清東張窯、連江浦口窯、武夷山遇林亭窯、福州懷安窯等窯址為主。〔註 38〕總體來看，青龍鎮遺址出土的福建產瓷器，多來自於沿海、沿江地區的窯址，這當然是因為這些窯址的產品通過水路運輸，較為便利。青龍鎮遺址所見福建窯址的產品數量非常多，尤其是宋代產品，算是福建瓷器出土最多的港口遺址之一。〔註 39〕這些信息反映的是浙江和福建的陶瓷沿著延伸

〔註 34〕萬志英著，崔傳剛譯：《劍橋中國經濟史：古代到 19 世紀》，中國人民出版社，2018 年版，第 209 頁。

〔註 35〕上海博物館編：《千年古港：上海青龍鎮遺址考古精粹》，上海書畫出版社，2017 年版，第 202 頁。

〔註 36〕高文虹、王建文：《上海青龍鎮遺址出土閩清義窯瓷器初步研究》，《福建文博》，2017 年第 2 期。

〔註 37〕（清）徐松：《宋會要輯稿》，中華書局，1957 年版，第 5122 頁。

〔註 38〕王建文：《從出土瓷器看青龍鎮的對外貿易》，見《考古‧古港：上海青龍鎮的發掘與發現》，上海古籍出版社，2017 年版，第 116 頁。

〔註 39〕高文虹、王建文：《上海青龍鎮遺址出土閩清義窯瓷器初步研究》，《福建文博》，2017 年第 2 期。

了的「循海岸水行」航線經青龍鎮北港上銷售。

龍泉窯陶瓷和宋代青龍鎮港的關係顯然也是值得一提的案例。龍泉窯窯系的中心位於今天浙江省西南部的龍泉縣境內，其窯系組成主要是以民窯為主。龍泉窯系的窯口大都分佈在甌江流域內，沿河流兩岸分布，因此青瓷產品可以沿著甌江和松溪順流而下抵達溫州港再運銷海外，而宋代的溫州港設有市舶機構，可以直接出口。古代龍泉窯產品除了大量外銷，也有一部分是供給國內市場的，這不像福建、廣東的一些窯口專為外銷而生產。龍泉窯所產青瓷的大宗外銷，始於南宋時期，而在南宋中期達到極盛，產量和質量都躍居同類青瓷之榜首。龍泉青瓷外銷的市場包括今天的東北亞、埃及、東南亞、南亞、中亞、西亞、土耳其、東非的埃及和坦桑尼亞等廣大地區。〔註40〕但是，考慮到青龍鎮港和龍泉窯的南北相對位置，來到青龍鎮港的龍泉窯產品，應當有很多是借助沿海岸的航線北上前往東北亞出售的貿易內容。自南宋末期開始，龍泉窯的青瓷產量開始出現大幅度上升，而到了元代，西亞、南亞、東南亞和東北亞的日本等地出土的陶瓷中龍泉窯產青瓷數量超過了半數，其次才算上景德鎮窯和福建窯口生產的陶瓷，而其他窯口產品僅占少數，〔註41〕堪稱後來居上。龍泉窯的青瓷外運大部分不需要經過長江口，特別是就向南經海路出口東南亞和印度洋地區的部分而言，但是出口東北亞地區的部分即使在宋朝末年也是需要和可能在青龍鎮港和上海鎮港做中轉的。在歷史上龍泉窯的瓷器可以沿兩條線路運出，一是從當地出發後先進行陸運再沿閩江水運到福州港出海，二是順龍泉溪而下入甌江，到寧波明州港或溫州港出海。筆者估計這些貨物抵達溫州、福州、明州三海港之後仍需要分向南北運輸，向南的部分再繼續沿海岸線南下，最終可以出口東南亞、南亞等地，向北的部分可以遠至華北地區沿海、朝鮮半島和日本列島，但多少都需要中轉。肯定存在一條自閩浙向北的路線會經過長江口，出於規避風險和中轉貿易的需要而在青龍鎮港發生中轉停泊。

古代閩江流域的名窯包括 20 餘個，包括閩清義窯、東張窯、磁灶窯、同安窯、建窯、浦口窯、遇林亭窯、懷安窯等，〔註42〕青龍鎮遺址就出土了東張

〔註40〕葉文程：《宋元時期我國陶瓷器的對外貿易》，《中國社會經濟史研究》，1984年第 2 期。
〔註41〕森達也：《宋元外銷瓷的窯口與輸出港口》，《考古與文物》，2016 年第 6 期。
〔註42〕上海博物館編：《考古·古港：上海青龍鎮的發掘與發現》，上海古籍出版社，2017 年版，第 13 頁。

窯和茶洋窯的陶瓷產品。〔註43〕東張窯的窯址在今福建省的縣級市福清市境內，在宋代出產青釉和黑釉兩類產品。因為受建窯的影響，東張窯也大量製造與之相似的黑釉瓷，這在青龍鎮遺址出土實物較多。茶洋窯窯址在今福建省南平市延平區太平鎮的茶洋，創燒於北宋中期，在宋元時期出現繁盛期，主要生產黑釉、青釉、青白瓷等，也有白地黑花和綠釉等。青龍鎮遺址也有很多茶洋窯產品出土。〔註44〕

青龍鎮遺址還出土了建窯的瓷器二十餘件，都是茶盞，數量比較少，有人認為這是供當地使用的。〔註45〕筆者認為在缺乏足夠資料證明的情況下很難說不是供出口外銷。青龍鎮遺址所出土的建盞雖少，其意義也不可小覷。建窯的窯址位於福建省建陽縣一帶，以燒製黑瓷見長，開始燒瓷的時間可以上溯自晚唐五代，下至宋元時期，產品品種有青釉、黑釉、青白釉等不同類型。建窯的產品往往是經南浦溪、建溪南流，入閩江然後再入海，其中以北宋時期之黑釉盞最為有名。在北宋後期，建窯曾專門為宮廷燒造御用茶盞上貢。宋時中國的黑釉瓷器曾大量輸入日本，這和飲茶之風對日本的影響是分不開的。唐代茶道傳入日本以後，黑釉器在日本受到了熱烈的追捧，而其中又以建盞及其仿品最受歡迎。在日本平安時代的初期，即相當於中國的晚唐時期，日本僧人最澄把中國的茶種帶到日本種植，然後飲茶之風便於日本禪林中盛行，並開始逐漸擴展到民間。隨著飲茶之風風行日本，宋朝生產的優質茶盞也開始受到廣泛的喜愛。在日本鎌倉時代後期，宋代的碾茶法由禪僧榮西傳入日本，日本各地掀起競相仿傚中國點茶法的高潮，以致鬥茶會活動盛行。〔註46〕南宋開始中國茶道已經逐漸不流行用黑釉器，但在日本還是受到普遍喜愛，這就為中國黑釉瓷器大量外銷日本提供了良好的基礎。

青龍鎮遺址所出土的閩清義窯產瓷器數量也很多，也反映中國與東北亞之間循海岸水行航線的一種向南延伸。義窯窯址在今天福州市閩清縣境內，是當時福建閩江流域下游地區規模最大的一處窯場，其產品除部分滿足國內市

〔註43〕上海博物館編：《考古·古港：上海青龍鎮的發掘與發現》，上海古籍出版社，2017年版，第56頁。

〔註44〕上海博物館編：《千年古港：上海青龍鎮遺址考古精粹》，上海書畫出版社，2017年版，第200頁。

〔註45〕上海博物館編：《千年古港：上海青龍鎮遺址考古精粹》，上海書畫出版社，2017年版，第184頁。

〔註46〕樓鋼：《大巧若拙：建窯研究及圖錄》，廣東科技出版社，2016年版，第29頁。

場外，很大一部分供出口外銷。東南亞地區和日本列島開展的考古活動中均曾發現大量義窯生產的陶瓷。有學者指出義窯的產瓷在青龍鎮遺址出土的瓷器中占比很高，而在國內北方地區卻很少發現，因此應該解釋為這批貨物是主要銷往高麗與日本的貨物。〔註47〕這些銷往東北亞地區的義窯產品在青龍鎮遺址被發現，也說明青龍鎮港口是循海岸水行路線的中轉貿易港，即存在一條自義窯到福州港再到青龍鎮的沿海中轉貿易航線。

〔註47〕高文虹、王建文：《上海青龍鎮遺址出土閩清義窯瓷器初步研究》，《福建文博》，2017 年第 2 期。

第三章 「循海岸水行」航線變遷與青龍鎮港中轉貿易樞紐地位

古代絲綢之路海上航線是外貿港口的生命線，對青龍鎮港而言也不例外。唐代的海上陶瓷之路貿易活動有相當一部分內容依靠了中古時期形成的「循海岸水行」的航線，到宋代這條路線通過演變後依然發生重要作用，而青龍鎮港正是這條航線上必經的重要中轉港，是唐宋時期的東亞絲路中轉貿易樞紐。從海上國際陶瓷貿易的路線看，唐代的青龍鎮港是中國南方窯口陶瓷產品通往東北亞和北方內陸的重要的中轉樞紐，這和它是沿著中古時期形成的「循海岸水行」路線出現的航運樞紐關係很大。

一、唐代青龍鎮港是東北亞絲路航線上的中轉樞紐

早在先秦秦漢時期，東北亞國際間海上航行受技術水平局限，主要是依靠沿著山東半島、長山列島和朝鮮半島的海岸線航行。魏晉隋唐時期，中國與朝鮮半島、日本列島之間的航行對「循海岸水行」航線依賴依然很大，因為沿途風浪風險較小，路線也容易辨識，國際間使者往來都更多地要依靠這條「循海岸水行」路線航行。[註1] 相比之下，跨東海直發的航線上風浪要大得多，而路程辨認技術的要求也更高一些。在南北朝時期，航海史史料表明當時已經存在自長江流域到日本的直達航線，如自中國揚州出發穿越東海就可以直達日本奄美大島，比「循海岸水行」路線省去很多的時間和路程，然而沿線航

〔註 1〕劉鳳鳴：《山東半島與東方海上絲綢之路》，中華書局，2010 年版，第 1～2 頁。

行的遇難率也極高。〔註2〕因此，在魏晉南北朝時期，使者有直行於南中國與日本之間的現象，但不可能在同樣的航路上存在後世那種成規模的國際貿易運輸。

到了唐代，特別是在唐新戰爭結束之後，東北亞國際關係逐漸穩定下來，由山東半島出發，循著海岸線直到新羅王城的路線依然得到人們的重視，〔註3〕同時存在從唐朝海岸出發到日本的最短路線，即所謂「南道」，也稱大洋道，可以明州為起點，直達日本五島列島，反過來則可以自日本博多港出發，先到五島列島再順風跨海來揚州或明州。日本遣唐使一般是從博多港起航，先到五島列島，經屋久屋再到奄美大島，然後西跨東海，抵達揚州港，再走大運河去唐朝的京城長安。

《文獻通考》稱古代日本對朝鮮半島和中國的海上往來，「至六朝及宋，則多從南道浮海入貢及通互市之類，而不自北方。」〔註4〕這裡的南道並非是指明州直發日本的航線，而是指南方出發的航線，而「通互市」指的是中日之間的海上貿易，當然也包括朝貢貿易活動發生，即「浮海入貢」的內容。這種說法主要指的是海上貿易的終端多是在中國的南方，而不是中國北方，這與航運技術水平有關係，也和經濟重心南移有一定關係。但是這一描述並非是歷史實情，即使很多航線是從中國南方的長江流域出發，仍然在一定程度上會依賴北方沿海岸線蜿蜒而行的航路。比如唐晚期日本的圓仁和尚搭乘遣唐使的船來華就是走的循海岸水行，在山東半島靠過岸後再前往南方長江口。至於中國南北方間的貿易運輸和中國與朝鮮半島間的貿易運輸也都有沿著海岸線進行的需要，更不用說很多商人希望開展多地中轉貿易。

根據航海史專家孫光圻的觀點，在唐朝中日間海上航線可分為兩路四線，兩路是指南北兩路，而四線是指兩路各自的兩條分線路。北路是分黃海南北兩線，其中北線是沿著中國海岸線和沿海島嶼，經遼東半島和朝鮮半島後再沿海南下，經濟州島後過朝鮮海峽，到日本的博多港登陸，而南線則是從山東半島起航，穿越黃海，到達長山列島、白翎島一帶，沿海岸南下，再穿越對馬海峽抵達日本。南路則是分為東海南北兩線，其南線是從寧波明州港出發經日本的種子島、屋久島、德之島等島嶼，抵達日本南部的鹿兒島附近，再經熊本、佐

〔註2〕（日）藤家禮之助著，張俊彥、卞立強譯：《日中交流二千年》，北京大學出版社，1982年版，第99、103頁。

〔註3〕《新唐書》卷30，中華書局，1975年版，第751頁。

〔註4〕《文獻通考》卷324，中華書局，1986年版，第2554頁。

賀到達三津浦，比較曲折迂迴。東海北線是航海技術發展有所提高后的產物，即直接跨越東海，在中日間快速對航，自杭州灣出發，向東偏北到日本五島列島附近，再轉向官方貿易口岸博多港。〔註5〕孫氏的觀點結論當然也是應依據《新唐書地理志》中的航線記載做具體研究後形成的，所論述的北路一二兩線實際上是「循海岸水行」路線及其具體變化。

　　筆者希望特別指出的是，在歷史上並不是所有海上航行路線一經開闢了即可以被當時所有航運活動加以利用的，有些航行路線在開闢後只適合一部分航運活動，因此開闢前的舊有路線仍然被另一部分航運活動繼續加以利用。就運輸陶瓷產品的特點而言，水運的優勢比陸運大很多，這主要是因為成批的瓷器體積較大，價格也不便宜，且因脆弱易碎造成一定運輸風險和成本，因此陸運陶瓷的數量遠遠小於水運，運輸成本也相對水運較高。在古代的歷史上，江南水網和大運河、沿海航線、跨海航線都曾在古代陶瓷貿易網絡中都發揮了不同而重要的結構性作用。在外銷的過程中，商人必然傾向於選擇簡短便捷的運輸道路，但如果不能縮短航程，則只有採取躲避風險的安全路線，那樣做也能夠同時降低成本。從這個角度說，「循海岸水行」的路線北線和直發日本的跨海航線相比，到底還是有優勢。孫光圻所論述的北路路線在陶瓷運輸方面的低風險優勢遠遠大於跨越東海的南線線路。此外，除了航行安全性相對較高並降低運輸成本之外，「循海岸水行」的航線沿途多有港口與沿海聚落，因此沿途飲食補給也相對方便，而中途的買賣易貨，以及遇風險後尋求救援的條件也都相對較好。唐代的海上航行在導航方面仍然是對地文導航有較高的依賴性，而中國北方海岸沿線的地理參照物豐富易辨識，包括山東半島和遼東半島之間的列島島鏈，還有沿海的嶗山、赤山等名山都可以作為有利的地標。經由青龍鎮港前往東北亞地區的貿易中轉是一定要借助「循海岸水行」航線的。

　　在唐宋時期，越窯產品是怎麼來到青龍鎮的？應該存在兩種可能的途徑，一種是自浙東運河水運到寧波明州港，然後上海船沿著海岸線北上，到長江口，另一種也可能是借浙東運河運到杭州再轉入江南運河，然後就可以和德清窯產品一樣走江南運河水路到青龍來（見本章第二節的考證文字）。或許在不同時期不同窯口的產品走不同路線，具體應該是由商人是否進行中轉貿易和如何中轉貿易來決定。此外，史書記載，宋代在揚州和浙東之間運輸，「海

<hr>

〔註5〕孫光圻：《中國古代航海史》，海洋出版社，2005年版，第234頁。

商舶船畏避沙潭，不由大江。惟泛餘姚小江，易舟而浮運河，達於杭越矣。」〔註6〕因此，越窯瓷器走大運河到青龍鎮的可能性比海運要大很多，這是因為以下兩點重要原因。

一是，從唐到宋，雖然海岸線的變化很大，但是江口多沙的情況沒有改變，尚屬前後一致，從長江口到錢塘江沿岸以「沙岸」為主，而自錢塘江以南則以「岩岸」為主，如「兩千年來，隨著長江流域的開發，入海泥沙在河口的預計量增加，致使長江河口出現 6 次重要的沙洲並岸過程及江面不斷束狹。」〔註7〕隋唐五代時期，「河道固體徑流增大，江水裏挾大量泥沙入海，」〔註8〕雖然宋代長江口周邊的海岸線比唐代有很多擴展，但是即使這些擴展也是沙土淤積造成的，也就是說淤沙現象從唐到宋始終存在，只不過不斷東移而已。

二是，隋煬帝開大運河後，唐代運河沿線的官府對運河，特別是江南和浙東兩段開展了很多維護工作，運河航運相對於平行的沿海岸航行來說，極為便利、安全，沿途城鎮很多，隨處可以休息、補給或開展中轉貿易，對商人而言更值得選擇。

無論如何，越窯陶瓷來到青龍鎮後繼續進入中轉貿易過程應是沒有疑問的，而是否經青龍鎮後繼續沿著海岸線北上，需要考慮更多的證據，見下文論述。

臨近古代寧波明州港的越窯，其產品在青龍鎮遺址大量出現，這應該是「循海岸水行」航線繼續演變中的很重要的證據和案例。越窯距離寧波的隋唐明州港的交通距離當然是比青龍鎮港要近得多，但是大批陶瓷產品即使從寧波明州港出發去東北亞的朝鮮和日本，其中有相當多的部分也並非直運，而是沿著海岸線北上，且有不少需要經過青龍鎮港中轉，其中的一部分，但也只能僅僅是一部分的陶瓷商品，可能還會因此轉入華亭和周邊的太湖流域市場，這是由經濟和交通的雙重因素決定的。首先是因為經濟利潤的考量，即商人喜好通過中轉貿易活動在航線沿途多地多次出售部分船貨和購買新的貨物，其次是出於交通安全因素的考量，即「循海岸水行」路線的航路相對安全。越窯的生產在隋朝和唐朝前期屬於低谷期，但自盛唐時期開始，越窯

〔註6〕（宋）姚寬：《西溪叢語》卷上，山東人民出版社，2018 年版，第 8 頁。

〔註7〕王穎主編：《中國海洋地理》，科學出版社，2013 年版，第 595 頁。

〔註8〕李文才主編：《揚州通史（隋唐五代卷）》，王永平總主編：《揚州通史》，廣陵書社，2023 年版，第 8 頁。

的製瓷技術就有了進一步的改進，其產品質量已處於新的上升時期。〔註9〕
這當然會促進外銷貿易量的上升。因為無論窯口的產能進步還是外貿銷運量
增加這兩者誰是最初的刺激來源，兩者之間都多少存在相互促進的關係。越
窯的生產在盛唐時期開始提升，在唐後期，也就是中晚唐時期獲得繼續的發
展進步。唐代的越窯已設官督造，為宮廷供貨，如中外聞名的「秘色瓷」就
是越窯生產和專供上貢的。青龍鎮的建制出現於盛唐，港口發展應該是興起
於唐後期，其發展曲線與越窯的發展曲線，存在接近的平行關係，這其實也
是反映青龍鎮港對外貿易發展的重要佐證。歷史資料表明，從寧波出發，經
青龍鎮然後繼續北上前往東北亞及中國北方的陶瓷中轉貿易路線是實在的歷
史存在。

二、唐五代青龍鎮港在中國南北間的航海樞紐地位

　　除了唐代中國和東北亞地區之間的國際陶瓷貿易，唐五代時期的越窯陶
瓷北上中原和草原地區的歷史現象也不可忽視，包括作為南方吳越國政權的
「貢瓷」北上，這種現象在今天看起來像是國內經濟活動，但也涉及古代江浙
地區和北方內陸亞洲之間的陶瓷貿易，也涉及循海岸水行路線的利用，仍屬於
古代絲綢之路貿易的範疇，而青龍鎮港在其中也具有一定的作用與地位，故需
作一論述。

　　越窯產品作為北上進京作貢品的歷史在唐代已經開始了，如《新唐書地理
志》記載：「越州會稽郡，中都督府，主貢：寶花、花紋等羅，白編、交梭、
十樣花紋等綾，輕容、生縠、花紗，吳絹，丹沙，石蜜，橘，葛粉，瓷器，紙，
筆。」〔註10〕

　　據王永興先生推測《新唐書地理志》中所載的各地主貢年代在長慶年間，
即公元821年至公元824年，即所謂「長慶貢」。〔註11〕目前越窯青瓷在國內
的考古出土以西安法門寺地宮出土的御賜秘色瓷器為重。根據明代嘉靖年間
的《餘姚縣志》記載：「秘色瓷，初出上林湖，唐宋時置官監窯。」〔註12〕而考

〔註9〕王軼凌、鄭建明：《隋唐時期浙江地區窯業的時空特徵》，《東南文化》，2015年
　　　第2期。
〔註10〕《新唐書》卷41，中華書局，1975年版，第1060頁。
〔註11〕王永興：《唐代土貢資料繫年——唐代土貢研究之一》，《北京大學學報》，1982
　　　年第4期。
〔註12〕轉引自葉喆民：《中國陶瓷史》，生活·讀書·新知三聯書店，2006年版，第
　　　145頁。

古活動發現慈谿上林湖有專門燒製貢瓷的窯場遺址，即所謂「貢窯」。〔註13〕唐代越窯「貢瓷」應該是可以走大運河北上，似應不會經過青龍鎮。但從五代開始，情形出現了一些波折。

唐王朝結束以後，在五代時期中國陶瓷生產的地域特徵表現為北方所產陶瓷的生產質量和輸出規模繼續下降，而南方窯口的產品無論質量還是規模都開始在海上絲綢之路上稱雄。青龍鎮地當近水樓臺先得月，當地出土的相關考古與文獻資料也表明當地港口貿易繼續順應歷史潮流承擔相應的使命。

五代時期的吳越國非常重視陶瓷貿易，把境內產優質陶瓷作為一種重要資源。在政權創立者錢鏐樹立統治權之初，就在上林湖設官窯大量燒製，時間大約在唐末的乾寧三年（公元896年）到後梁的開平二年（公元908年）之間，職責為負責徵稅和定製，這當然也反映了上林湖越窯青瓷生產達到相當的經濟規模。

但是，五代十國時期是個分裂戰亂的年代，割據江浙地方的吳越國和其北邊近鄰南唐政治向背不同，南唐國試圖與北方王朝分庭抗禮，還希望吞併吳越國，而吳越國則對北方王朝稱臣納貢以自保，這樣一來就阻隔了吳越國和北方王朝之間的陸路交通，包括陶瓷交流。上文提到的揚州到浙東，「海商舶船畏避沙潬，不由大江。惟泛餘姚小江，易舟而浮運河」〔註14〕的情況就無法實現，吳越國和北方之間只好以海上交通取代運河交通。

《資治通鑑》唐莊宗同光三年條（公元925年）記載割據江淮地域的南唐國曾下令：「戒境上無得通吳越使者及商旅。」〔註15〕吳越王錢鏐執政時「然自唐朝，於梁室，莊宗中興以來，每來揚帆越海，貢奉無闕，故中朝亦以此善之。」〔註16〕就是說吳越國和中國北方通過海洋往來，向中原王朝繳納了很多財物。在錢佐執政時「然航海所入，歲貢百萬，王人一至，所遺至廣。」〔註17〕直到後周的顯德五年（公元958年）周世宗發兵親自南征南唐國，奪取了淮南土地，這才得以打通吳越國和中原之間的內陸直接交通：「春正月——

〔註13〕浙江省文物考古研究所、慈谿市文物管理委員會辦公室：《秘色瓷器——上林湖後司嶴窯址出土唐五代秘色瓷器》，文物出版社，2017年版，第4頁。

〔註14〕（宋）姚寬：《西溪叢語》卷上，山東人民出版社，2018年版，第8頁。

〔註15〕《資治通鑑》卷274，中華書局，1956年版，冊19，第8954頁。

〔註16〕陳尚君輯纂：《舊五代史新輯會要》卷132，復旦大學出版社，2005年版，冊11，第4055頁。

〔註17〕陳尚君輯纂：《舊五代史新輯會要》卷132，復旦大學出版社，2005年版，冊11，第4065頁。

壬辰，拔靜海軍，始通吳越之路。」〔註18〕但即使如此，沿海岸線北上仍然是吳越國和北方之間便利的貿易運輸線。

吳越國政權的創立者自唐朝末年就開始割據一方，北上和中原王朝的交通聯繫曾多年只能通過海路而不是穿越南唐領地才能實現。但是根據上文所討論過的，陶瓷以海路為優，而按照《冊府元龜》和《宋會要輯稿》等文獻記載，作為吳越國瓷器上貢對象的五代王朝對象包括後唐、後晉、後周和後來建立的北宋，上貢共可計 61 次之多，其中以進貢北宋的次數和數量為最多，貢品中越窯所產青瓷的比例很重，上貢次數多達 11 次。〔註19〕有人統計僅在吳越國王錢俶統治時期（公元 947 年～公元 948 年）就向北宋上貢「金銀飾陶器一十四萬事」。宋代的「陶」和「瓷」二字在使用上並無嚴格區分，往往在史料中「陶」字的出現就是包括「瓷」或者只意味著「瓷」的內涵。〔註20〕除了上貢中原之外，在五代時期前蜀和閩國也會到吳越國定製瓷器。〔註21〕除了這些官方的財物往來，吳越國和北方之間的民間貿易活動一定也是大量存在，包括陶瓷貿易，但是這些貿易活動和官方活動一樣也遵循著海路優先的原則，以規避陸上的損失風險和南唐的政治阻礙，雖然南唐的海岸線不能利用，也是在吳越國境內和北方海岸線上儘量靠近海岸。

因此，青龍鎮遺址出土宋以前時期的越窯產瓷似應也有相當一部分是沿海岸線北上的貢瓷運輸，即在運輸中被拋棄的殘破碎片，當然這些貢品在出土越窯瓷的總體中占量比不會很大，同時也會有一些是南北方間民間海上陶瓷貿易所產生的。

吳越國政權不僅和中原地區的五代王朝交流來往，也跨海和北方草原地區的契丹政權發生交流，多次進行「朝貢」。契丹族在五代時期建立的遼國國勢強大，史稱之「東朝高麗，西臣夏國，南子石晉而兄弟趙宋，吳越、南唐航海輸貢。」〔註22〕五代時期的吳越國和契丹遼國的官方外交活動見於史書記載的有 10 次，多是通過海上開展往來。〔註23〕契丹王朝也應該是吳越國海上販

〔註18〕《資治通鑑》卷 294，中華書局，1956 年版，冊 20，第 9578 頁。

〔註19〕《冊府元龜》卷 169，中華書局，1960 年版，第 2033～2045 頁；《宋會要輯稿》，中華書局，1957 年版，第 7841～7844 頁。

〔註20〕謝端琚、馬文寬：《陶瓷史話》，社會科學文獻出版社，2012 年版，第 107 頁。

〔註21〕謝端琚、馬文寬：《陶瓷史話》，社會科學文獻出版社，2012 年版，第 109 頁。

〔註22〕《遼史》卷 37，中華書局，1974 年版，第 437 頁。

〔註23〕何勇強：《錢氏吳越國史論稿》，浙江大學出版社，2002 年版，第 258 頁。

運青瓷的重要目的地之一。在唐宋時期北方游牧民族活動的地區出土了不少珍貴的越窯陶瓷產品，比如在契丹族建立的遼國境內，這當然反映陶瓷之路的存在。曾有學者統計過，在草原地區考古出土發現的五代時期所產越窯青瓷總量為 139 件，其中在北方的遼國貴族墓中共出土 24 件，占總量的 17.27%。[註24] 毫無疑問，五代王朝不可能允許向自己稱臣納貢的吳越國政權過境北上和契丹開展交往，那是越權外交。吳越國統治集團只能背著五代中原王朝，從海上繞過其有效轄區來和契丹政權統治地交往、貿易。如在遼朝會同四年（公元 941 年）下葬的丞相耶律羽之墓中出土了青瓷的罐、碗，[註25] 而在遼朝應曆八年（公元 958 年）下葬的北京南郊趙德鈞墓中出土的青瓷碗，[註26] 以及遼朝應曆九年（公元 959 年）下葬的內蒙古赤峰大營子贈衛國王駙馬墓中出土的碗，均屬越窯產品。這些瓷品的製造年代都約在五代至宋初之間。[註27] 毫無疑問，它們來自吳越國境內。今巴林左旗的遼國開創者太祖耶律阿保機陪葬墓也出土了大量陪葬的越窯青瓷。[註28] 赤峰大營子出土的駙馬贈衛國王墓中的 16 件精美青瓷碗，丞相耶律羽之墓中出土的 2 件青瓷碗，太祖耶律阿保機陪葬墓中出土的青瓷洗 2 件、青瓷執壺 1 件以及青瓷盞托 1 件，都是製造精良的越窯上品。

　　當然這些青瓷也有可能包括了契丹遼國從北方五代王朝的中原轄境內以各種方式獲得的，即從北方走陸路而來草原。其中的墓主人趙德鈞還是自五代的後唐王朝投降契丹的漢人將領。但不管是通過中原途徑間接來到契丹轄區，還是繞過中原自海上直接來到契丹的，乃自江南吳越之地北上循海岸運輸無疑。

　　考慮到海上運輸相對於陸上運輸的優勢，特別是唐末五代的陸上戰亂，有理由相信一條循海岸北上登陸環渤海地區，然後進入草原地區的海上陶瓷運輸路線存在，至少存在頻繁的官方貿易活動和沿線的中轉貿易活動。以往有研

〔註24〕李彬森、郭璐莎：《五代北宋時期的越窯青瓷——以中心—邊緣關係切入》，《華夏考古》，2018 年第 3 期。

〔註25〕齊小光、王建國、從豔雙：《遼耶律羽之墓發掘簡報》，《文物》，1996 年版第 1 期。

〔註26〕徐瑩：《唐五代越窯青瓷的國內分布與傳播路線研究》，浙江大學 2016 年碩士學位論文，第 81 頁。

〔註27〕鄭紹宗等：《赤峰縣大營子遼墓發掘報告》，《考古學報》，1956 年第 3 期。

〔註28〕董新林等：《內蒙古巴林左旗遼代祖陵考古發掘的新收穫》，《考古》，2008 年第 2 期。

究成果指出存在一條從寧波明州港出發，經長江口沿著海岸線到海州港再繼續中轉北上，繞過山東半島到渤海灣的越窯青瓷貿易航路。〔註29〕即使五代時期海州港不好加以利用，在唐代也應該是沒有問題的。筆者希望進一步指出的是，在這條貿易路線上青龍鎮港和海州港一樣都是重要的中轉貿易節點，而與之相印證的考古信息包括「青龍鎮遺址出土了數量較多的越窯瓷器，在出土唐代瓷器的數量中僅次於德清窯。」〔註30〕一般來說，同窯產的瓷器大量出現在同一個港口遺址，如果不是因為當地有官方專業倉儲存在的話，唯一的原因就是專門性商品交易活動的存在，就可以證明這個港口是該窯瓷器向外販運必經的中轉貿易港口。

三、宋代沿海航線演變與青龍鎮港之陶瓷中轉貿易樞紐地位

宋代是中國瓷器藝術發展史上的高峰。儘管青龍鎮在南宋晚期曾一度衰落，被上海鎮取代，但從考古發現來看宋代青龍鎮港的出口陶瓷中轉貿易總體上依然是非常發達的。宋代的航海技術當然比唐代有相當大的進步，但是，陶瓷貿易依然需要類似「循海岸水行」這樣的平穩、安全的路線，而在宋代，這種貿易路線有著進一步的演變。在以往的研究中，「循海岸水行」航線主要是在有關魏晉南北朝和隋唐的海路論述中被提到，在宋代航海研究中鮮有提及，給人的印象是這條航線在宋代已經消失或者說被取代，然而事實並非如此簡單。

以往曾有學者指出北宋中國與朝鮮半島之間的來往遵循三條海上航線，一是北路海航的北線，沿大陸海岸線經過山東半島、渤海海峽、遼東半島和朝鮮半島北部的西海岸線，至朝鮮半島南端，二是北路海航的南線，即從山東半島直接橫渡黃海到朝鮮半島，三是南路航線則是從長江流域沿海港口出發，經東海、黃海，經黑山島，到達朝鮮半島南端及西海岸諸港口。〔註31〕靖康之變後宋朝失去山東半島的領土，於是南宋王朝與朝鮮半島之間的交通線才改為自明州出發越黃海的線路為主。〔註32〕這是一種不得已，而並非完全是航海技術進步的後果。筆者認為其中所謂北路海航的南北兩線都是與中古時期的「循

〔註29〕徐瑩：《唐五代越窯青瓷的國內分布與傳播路線研究》，浙江大學2016年碩士學位論文，第79頁。
〔註30〕上海博物館編：《千年古港：上海青龍鎮遺址考古精粹》，上海書畫出版社，2017年版，第154頁。
〔註31〕張錦鵬：《南宋交通史》，上海古籍出版社，2008年版，第166頁。
〔註32〕張錦鵬：《南宋交通史》，上海古籍出版社，2008年版，第171頁。

海岸水行」有一定繼承關係，其實反而說明中古時期出現的「循海岸水行」航線通過演變在兩宋時期的航海活動中仍然以不同形式發揮著重要作用。

由於海上陶瓷貿易的特點，經歷演變後的「循海岸水行」航線或者說沿著海岸線中轉貿易在宋代繼續發揮著重要的作用。有學者指出宋代中國與日本的交通往來主要通道是從浙江沿海港口到日本的博多港，其中明州港是中國商船出港的主要港口。〔註33〕但這只是就始發港而言，除去直發日本的航運，很大一部分航運活動，包括中國南北方之間的，浙閩地區與江淮下游之間的，中國南方與朝鮮半島之間的各種貿易活動必然還要多多少少依靠中轉路線和中轉港口，否則青龍鎮遺址也不會發現這麼多的各地瓷器了。

在宋代的東南沿海地區對優質的陶瓷產品存在地域間的交流，相關貿易活動的中轉點很多。不僅是青龍鎮遺址，宋元時期長江下游地區的港市在今天考古活動後發現的遺址中很多都出土了大量瓷器，其中在北宋時期以越窯產瓷器比較多，而南宋至元代則以龍泉窯和景德鎮窯瓷器為主。有研究成果發現宋代福建本地窯口所產瓷器在東南沿海地區如杭州、蘇州、青龍鎮港、明州港的考古遺址內普遍有所發現，並通過對比杭州、寧波、上海、太倉（蘇州）各地區港口碼頭類遺址和墓葬遺址出土的瓷器，結果發現在同一時期不同遺址出土瓷器的窯口來源有相同處，因此可以推測沿海陶瓷中轉貿易的普遍性存在。〔註34〕這也有一定的道理。

此類現象之出現主要是因為古代瓷器在出口外銷過程中並非從某地出發後直達目的地，而是途經沿海地區不同的港口城市，卸載部分瓷器直接在當地銷售，也可能就此補充購買其他貨物，當然也包括拋棄一部分碎瓷。如上海、寧波兩地在南宋時期的港口碼頭類遺址中就出土了不少來自福建地區窯口的瓷器，這表明南宋時期的福建地區窯口的瓷器運抵至青龍鎮、明州港（元代稱慶元港）兩地時，應該存在一種可能性是為了把大量商品直接中轉到別處，這在一定程度上也顯示了青龍鎮、明州兩港在南宋時期都是福建地區窯口瓷器外銷中的重要中轉港。那麼宋代閩江流域窯口輸出的瓷器必然有一條向北經寧波、杭州、蘇州、青龍等地銷往北方和東北亞國家的行銷航線。筆者認為這條航線沿線顯然是反映沿著海岸進行數次中轉的貿易形式，特別是因為青龍

〔註33〕張錦鵬：《南宋交通史》，上海古籍出版社，2008年版，第187頁。

〔註34〕付亞瑞：《長江下游地區宋元時期沿海港市遺存的考古學研究——以出土瓷器為中心》，吉林大學2019年碩士學位論文，第52頁。

鎮遺址「是目前發現閩江流域窯口產品數量最大、位置最北的港口。」[註35]
再以其中宋代龍泉窯陶瓷產品提供的證據來看，「青龍鎮遺址出土了數量較多
的龍泉窯瓷器，時代從北宋後期到南宋後期，其中多有精品。」[註36]除了龍
泉窯產品，青龍鎮遺址出土的宋代陶瓷器物來源還包括福建同安窯、建窯以及
景德鎮窯、吉州窯、東張窯、茶洋窯、義窯等等。在日本博多外貿港遺址、韓
國馬島沉船和中國國東海、南海沉船中都曾發現了大量的義窯產品。[註37]此
外，同安窯出產的「珠光瓷」暢銷日本，建窯黑釉瓷器出口日本的量也很多，
時稱「天目瓷」。顯然，青龍鎮遺址所發現的來自浙閩地區的陶瓷不少是沿著
沿海航線出口東北亞的，即銷往日本和朝鮮，其器型與東北亞出土中國陶瓷形
制一致。

　　然而來到青龍鎮的福建陶瓷產品是如何自內陸窯口運出的？這是另一個
重要問題。福建是一個被山地包圍而相對封閉的地區。對大規模的出閩貿易活
動而言，海運比走山路要便利。清人顧祖禹的《讀史方輿紀要》中稱：「凡自
入閩者，由清湖渡（今江山市南）捨舟登陸，以達閩海，中間二百餘里，皆謂
之仙霞嶺路。」[註38]有學者指出在宋元時期，福建外銷瓷出口的「北向航線
有兩條：一條是往朝鮮半島的航線，即從泉州或福州港沿岸北上至明州等港
口，再沿岸北行至連雲港附近海面，然後橫渡黃海，抵達朝鮮半島南側島嶼，
再逐島航行至朝鮮西海岸；一條是往日本的航線，從泉州、福州港出發，上行
至明州等港口，然後橫渡東海，到達肥前的值嘉島一帶，再轉航築前的博多港
或越前的敦賀地區。」[註39]前一條路線經過青龍鎮港或是上海鎮港停靠，是
完全合理的。且從青龍鎮遺址考古發現來看，實際的歷史真相可能遠比學者結
合文獻和過去考古發現所提出的觀點更為豐富和複雜，宋代時期上海地區的
港口也是福建陶瓷重要的經銷地和中轉地。

〔註35〕上海博物館編：《千年古港：上海青龍鎮遺址考古精粹》，上海書畫出版社，
　　　　2017 年版，第 202 頁。
〔註36〕上海博物館編：《千年古港：上海青龍鎮遺址考古精粹》，上海書畫出版社，
　　　　2017 年版，第 210 頁。
〔註37〕王輝：《青龍鎮》，上海人民出版社，2015 年版，第 163 頁。
〔註38〕顧祖禹：《讀史方輿紀要》卷 89，中華書局，1955 年版，冊 8，第 4114 頁。
〔註39〕彭維斌：《海絲航路上的宋元福建外銷瓷——兼談中國外銷瓷對東南亞社會文
　　　　化的影響》，參見廈門市博物館、泉州市博物館主編：《福建陶瓷與海上絲綢之
　　　　路：中國古陶瓷學會福建會員大會暨研討會論文集》，東北師範大學出版社，
　　　　2016 年版，第 52 頁。

第四章　宋代的上海地區與中日佛教交流

在絲綢之路交流活動中，中國既是異域宗教文化的接受者，也是宗教文化的對外傳播者。在歷史上，中國的佛教和道教都曾對周邊國家產生了一定的影響。在佛教自中國傳入日本、朝鮮的過程中，其天台宗、華嚴宗、禪宗等宗派在當地都有巨大影響。海上絲綢之路的發展也使得中國與周邊國家的佛教交流更加便利通暢，中國重要的東南海港城市在古代多為對外宗教文化交流重鎮，如廣州為佛教自海路傳入中國之最初的重要門戶之一，而古代上海地區也曾是中國和東北亞之間宗教文化交流的重要樞紐，以宋元時期之佛教交流表現突出。因五代十國時期吳越國和新羅、日本的佛教典籍文化交流頗有成果，引致宋代日本名僧俊芿國師來華學習佛學，回日本京都後傳播佛法，頗有成績。這些史事與流傳下來的相關文物不但是古代上海地區參與中日佛教交流並起到重要交流橋樑的重要歷史見證，也是反映宋代上海地區佛教發展的重要反映。中國江南佛教宗派在宋元時期出現的重要發展與東北亞各國在唐宋元時期開展的豐富佛教文化交流得以借地開展，證明古代上海地區與海上絲綢之路文化交流的不解之緣。

一、宋代上海地區佛教發展與超果寺法脈之興盛

上海地區是宋代經濟與文化發達的江南地區面向海上的對外交流門戶，也是江南佛教的發展中心之一。在宋朝，當地具有良好的經濟環境與交通條件，文化發展程度較高，因此能夠吸引名僧大德進駐本地寺廟求學，而自五代起江南寺廟也保存了大量佛學經典，有助於中外佛學交流，故能借江南文化與

海絲貿易兩個有利條件左右逢源獲得機遇。

　　早在宋代以前，上海地區佛教傳播活動的歷史已經比較悠久。佛教傳入中國有陸路和海路兩種途徑，到底最早是從陸路傳入的還是從海路傳入的，至今不同學者各執一詞。但無論如何，沿海地區是佛教在較早時期傳入的地區和重要的傳播中心。中國最早的佛教宗派天台宗也是在東南沿海地區的浙江出現的。在佛教傳入的初期，中國的僧人以胡僧為主。六朝是佛教傳入江南並大行其道的重要時期。《高僧傳》記載月支胡僧優婆塞支謙在漢末避難吳地，曾被吳主孫權「拜為博士」，〔註1〕地方志中則記載相傳在三國時期就出現的上海地區寺廟有菩提教寺、赤烏庵和帝敕庵等名稱。上海名勝龍華寺及其佛塔也相傳是建於三國時期東吳政權的赤烏年間（公元 238 年～公元 251 年），由移居交趾然後來華的康居人名僧康僧會所立基。對於另一名寺靜安寺的起源，也存在著不同的觀點。宋朝的紹熙《雲間志》記載在東吳赤烏十年（公元 247 年）胡僧康僧會入境，而靜安寺本名滬瀆重玄寺，是三國時期的東吳國君孫權於赤烏年間所建。在西晉末年的建興元年（公元 313 年）發生轟動一時的「石佛浮江」的「靈跡」，乃是有兩尊佛像順水漂浮而至，被人撈起來供養在吳郡通元寺，南朝梁簡文帝蕭綱還曾專門為此撰寫《浮海石像銘》，後來乃有開元寺之建立。〔註2〕此事也被繪製於盛唐時期開鑿的敦煌莫高窟裏的第 23 窟壁畫之中。宗教故事記載當中有一些是難以證實其具體事實的，但是海上絲綢之路一定是早期佛教進入江南地區的重要途徑，這也反映包括上海地區的江南地區佛教發展與海上絲路結下的不解之緣。六朝時期建康是海外佛教高僧自海路抵達中國人數較多的時期，六朝的都城在今天的南京，而上海地區附近的長江口也是海路入京的必經之路。這也反映了海上絲綢之路經由上海地區發生佛教交流的重要側面。

　　唐代後期中國天台宗經典散失，佛學衰落。天台宗中興是自五代時期的江浙地區開始的，宋代上海地區也是江南地區佛教天台宗中心之一，當地佛學昌盛，而名僧輩出，各種佛學經典保存都很豐富，以天台宗尤甚，超果寺的臺教佛學極盛，這是吸引日僧的環境條件之一。

　　在中古時期佛教已經在江南廣為流傳了，佛寺普遍興建，在宋代上海地

〔註1〕　（梁）釋慧皎：《高僧傳》，中華書局，1992 年版，第 15 頁。
〔註2〕　《開元寺浮海石像銘》，參見柴志光、潘明權主編：《上海佛教碑刻文獻集》，上海古籍出版社，2004 年版，第 1～3 頁。

區尤甚。唐代的青龍鎮有多達「十三寺」。〔註3〕有學者統計過，在唐代上海地區興建寺廟有 16 座，〔註4〕五代時期則建立了 6 座，〔註5〕而北宋時期上海地區至少興修了寺廟有 18 座，〔註6〕南宋時期的上海地區則興建寺廟多達 86 座，另外還有不能分辨是南北宋那一朝修築的寺廟數量在 10 座以上。〔註7〕唐宋時期的上海地區對外港口青龍鎮的佛寺很有名氣，方志記載鎮內共建有 3 亭、7 塔、13 寺院，鎮上的居民「事佛尤謹。方其行者蹈風濤萬里之虞，忱生死一時之命，居者歲時祈禳吉凶薦衛，非佛無以自恃」。「浙右喜奉佛，而華亭為甚，一邑之間，為佛祠凡四十六，緇徒又能張大其事，亦可謂盛矣。」〔註8〕青龍鎮的居民中有一部分是海上商業從業者，其對宗教的信仰與海上活動有密切關係，以事佛來為海上活動的安全祈福。超果寺或正因上文所述的吳越王海外取經行動而成為天台宗的重地，直到宋代又吸引日本僧人來求法。

唐宋時期上海地區出過不少高僧。唐代的華亭人心鏡禪師藏奐和尚本是主持洛陽長壽寺，回鄉後於咸通十五年（公元874年）創立一座長壽寺，為超果寺的前身〔註9〕：

> 會昌廢寺，大中復修洛下長壽寺，敕奐居焉。奐後嘗歸鄉造寺，豈此復名長壽寺乎？……（宋）治平元年（公元 1064 年），改今額（超果）。〔註10〕

因此，超果寺之法脈與佛學可以追溯至中原的佛門勝地。

自公元 11 世紀開始，上海地區當地已經是名僧輩出。如北宋時期的「法

〔註3〕王輝：《宋元青龍鎮市鎮布局初探》，《都會遺蹤》，2010 年第 1 期。
〔註4〕阮仁澤、高振農主編：《上海宗教史》，上海人民出版社，1992 年版，第 73 頁。
〔註5〕阮仁澤、高振農主編：《上海宗教史》，上海人民出版社，1992 年版，第 75 頁。
〔註6〕阮仁澤、高振農主編：《上海宗教史》，上海人民出版社，1992 年版，第 84 頁。
〔註7〕阮仁澤、高振農主編：《上海宗教史》，上海人民出版社，1992 年版，第 105～106 頁。
〔註8〕《雲間志》卷中《寺觀志》，見上海市地方志辦公室、上海市松江區地方志辦公室編：《上海府縣舊志叢書（松江縣卷）》上冊，上海古籍出版社，2011 年版，第 25 頁。
〔註9〕《雲間志》卷中《寺觀志》，見上海市地方志辦公室、上海市松江區地方志辦公室編：《上海府縣舊志叢書（松江縣卷）》上冊，上海古籍出版社，2011 年版，第 26 頁。
〔註10〕《雲間志》卷中《寺觀志》，見上海市地方志辦公室、上海市松江區地方志辦公室編：《上海府縣舊志叢書（松江縣卷）》上冊，上海古籍出版社，2011 年版，第 26 頁。

師會賢，早為（名僧）南屏高弟，初弘教於華亭超果，學者如市。」〔註11〕會
賢門下的名僧如彥倫、清辯也各有著述。如彥倫作《精微集》四卷，而清辯
作《頂山記》，《釋天台戒疏》三卷，先後主持錢塘、常熟、蘇州、衢州多處寺
廟。〔註12〕超果寺還出過道法師和他的弟子從進，從進和尚曾做《楞嚴解》。
〔註13〕宋代的名僧靈照也曾住持華亭超果寺，「每歲開淨土會七日，道俗常二
萬人。」〔註14〕

　　被日僧俊芿拜師學習的名僧北峰宗印（公元 1148 年～公元 1123 年），於
十五歲受戒，師從於名僧竹庵可觀。可觀和尚俗姓戚，是華亭縣本地人，曾
師從南屏精微，後投於名震江浙的名僧擇卿和尚的門下。可觀和尚的道業深
湛，能與相公高官往來，被南宋皇子魏王請到寧波主持名寺延慶寺。〔註15〕宗
印和尚自己對天台宗佛學的領悟很深，曾應邀主持多個寺院，包括超果、圓
通、北禪等寺，史云其「禪講並行，法道益甚」，〔註16〕即對禪宗和天台宗教
義都很精湛。宗印曾作佛學名著《北峰教義》，得宋寧宗皇帝召見，請教佛學，
得賜號彗行法師，〔註17〕門下還培養了不少名僧弟子，死後則葬於松江的慈雲
塔。〔註18〕宗印的弟子法照被南宋朝中的重臣史彌遠等重視，甚至得宋理宗接
見。〔註19〕南宋時超果寺還出過名僧從進，為道法師的法嗣，其人「為學早
成，久依超果，具得其道。」後來去主持德藏寺，曾作《楞嚴解》。〔註20〕當
地還有法師惠辯，也是本地人，本「華亭傅氏」，受業華亭普照寺。〔註21〕可
以說，宋代的華亭本地名僧輩出，不一而足。

　　宋代的華亭地方官府也很關心佛教發展，如青龍鎮官府就很關心佛教建
設。又如北宋秀州華亭縣福善院的僧人募財鑄鐘，青龍鎮的巡檢侍禁王繼斌蒞
臨現場主持活動。〔註22〕陳林於北宋元豐五年作《隆平寺經藏記碑（文）》，碑

〔註11〕《佛祖統紀校注》卷 13，冊上，上海古籍出版社，2012 年版，第 312 頁。
〔註12〕《佛祖統紀校注》卷 14，冊上，上海古籍出版社，2012 年版，第 331～332 頁。
〔註13〕《佛祖統紀校注》卷 16，冊上，上海古籍出版社，2012 年版，第 365 頁。
〔註14〕《佛祖統紀校注》卷 28，冊上，上海古籍出版社，2012 年版，第 598 頁。
〔註15〕《佛祖歷代通載》卷 30，中華書局，1994 年版，第 83 冊，第 113 頁。
〔註16〕《佛祖統紀校注》卷 16，冊上，上海古籍出版社，2012 年版，第 366 頁。
〔註17〕《佛祖統紀校注》卷 16，冊上，上海古籍出版社，2012 年版，第 366 頁。
〔註18〕《佛祖統紀校注》卷 16，冊上，上海古籍出版社，2012 年版，第 367 頁。
〔註19〕閆孟祥：《宋代佛教史》，冊上，人民出版社，2013 年版，第 226 頁。
〔註20〕《佛祖統紀校注》卷 16，冊上，上海古籍出版社，2012 年版，第 365 頁。
〔註21〕《佛祖歷代通載》卷 28，中華書局，1994 年版，第 82 冊，第 77 頁。
〔註22〕《福善院新鑄鐘記碑》，見柴志光、潘明權主編：《上海佛教碑刻文獻集》，上

文中講「合眾力，植巨軸，貫兩輪，納匭五百，放雙林善慧之制，藏所謂五千
四十八卷者。」〔註23〕

　　天台宗大寺超果寺之所以在南宋時期能為中日文化交流作出大貢獻，與
五代吳越國王求經海外及宋初天台宗振興也不無關係。該寺本身不僅歷史悠
久，在五代時期也有靈異事件出現，如史稱：

　　　　吳越錢王時，嘗送觀音像至寺，現佛光之異，因名寺井曰「瑞
　　光井」。〔註24〕

又如：

　　　　（觀音像）夢感於王，欲適雲間。王命慶依尊者奉像往。主寺
　　者釋聰，於像未至前，曰：「三日內，當有主公至。」至期，果然。
　　像初至，禮塔匯，去寺十里，近謦上有光，貫於寺西井，井有金鰻
　　放光，相接若虹霓然。今名瑞光井者是也。宋理宗書賜額曰「超果
　　靈感觀音教寺」。〔註25〕

可見吳越王與此寺廟有密切關係。超果寺在宋朝初年本不興盛：

　　　　先是界相東南，地隙草茂，時和年豐，民有餘施。師徒日演，
　　廣廈斯作。講誦未聞，人莫知向。〔註26〕

而天台法師惟湛和尚云遊來此，努力振興，建樹頗多：

　　　　於是檀供旁午，規模備具。復即淨室作西方彌陀之像，其高十
　　有六尺，歸然垂臂。

而鄉里人士也為之捐獻金粉塗飾，於是寺廟氣象一新。〔註27〕該寺在佛

　　　　海古籍出版社，2004 年版，第 14 頁。
〔註23〕《隆平寺經藏記碑》，見柴志光、潘明權主編：《上海佛教碑刻文獻集》，上海
　　　　古籍出版社，2004 年版，第 22 頁。
〔註24〕《婁縣志》卷 10《寺觀志》，見上海市地方志辦公室、上海市松江區地方志辦
　　　　公室編：《上海府縣舊志叢書（松江縣卷）》冊上，上海古籍出版社，2011 年
　　　　版，第 349 頁。
〔註25〕《婁縣志》卷 10《寺觀志》，見上海市地方志辦公室、上海市松江區地方志辦
　　　　公室編：《上海府縣舊志叢書（松江縣卷）》冊上，上海古籍出版社，2011 年
　　　　版，第 350 頁。
〔註26〕《雲間志》卷下《詩志》，見上海市地方志辦公室、上海市松江區地方志辦公
　　　　室編：《上海府縣舊志叢書（松江縣卷）》冊上，上海古籍出版社，2011 年版，
　　　　第 61 頁。
〔註27〕《超果天台教院記碑》，見柴志光、潘明權主編：《上海佛教碑刻文獻集》，上
　　　　海古籍出版社，2004 年版，第 20～21 頁。

學上的天台淵源很深刻：「寺東為天台教院，後並為一。」〔註28〕兩寺從此合二為一。

二、宋代中日佛教發展大勢與佛學交流

宋元時期中日佛教宗派發展的階段性狀態存在一定的時間落差，唐末五代日本天台佛學保存較佳，經五代吳越王重金取經後，至宋代日本佛學反不如中國佛學昌盛，這加強了不同時期日本佛教和中國佛教之間相互學習的需要和可能，在宋元時期中國佛教發展特別是在南方表現為大勢較好，也不斷有成果可以輸出。中日佛教發展大勢的階段性決定了宋代天台宗成為日本佛教向中國佛教學習的重點，而此時江南地區成為佛教文化重地。

魏晉南北朝時期的中國佛教開始了重要的發展階段，而佛教也自中國傳入日本。唐代佛教昌盛，宗派衍生，也影響了鄰國的佛教佛學。中國佛教的首個宗派天台宗對日本文化影響非常大，以致被人稱作「日本文化之母」。最初是最澄和空海兩大名僧同時入唐求法，把天台宗傳入了日本，而天台宗在日本朝廷的支持下逐漸風行社會，受到各階層的禮遇。天台宗和真言宗在日本曾經是平安時代（公元 794 年～公元 1192 年）最盛行的佛教宗派，曾出現入唐求法的高潮，同時求法者也多受密教影響，因此與中國天台宗不同的是，日本天台宗加上了很多密宗和禪宗的東西。〔註29〕

但是，當日本天台宗初步興起的同時，中國天台宗卻將面臨一輪衰落。晚唐唐武宗和五代周世宗的滅佛活動，對南方佛教前後兩次造成重大限制和打擊，使唐代興盛起來的各個佛教宗派保持順利傳承遇到了一定的困難，再加上唐末和五代十國的戰火，更是雪上加霜。隨著唐朝的衰落和走向戰亂，自唐末到宋初，中國天台宗經歷的過程實際是先衰落後振興。因為天台宗有重視理論經典的傳統，佛學傳承比其他宗派更需要依靠經書流傳。《佛祖統紀》稱：

> 傳聖人之道者，其要在乎明教觀而已。上尊龍樹下逮荊溪（湛然），九世而祖之宜矣。至於遼、修二師，相繼講演不墜素業。會昌之厄教卷散亡，外、琇、竦三師唯傳止觀之道。〔註30〕

〔註28〕《婁縣志》卷10《寺觀志》，見上海市地方志辦公室、上海市松江區地方志辦公室編：《上海府縣舊志叢書（松江縣卷）》冊上，上海古籍出版社，2011 年版，第 349 頁。

〔註29〕（日）村上專精：《日本佛教史綱》，商務印書館，1992 年版，第 54 頁。

〔註30〕《佛祖統紀校注》卷 8，上海古籍出版社，2012 年版，第 201 頁。

　　唐末五代時北方戰亂不休，經濟重心加快了南移進程，而經歷唐武宗和周世宗兩次在北方推行滅佛，使得佛教的發展重心也逐漸南移。江浙地區的佛教宗派興盛者以禪宗和天台宗為最強，存在著相互學習和交融的現象，但是禪宗也有大行其道並壓倒天台宗的趨勢。兩宗的關係如藤蘿共生，以致出現很多名僧，且多有通識高僧，精通跨宗派的佛學。五代時期十國之中的吳越國較為穩定，其歷代國王均推行保境安民政策，且尊崇佛教，使其境內佛教有所興復。吳越國君主崇信佛教，曾仰慕佛經中阿育王造塔的故事，也鑄造「八萬四千」塔，廣泛布施於境內，包括青龍鎮考古遺址發現的隆平寺地宮中的舍利塔。

　　吳越國王們尊崇的高僧多是天台宗名僧，如忠懿王錢弘俶信仰本地發源的天台宗，曾在讀《永嘉集》時發現有一疑問處，便去問精通禪理的名僧德韶，德韶說此是天台教義，稱需問天台高僧義寂，於是義寂也開始受到官方的重視。義寂和尚告訴吳越王說：「自唐末喪亂，教籍散毀，故此諸文，多在海外。」〔註31〕這「海外」指的是朝鮮半島和日本。

　　佛教著名史籍《佛祖統紀·義寂傳》也記載了天台宗名僧義寂和尚請求吳越國王錢弘俶派人往海外收集中國已散佚的天台宗經典：

　　　　初，天台教卷，經五代之亂，殘毀不全。吳越王俶遣使之高麗、日本以求之。〔註32〕

　　吳越國王因此確實遣使到日本取經。木宮泰彥在《中日交通史》中引用《楊文公談苑》考證稱：

　　　　吳越錢氏多因海舶通信，天台智者教五百餘卷，有錄而多闕，賈人言日本有之，錢（弘）俶買書於其國主，奉黃金五百兩，求寫其本，盡得之訖，今天台教大布江左。〔註33〕

　　天台宗的佛學論著即使是其宗派創始人智者大師所寫的，在當時中國國內的保留也已經不完全了，所幸吳越國官方出資從日本大量買回，以致在宋代再次使天台宗在江南獲得很好的發展。因此，假此機遇，宋代上海地區的超果寺或正因此成為天台宗重地，直到宋代又吸引日本僧人來求法，具體史實見下文考證。

〔註31〕《佛祖統紀校注》卷8，上海古籍出版社，2012年版，第204～205頁。
〔註32〕《佛祖統紀校注》卷44，上海古籍出版社，2012年版，第1018頁。
〔註33〕（日）木宮泰彥：《中日交通史》，商務印書館，1935年版，第264頁。

　　根據文獻記載，佛教自中國傳入朝鮮半島可以追溯至公元 372 年，前秦皇帝符堅派遣使者給朝鮮半島北部的高句麗國王小獸林王送去佛經和佛像。到了公元 7 世紀的中葉，新羅國統一大同江以南的朝鮮半島後，派出大批僧人來唐朝求法和巡禮，在回國的時候攜帶了大量的佛教經典和文物。新羅僧回國後在國內開山授徒，形成了「五教九山」，即五個宗派和新羅禪宗的九個派別。經歷了唐末的會昌滅佛運動之後，又經歷了唐末五代的戰亂衝擊，中國境內大量的佛教經典被毀掉或者散佚，當時中國佛教的兩大古老宗派天台宗和華嚴宗都因此而面臨衰落的境地。

　　為了向朝鮮半島尋找失去的經典，「於是吳越王遣使致書，以五十種寶往高麗求之。」〔註34〕看來吳越國王花了很大的本錢，結果在公元 960 年高麗國僧人諦觀攜帶《智論疏》、《仁王疏》、《華嚴骨目》、《五百門》等重要經典來到浙江螺溪的寺廟定慧院，師從中國高僧義寂，同時將從高麗帶來的天台宗教典悉付於「師教門」：

　　　　至是，高麗國遣沙門諦觀持論疏諸文至螺溪謁（義）寂法師，

　　一宗教文，復還中國。螺溪以授寶雲，雲以授法智，法智大肆講說，

　　遂專中興教觀之名。〔註35〕

　　高麗在佛學經典保存方面雖然優於中國，但在當時佛學終究要屬中國取得的成就更深刻一些。故此高麗僧人雖然攜帶經典前來，卻是以學習的姿態拜入中國高僧門下，以實現交流活動。諦觀和尚曾作《四教儀》，乃是天台佛學名著。同時高麗的僧人寶雲義通（公元 927 年～公元 988 年）由海路來華學習佛法，受具後學《華嚴》、《起信》，入義寂和尚門下。義通在學成後想回國遭吳越國高官錢惟治挽留，留在浙東地方弘揚教法 20 年。〔註36〕他留在中國宣揚天台宗教義，後來圓寂也在中國，葬於寧波阿育王寺西北，被尊為天台宗第 16 祖。

　　吳越國政權和高麗國之間的佛教交流活動可謂影響深遠。至中國宋代建立之後出家為僧的高麗王子義天（公元 1055 年～公元 1101 年）率弟子壽介等人搭乘海船來中華求學，師從於華嚴宗的淨源法師。義天學成歸國，回高麗後，在高麗大力宣揚天台宗的教義，竟創立了高麗天台宗。義天和尚從遼、

〔註34〕《佛祖統紀校注》卷 1，上海古籍出版社，2012 年版，第 262 頁。

〔註35〕《佛祖統紀校注》卷 44，上海古籍出版社，2012 年版，第 1018 頁。

〔註36〕《佛祖統紀校注》卷 8，上海古籍出版社，2012 年版，第 206 頁。

宋、日本各地共收集了 4000 餘卷佛經，編出了《新編諸宗教藏總錄》，並按這個總錄刊行了《高麗大藏經續藏》。《高麗大藏經續藏》在當代被聯合國教科文組織宣布為全人類的世界文化遺產。可以說義天和尚的這一文化盛舉肇端於吳越國海外求法。

吳越國王錢弘俶還多次遣使往日本求取天台宗的典籍，且不惜鉅資，如《楊文公談苑》稱：

> 吳越錢氏多因海舶通信，天台智者教五百餘卷，有錄而多闕，賈人言日本有之，錢俶買書於其國主，奉黃金五百兩，求寫其本，盡得之訖，今天台教大布江左。〔註37〕

在典籍重新完備之後，天台宗在知禮、遵式等名僧的努力下，在北宋前期的江南實現了中興：

> 螺溪網羅教典，去珠復還；寶雲二紀敷揚，家業有付。兩世方尊法智（知禮）為中興者，以其有著書立言，開明祖道，抵排山外，紹隆道統之功也（抵，觸也）。故慈雲（遵式）贊之曰：章安既往，荊溪亦亡。誕此人師，紹彼耿光。一家大教，鍾此三良。〔註38〕

《佛祖統紀校注》卷 12《四明法智法師法嗣》稱知禮和尚的一生共「嗣法二十七人，入室四百七十八人，升堂一千人。」

日本天台宗發展的情況則相反，自唐晚期開始，便不斷有日本僧人慕名而來中國學天台宗，推動本國天台宗發展，但在宋代進入了低谷期，典籍缺失，迫切需要新的動力。鎌倉時代以後的天台宗出現了內亂，〔註39〕甚至有武鬥開戰的現象出現。〔註40〕北宋來華的日僧多是來學天台宗佛學的，甚至有葬於天台山者，如成尋法師。〔註41〕故此中興的天台宗法脈在宋代繼續吸引著日本和高麗的僧人前來學習，這是一個自五代以來的大氛圍發展的結果。據日本學者木宮泰彥在《日中交通史》一書中的統計，南宋之時，日本僧人到中國者有八十六人，其中有四個僧人事兩次來宋。〔註42〕這其實並非全部，國內學者黃純豔在《宋代海外貿易》一書中指出南宋時期來華日僧有姓名記

〔註37〕（日）木宮泰彥：《中日交通史》，商務印書館，1935 年版，第 264 頁。
〔註38〕《佛祖統紀校注》卷 8，上海古籍出版社，2012 年版，第 207～208 頁。
〔註39〕（日）村上專精：《日本佛教史綱》，商務印書館，1992 年版，第 130～131 頁。
〔註40〕（日）村上專精：《日本佛教史綱》，商務印書館，1992 年版，第 132 頁。
〔註41〕顧吉辰：《宋代佛教史稿》，中州古籍出版社，1993 年版，第 143 頁。
〔註42〕（日）木宮泰彥：《中日交通史》卷下，商務印書館，1935 年版，第 15～16 頁。

載者達一百二十人之多。〔註43〕

三、日本俊芿國師來滬求法始末考論

　　唐宋時期伴隨著航海技術的進步，海上絲綢之路上的經濟文化交流都有大的進步。根據公元 7 世紀出海求法歸國的中國僧人義淨晚年在《大唐求法高僧傳》、《南海寄歸內法傳》等書中的記載，當時出國求法的高僧半數以上是從交趾、廣州兩地乘船出發的，可見唐後期海上絲綢之路已經發展成為中外間佛教傳播的最主要途徑。原因大體基於兩個方面，一是當時航海、造船技術水平的顯著提高，二是「陸上絲綢之路」的作用相對下降，其旅途安寧程度不及海洋，特別是與唐朝在與大食之間的「恒羅斯戰役」中的失敗，以及之後西域的兵亂造成陸路交通不暢也都有一定關聯。從隋朝到南宋，中國經濟重心南移的進程逐漸完成，而政治與文化中心也從西北內地向東部沿海轉移。來唐求法的日本僧人多有往五臺山及長安遊歷者，而來南宋的日本僧人則以來江浙一帶為主，因為這裡不但是中國經濟文化最為領先的地區，也是政治中心所在。學者王輯五曾總結稱市舶貿易開放在宋代中日之間帶來了禪僧與日本武士之交流、宋朝書籍之輸入日本、印刷術、曆學、醫學、建築、美術工藝、茶道、佛教等九個方面的重要交流及影響。〔註44〕當然，同時要看到這種交流是雙向的，而在港口交通有較快發展的宋代，上海地區參與其中。

　　在南宋中期的慶元五年（公元 1199 年），日本高僧不可棄俊芿率領安秀、長賀等僧人搭乘日本商船來華求法。俊芿來華本來是為了解決他對戒規的疑問，但他來宋以後不僅學習天台宗，也學密教，史稱其「先傳瑜伽密教」，〔註45〕後來才研究大小戒律。他來華後留學十二年之久，所學學問很多，先是向高僧了宏學習南山律，更是進一步再學密宗、禪宗和天台宗的三家學問。〔註46〕公元 1199 年 4 月俊芿進入宋境，先是遊歷了兩浙路的不少江南名寺，也曾在寧波雪寶山學禪宗，再到四明的景福寺向了宏學習律學，又到古代上海地區的華亭縣超果教寺學習天台宗教義，拜在名僧北峰宗印門下八年之久，「執經受教，盡通其旨。」〔註47〕他還曾到溫州向廣德律師學「七滅諍」。開

〔註43〕黃純豔：《宋代海外貿易》，社科文獻出版社，2003 年版，第 110 頁。
〔註44〕王輯五：《中國日本交通史》，商務印書館，1937 年版，第 124～134 頁。
〔註45〕《佛祖統紀校注》卷 17，上海古籍出版社，2012 年版，第 382 頁。
〔註46〕（日）村上專精：《日本佛教史綱》，商務印書館，1981 年版，第 138 頁。
〔註47〕《佛祖統紀校注》卷 17，上海古籍出版社，2012 年版，第 382 頁。

禧年間（公元 1205 年～公元 1207 年），南宋與金朝開戰，發生了著名的「開禧北伐」，俊芿法師稟告北峰和尚，說自己要模仿唐代「開元三大士」之一的密宗名僧不空法師「結壇誦咒」，以密宗法術助宋軍得勝，結果「時論委靡，竟不克行」。〔註48〕俊芿不能成功，於是「北峰乃令（俊芿）遣徒歸國，取中華先所傳五部之法，而其徒淪於海。」〔註49〕即俊芿的弟子回日本取唐代時傳入日本的密法，但其弟子遇到海難。唐代的密宗曾盛行一時，也曾傳入日本，形成日本特色宗派，到後世所能見到的唐密形跡只好在日本密宗去尋找。北峰令俊芿派徒弟回國取日本保存的密法，一旦成功，不僅是使做法祈禱活動可以有進展，也可以使中日之間的佛教交流與發展因密宗交流而取得重要成績，但是可惜因為海難不能成功。

公元 1211 年俊芿回到日本，從中國帶回不少佛學典籍，還包括舍利子與佛教題材繪畫，甚至儒家經典，〔註50〕包括律宗經書 327 卷，天台宗的章疏 716 卷，華嚴宗章疏 175 卷，儒書 256 卷，雜書 463 卷，以及碑帖拓印，總共 2103 卷。這批文獻以卷數而論以天台宗的經典最多。返回日本之後，日本禪宗大師榮西法師將俊芿延請入京。這位高僧先後得到數位天皇，包括上皇，的皈依受教，並在京都創建泉湧寺，傳播帶回的佛法。俊芿帶回的經典包括《普門院經論章疏、語錄、儒書目錄》中所見《臺宗十類因革論》四冊、《四明十義書科》一冊、《四明十義書》二冊、《山家義苑》一冊、《圓悟錄》二冊、《佛祖宗派總圖》一帖等六種寶貴書籍，和很多天台典籍，至今仍藏在日本東福寺，並曾在 1918 年舉辦的第四次大藏會上展出過。〔註51〕俊芿和尚的重要歷史功績之一即為促成日本天台宗和律宗的中興，回國後形成日本的「北京律」學派。僅僅關注其佛教文化交流貢獻還是不夠的，因為他也對儒學和書畫藝術的跨國交流作出了貢獻。《泉湧寺不可棄法師傳》稱其「盛唱《四書》，兼講諸部。」俊芿圓寂後，被追諡稱號為「大興正法國師」，到明治十六年（公元 1883 年）俊芿竟然還被追封「月輪大師」。

四、俊芿求法有成的交通條件分析

宋代的上海地區已經成為中日之間絲路航運與交流之重鎮，由於當地及

〔註48〕《佛祖統紀校注》卷 16，上海古籍出版社，2012 年版，第 367 頁。
〔註49〕《佛祖統紀校注》卷 16，上海古籍出版社，2012 年版，第 382 頁。
〔註50〕（日）木宮泰彥：《日中文化交流史》，商務印書館，1980 年版，第 359 頁。
〔註51〕同上書，第 353 頁。

兩國間交通條件良好而促進國際交流的進步。

　　宋代航運技術比前代有大的進步，海上絲綢之路的影響趕超陸上絲綢之路。唐宋時期上海地區的港口發展迅速，在揚州港逐漸衰落的同時，上海地區的華亭縣青龍鎮港日益興起成為替代。〔註 52〕早在唐朝大中元年（公元 847年）就有人乘船自當地出發遠航日本。〔註 53〕北宋時期則有日本商船前來上海地區貿易：「廣南、日本、新羅（朝鮮）歲或一至」。〔註 54〕宋日之間的貿易活動在北宋時期並不如後代頻繁，因為日本當時是藤原氏執政時代，日本當政者禁止私人出海，以致很少有日本船來北宋：

> 對海外貿易，力主閉關主義，禁國人私自渡海，遇有航行海外
> 者，輒懲罰之，……故當時往來於宋日間者，殆為宋船，而竟無一
> 日本商舶赴宋也。〔註 55〕

　　因此，日本學者木宮泰彥稱在「北宋時代，日本外國貿易頗形退步，禁止國人私自渡海，執一種閉關主義，故往來宋日間者，只有宋船。」〔註 56〕但到了南宋時期，「日本政權亦由外戚藤原氏而移入於武家平氏之手。平清盛因平保元之亂有功，繼藤原氏握政權，對外採取積極進取政策，獎勵海外貿易，一反藤原氏之對外消極態度；故日本商船赴南宋者漸多，宋日交通乃日臻頻繁。先是平盛以武功而握政權，見與貿易之有利可圖，乃大事獎勵，修築兵庫港及音戶海峽，以便船運。」〔註 57〕同時，「日本武門興起，採進取主義，如平清盛獎勵海外貿易，日本商船赴南宋者乃多。」〔註 58〕

　　同時期，宋代的華亭縣也出現管理對外貿易的市舶機構，〔註 59〕兩浙路的市舶司甚至一度設在華亭縣。〔註 60〕南宋晚期的青龍鎮港衰落，同時卻有黃姚鎮港、上海鎮港、江灣鎮港一度構成新興的港口群，其中上海港長興不衰直

〔註 52〕 張曉東：《歷史時期上海地區的地理特徵與絲路地位》，《海洋文明研究》第 3
　　　　 輯，中西書局，2018 年版，第 126 頁。

〔註 53〕 張曉東：《歷史時期上海地區的地理特徵與絲路地位》，《海洋文明研究》第 3
　　　　 輯，中西書局，2018 年版，第 129 頁。

〔註 54〕 柴志光、潘明權：《上海佛教碑刻文獻集》，上海古籍出版社，2004 年版，第 18
　　　　 頁。

〔註 55〕 王輯五：《中國日本交通史》，商務印書館，1937 年第 1 版，第 100 頁。

〔註 56〕 （日）木宮泰彥著、陳捷譯：《中日交通史》，商務印書館，1931 年版，第 270 頁。

〔註 57〕 王輯五：《中國日本交通史》，商務印書館，1937 年第 1 版，第 103 頁。

〔註 58〕 （日）木宮泰彥著、陳捷譯：《中日交通史》，商務印書館，1931 年版，第 270 頁。

〔註 59〕 （清）徐松：《宋會要輯稿》，中華書局，1957 年版，第 3369 頁。

〔註 60〕 （清）徐松：《宋會要輯稿》，中華書局，1957 年版，第 3370 頁。

至元代。宋末在上海鎮也設立了市舶機構。〔註61〕這些市舶港都可以接受中日間來往的航船。

　　宋代上海地區與日本之間的海上交通已經比較成熟。除了循海岸水行、跨海直航之外，還有南北道等不同線路分支出現，根據考古發現的資料，通過青龍鎮港的陶瓷中轉貿易發達，產地甚至來自遙遠的長江中游長沙窯，發現多地產窯品，目的地包括東北亞的日本、東南亞和印度洋周邊。〔註62〕

　　北宋青龍鎮隆平寺佛塔甚至曾充作海上航行的航標作用，形成獨特的濱海宗教景觀。一方面，作為港口交通景觀，它吸引著海上航行者的關注，另一方面，作為城鎮宗教文化景觀，它又是當地佛教的標誌性建築，因此在很多海上航者的眼中絲路名港青龍鎮和江南佛教勝地是聯繫在一起的。事緣當初發起修塔之日，有僧人和信徒提出「此鎮西臨大江，與海相接，莽然無辨。近無標準，遠何緣知，故大舟迅風，直過海口，百無一二而能入者。因此失勢漂入深波石礁，沒舟陷人，屢有之矣。」於是眾人才集資修塔救難。〔註63〕

　　總之，在當時上海地區與日本之間的交通聯繫較順暢，而信息和文化交流的渠道也就便利，跨國佛教文化之交流也就順利展開。

〔註61〕弘治《上海志》，見上海市地方志辦公室、上海市松江區地方志辦公室編：《上海府縣舊志叢書（上海縣卷）》冊1，上海古籍出版，2015年版，第1頁。

〔註62〕上海博物館編：《千年古港：上海青龍鎮遺址考古精粹》，上海書畫出版社，2017年版，第178頁。

〔註63〕《隆平寺寶塔銘》，見柴志光、潘明權主編：《上海佛教碑刻文獻集》，上海古籍出版社，2004年版，第18頁。

第五章　宋代市舶貿易與華亭、青龍的城鎮社會經濟

　　中國古代的市舶司是「掌蕃貨海舶征榷貿易之事，以來遠人，通遠物」〔註1〕的外事和外貿管理部門。中國東南沿海地區出口導向的產業發展與市舶港口的興衰有很大關係，甚至也影響到城市的發展。市舶港口的選擇設置對港口當地和周邊地區外銷產品的生產也起到了明顯的刺激作用，包括對周邊外銷瓷窯生產的影響。自唐代開始，歷代王朝在重要的對外沿海港口設立市舶司機構管理對外貿易和交流。自唐玄宗首次在廣州設市舶使之後，市舶管理制度經歷了逐步完善的歷史過程。市舶司官員包括市舶使（提點市舶司、提舉等）、市舶判官（監舶務）、幹辦公事等職。用市舶機構來管理對外貿易的制度自唐代一直實行到明代。可以說在清代以前中國的對外貿易都處在市舶貿易時代。一地市舶司之設置、興廢與當地在對外交流中的地位重要，而當地之經濟社會發展與對外貿易文化交流也存在一定的密切關係。古代上海地區是海上絲綢之路的重要樞紐，曾經有卓越的絲路古港，而其城市及社會發展也與海上絲路交流活動結下不解之緣。上海地區最早的絲路港口青龍鎮港出現於唐代，在宋代達到盛期，而宋元之際是海上絲綢之路發展的重要階段，也是上海地區絲路港口發展特別是古代上海港口的關鍵轉折時期。由唐到宋上海地區的港口發展經歷了一個重要轉折，就是市舶機構的設置「從無到有」，而且是在華亭縣青龍鎮實現的，也曾因為周邊經濟和貿易地理的變化而使華亭縣和青龍鎮的市舶務一度上升為市舶司及分設機構。自宋代開始上海港口就出現

〔註1〕《宋史》卷167《職官七》，中華書局，1977年版，第3971頁。

了市舶機構的設置，不同時期的本地不同港口設置有市舶司、市舶務、稅場等不同機構，其中的變遷也有曲折之處。宋代上海地區港口貿易的發展表現出一個重要特點，即本地港口的興衰呈波折的曲線，盛衰循環，受地理因素影響很大，屬於先天地理位優越但先天自然條件不足。北宋時期，青龍鎮港的對外貿易已經產生對地方社會經濟發展和傳統城市化的推動力，這和市舶貿易的作用不可分割。宋代中期以後，因為青龍鎮港口的衰落，部分貿易量被轉移到江灣鎮港、黃姚鎮港、上海鎮港來分擔，最終在設場收稅的江灣鎮港和黃姚鎮港因水文條件而衰落後，設立有市舶務機構的上海鎮港一枝獨秀，呈現出十分迅速的發展狀態，完全替代了青龍鎮港。在宋代，上海地區參與海上絲綢之路交流的市舶貿易和文化交流，並獲得重要發展，並推進城市發展。

一、北宋華亭縣與青龍鎮港的市舶務機構設置

市舶貿易及其管理制度始於唐朝，唐宋時期設置了市舶管理機構的港口有權直接開展對外貿易，而市舶貿易和當地社會經濟發展就產生了積極而密切的關係。

唐朝沒有在上海地區設立市舶司機構，但這不等於上海地區沒有對外貿易活動，無論文獻還是考古發現都已經證實了古代上海對外貿易活動的存在，不設立市舶機構主要是說明沒有直接對外貿易權，但是對外的中轉貿易還是可以正常進行的。宋代開始在上海地區設立市舶管理機構，是因為上海地區的對外貿易發展規模已經達到一定程度，引起了朝廷的重視。

唐代中葉，中國對外貿易比之前的歷史時代有了很大發展。地方商稅收入的數額增大，引起唐朝廷的關注，於是開始在沿海港口設置市舶使管理對外貿易。最初的市舶使設置始於盛唐開元初年的廣州港。〔註2〕唐朝一般是由中央派出的宦官擔任市舶使，到唐朝晚期藩鎮割據局面加重，地方藩鎮的權力加強，廣州市舶使一職往往由當地的節度使兼領。〔註3〕

至今沒有發現唐代在上海地區設立市舶使司或其下屬機構的任何史料記錄，但是上海地區存在前往東北亞的航行記錄，是從松江口青龍鎮出發的。〔註4〕從最新的青龍鎮遺址考古發現的成果來看，大量來自中國南方長江流域

〔註2〕《舊唐書》卷8《玄宗紀上》，中華書局，1975年版，第174頁。

〔註3〕顧炎武：《天下郡國利病書》卷120，上海古籍出版社，2012年版。

〔註4〕張曉東：《略論唐宋元時期的上海地區與海上絲綢之路交流活動》，上海社會科學院出版社，2015年版，第116～117頁。

和東南沿海的名窯所產的陶瓷出土在青龍鎮遺址，其中包括了不少唐代名窯的產品，說明在唐代青龍鎮存在發達的中轉貿易活動。〔註5〕青龍鎮的地理位置十分優越，「南通漕渠，下達松江，舟舶去來，實為衝要」。〔註6〕良好的交通條件當然能為港口貿易提供便利條件。五代時期的華亭縣先屬吳越國開元府管轄，而至後晉天福五年（公元940年）吳越國政權奏准中原的後晉王朝准許以嘉興、海鹽、華亭、崇德四縣置秀州，自此直到宋代建立，華亭縣仍屬秀州管轄。因此，到了宋代，青龍鎮港設立市舶機構是早晚的事，而幹港口貿易一定能夠拉動當成城鎮經濟的發展。

與前代相比，宋代更加重視商稅收入，如北宋神宗曾曰：

　　東南利國之大，舶商亦居其一焉。昔錢、劉竊據浙廣，內足自

富，外足抗中國者，亦由籠海商得術也。〔註7〕

宋朝初年平定嶺南的南漢政權之後立即就設立了廣州市舶，而到元祐二年（公元1087年）在泉州也正式設立市舶管理機構。宋朝建立之後則於太祖時期市舶使職務就開始由「州郡兼領」，但同時又命「轉運使司掌其事」。〔註8〕實際上這是一種雙重管轄。因為推行大量「養兵」、「養官」的政策，宋朝的常備軍事力量和文官機構人員數量都很多，財政開支因此就很大。如北宋英宗治平二年（公元1065年），朝廷養兵的費用竟占去全國財政收入的六分之五。〔註9〕因此宋朝朝廷非常重視對外貿易所能帶來的巨額商稅收入，並促進了市舶貿易的進步。

因此市舶管理受到北宋朝廷的高度重視。宋代的市舶管理機構分三級，最高一級為市舶司，統轄一路的市舶貿易，治所必是當時第一等的大港口，一般也就都是絲綢之路貿易名港，如廣州、泉州、杭州等，其下為市舶務（分司）、市舶場兩級，一般設在中小港口，一般都是二三等的外貿港。宋代先後設有市舶司的四個路分別是廣南東路、兩浙路、福建路和京東東路。古代上海地區所在的長江口屬兩浙路境內。兩浙路在北宋時期元豐三年（公元1080年）以前

〔註5〕上海博物館編：《千年古港：上海青龍鎮遺址考古精粹》，上海書畫出版社，2017年版。
〔註6〕《雲間志》卷下，見上海市地方志辦公室、上海市松江區地方志辦公室編：《上海府縣舊志叢書（松江府卷）》冊1，上海古籍出版社，2011年版，第58頁。
〔註7〕（清）黃以周等輯注：《續資治通鑑長編拾補》卷5，中華書局，2004年版，第239頁。
〔註8〕（清）徐松：《宋會要輯稿》，中華書局，1957年版，第3364頁。
〔註9〕陳襄：《古靈先生文集》卷8，上海圖書館藏宋紹興三十一年陳輝贛州刻本。

已經設有杭州和明州兩處市舶司。在北宋端拱二年（公元 989 年）五月文獻中已經有「兩浙市舶司」的記載，[註10] 而在明州設市舶司的時間則稍晚於杭州。到北宋元豐三年（公元 1080 年）朝廷正式頒布了《廣州市舶條》，並推行到全國的市舶貿易港口。

上海地區在古代設立的最早市舶機構是在宋代的華亭縣出現的，這無疑是當地經濟和對外貿易發展的促進結果，而設立一事反過來又促進當地社會與經貿發展。

必須指出的是，沒有設立市舶機構的港口未必就不具備一定規模的對外貿易活動，因為這個港口可能是可以連接商品源產地和市舶港之間的中轉貿易，也可能存在走私貿易活動，但是在一個港口設立了市舶機構一定是因為當地對外貿易活動的規模或者說貿易潛力巨大已經引起了官府的重視。古代上海地區設立的市舶機構經歷了長期的波折變動，對此的研究也存在一些有爭議的問題。學者章深認為宋代市舶司的發展可以分為三個階段，宋朝初年直到北宋熙寧初年只在廣州、杭州、明州三個重要港口設立市舶司，這是第一個階段；此後，直到宋哲宗時期是第二個階段；而從北宋哲宗時期到南宋王朝滅亡則是第三個階段，變化最大的是兩浙路市舶司。[註11] 此外，學者廖大珂有其他不同的劃分觀點，從官制發展出發來觀察，認為宋代的市舶司官職演變可以分為「州郡兼領」（宋朝初年至北宋元豐三年）、「漕臣兼領」（北宋元豐三年至崇寧初）、「專置提舉」（崇寧初至南宋末期）三個歷史時期。[註12] 宋代的華亭縣地方屬兩浙路境內管轄，而兩浙路的轄區地處長江入海口周邊，境內沿海的港口不少。華亭縣對外貿易是由兩浙路市舶司管理的，而兩浙路市舶司始設於北宋太平興國九年（公元 984 年），初設於杭州。北宋元豐三年（公元 1080 年）宋朝制定了《市舶法》，市舶司成為執行市舶法的工具。北宋政和三年（公元 1113 年）官府在秀州華亭縣初次設立市舶務，派來專任的監官，實際負責管理青龍鎮港對外貿易，這也算是青龍鎮港口為支點的秀州華亭縣海上貿易發展的新標誌。[註13] 按照市舶司的官制，市舶司人員分官和吏兩個層次。市舶司官主要是提舉市舶司、監官、勾當公事、監門官等，提舉市舶司初為由轉運使或副使兼任的市舶司最高長官，後改為專任，而監官的職責是「主管抽買

〔註10〕（清）徐松：《宋會要輯稿》，中華書局，1957 年版，第 3364 頁。

〔註11〕章深：《重評宋代市舶司的主要功能》，《廣東社會科學》，1998 年第 4 期。

〔註12〕廖大珂：《試論宋代市舶司官制的演變》，《歷史研究》，1998 年第 3 期。

〔註13〕（清）徐松：《宋會要輯稿》，中華書局，1957 年版，第 3369 頁。

舶貨，收支錢物」，[註14] 每個市舶司或其下屬的市舶務各設監官一員。至於市舶司辦公地點，《雲間志》記載稱：「市舶務，在縣西六百步。造船場，在縣西南五百四十步。」[註15] 學者王輝推測青龍市舶務機構的官署位置應該離造船場距離不遠，臨近水岸，距離縣城也不遠。[註16] 但那只能是華亭市舶務的辦公機構和辦公地點設在青龍鎮。學者王杰在《中國古代對外航海貿易管理史》一書中指出華亭縣雖然隸屬於秀州，但是宋代秀州市舶機構是指在華亭縣治和華亭縣青龍鎮兩地分別設置的市舶務。[註17] 但是，引人思考的問題是兩者的關係究竟是如何？筆者認為這也是經歷了一段發展歷程之後才出現的現象，在不同時期應該各有不同變化。

直到元朝初年，海船來到上海地區尚不能如現代一樣直接進入黃浦江。上海地區在歷史上的首個市鎮，即唐代的華亭鎮，後來唐宋華亭縣的前身，是在隋代初年設立的，其地濱臨吳淞江的支流顧會浦，北通青龍江，南通杭州灣。有記載表明華亭縣建縣於天寶載（公元751年），建縣之前的文獻資料十分缺乏，很難找到證據表明華亭鎮和對外經貿交流的關係。《紹熙雲間志》卷上的「鎮戍」條和「封域」條記載：「華亭襟帶江海，上而吳晉，近而吳越，嘗築城壘置防戍，所以控守海道者至矣。今沿海鎮寨倍於他邑，是亦捍置上流之意云。」「今縣有華亭鎮印……《祥符圖經》載鎮在（縣）西南二百步，而《元豐九域志》則廢矣。如自鎮為縣，則新史《輿地志》諸書不應略而不言也。」[註18] 唐代出現的青龍鎮港就是華亭縣的對外港口，而華亭縣是青龍港所附屬的腹地城市，從對外交流和城鎮發展的角度看，二者之間是相互依賴、相互促進的港城關係。唐代的華亭縣屬蘇州管轄，因此青龍鎮港也是當時的蘇州的對外港口，日僧圓仁在《行記》中稱之為「松江口」。

上海地區在北宋時期主要還是依靠青龍鎮港開展對外貿易活動，但當時的大船是無法直接抵達華亭縣城下的，而要先入江在青龍鎮港口停靠，進行卸載或轉運，然後換小一些的船或其他運輸工具再前往華亭縣。從吳淞江入海口

〔註14〕（清）徐松：《宋會要輯稿》，中華書局，1957年版，第3376頁。

〔註15〕《雲間志》卷上，見上海市地方志辦公室、上海市崇明縣檔案編：《上海府縣舊志叢書（松江縣卷）》冊上，上海古籍出版社，2012年版，第660頁。

〔註16〕王輝：《青龍鎮》，上海人民出版社，2015年版，第67頁。

〔註17〕王杰：《中國古代對外航海貿易管理史》，大連海事大學出版社，1994年版，第107、108頁。

〔註18〕《雲間志》卷上，見上海市地方志辦公室、上海市松江區地方志辦公室編：《上海府縣舊志叢書（松江府卷）》，上海古籍出版社，2011年版，第1頁。

到青龍鎮港實際也有數十千米的距離，故青龍鎮港雖是對外貿易港，但仍位於內河岸的一側，相對安全可避風暴。在 20 世紀 70 年代疏濬青龍港和通波塘的河道舊址的時候，考古人員曾經分別在青龍港的舊址西至杏花村東至倉東段和通波塘酒坊橋村北部段河底有成排木樁的發現，證明這裡可能是古代碼頭的存在遺跡。有學者認為此一位置接近文獻中記載的外商居留之「來遠坊」，〔註19〕而在「白鶴渡東」的地點也確曾出土大量長木樁，甚至推斷青龍鎮港曾有四種類型的碼頭，則青龍鎮港碼頭距離青龍鎮上官檢署地和交易地點應該都不算遠。

吳淞江的下游在宋代就已經開始出現日益阻塞的現象，同時寧波的明州港繼續日益興旺。在北宋徽宗的重和（公元 1118 年至公元 1119 年）時期，青龍江和顧會浦兩條河流都在逐漸淤塞，「番舶鮮至」。〔註20〕宋朝廷為此罷免專設的青龍鎮市舶監官，由華亭縣令兼任市舶監官，這應該是青龍鎮外貿規模有所下降的後果。上文論述中已經提到了華亭市舶務設在青龍鎮，那麼改由華亭縣令兼任監官，說明市舶務沒有撤除，但是很有可能已經轉移到華亭縣辦公，這對外貿活動有所不利，因為外來商船到青龍鎮港後還要走一段水路才能把貨物運到華亭縣城，途中還可能要換船，這樣的市舶管理工作效率一定會多少有些問題。為了恢復外貿盛況，北宋宣和元年（公元 1119 年）官府組織疏濬青龍江，這一下子又延長了青龍鎮港近百年的發展期，當時的提舉兩浙路市舶張苑在上奏中提到：「今因青龍江浦快通，蕃商船舶，輻輳住泊」，並提出依舊設立監官一員。〔註21〕因此，可以理解青龍鎮港在當時再度成為第二等的對外港口。設在青龍鎮的監官在市舶管理體制內當然是設在華亭的更高一級的市舶機構之派出人員，即上級市舶務的官員進駐青龍鎮港來現場辦公，並非設立新的專門市舶機構。是年，宋朝廷將青龍鎮改名為通惠鎮，到南宋高宗時期才復改名為青龍鎮。

青龍鎮港市舶司機構設廢的原因比較複雜，不只是因為北宋末期港口水文地理條件變化，而到南宋時期朝廷還應該考慮了節省開支、精簡機構等各種需要，同時也存在著官場政爭的因素影響，但那些背景與本文的主題相差較遠，故不全部展開討論。

〔註19〕 王輝：《宋元青龍鎮市鎮布局初探》，《都會遺蹤》，2010 年第 1 期。

〔註20〕 《宋史》卷 186，中華書局，1977 年版，第 4562 頁。

〔註21〕 （清）徐松：《宋會要輯稿》，中華書局，1957 年版，第 3369 頁。

　　宋代的華亭縣屬兩浙路政區管轄，而兩浙路的港口比較多，而且有好幾個設有市舶機構，有權參與對外貿易，其間的地位高下很值得琢磨。在北宋政和三年（公元 1113 年）朝廷在秀州華亭縣設立市舶務，派來專任監官，實際負責管理青龍鎮港口貿易，這是歷史上在上海地區設立的第一個海外貿易管理機構，也是青龍鎮港口海上貿易發展的重要的新標誌。〔註22〕

　　上文已經論述，宋代的市舶管理機構分市舶司、市舶務（分司）、市舶場三級別，在中小港口只設市舶務和市舶場，最高機構市舶司在一個路級行政區內只設立一個，一般來講就是設在這個路最重要的港口，當然對港口重要性的判斷是由中央朝廷來做出。因此，我們可以理解青龍鎮港口至少已經在 12 世紀初期躋身於宋代沿海地區的二等對外港口之列是沒有問題。在公元 1113 年，北宋朝廷將青龍鎮改名為通惠鎮，以示通商互惠之意，顯然是官府希望和鼓勵對外商業進步，直到宋高宗時，在紹興二年（公元 1132 年）復改名為青龍鎮。

二、市舶貿易對青龍鎮社會經濟的推動

　　應該說徵稅是市舶管理機構的重要職能之一，港口對外貿易活動的發達必將會推進稅收額上升，而對外貿易一旦促進當地城鄉經濟的發展，也將繼續刺激商業稅收膨脹。因此，稅收額的變化也反映了地方社會經濟的發展。青龍鎮港中轉陶瓷貿易規模巨大，必然也會推動青龍鎮經濟的整體發展。

　　對外貿易活動刺激稅收，在稅額中當然有所體現。在宋代，「凡布帛、什物、香藥、寶貨、羊羖、民間典賣莊田、店宅、馬、牛、驢、騾、橐駝及商人販茶鹽皆算。」〔註23〕宋朝的商稅分為過稅和住稅，過稅是向行商收取貨物值的 2%，而住稅則向坐商收取 3%，國家在府州縣鎮和其他交易口岸、關隘等場所專門設官徵收：

　　　　凡州縣皆置務，關鎮亦或有之；大則專置官監臨，小則令、佐
　　兼領；諸州仍令都監、監押同掌。〔註24〕

　　北宋熙寧十年（公元 1077 年）以前，兩浙路的秀州城及華亭、青龍、澉浦、廣陳、崇德、海鹽的七個稅場，一年商稅額為 33664 貫，〔註25〕到熙寧十

〔註22〕（清）徐松：《宋會要輯稿》，中華書局，1957 年版，第 3369 頁。
〔註23〕（宋）馬端臨：《文獻通考》卷 14《征榷考》，中華書局，1986 年版，第 145 頁。
〔註24〕《宋史》卷 186，中華書局，1977 年版，第 4541 頁。
〔註25〕（清）徐松：《宋會要輯稿》，中華書局，1957 年版，第 5077 頁。

年則增至 63629 貫，增長率高達 89%，其中單單青龍鎮為 15879 貫 403 文，占秀州地區總額的 25%。此外，史稱在昭熙年間（公元 1190 年到公元 1194 年），「今華亭稼穡之利，田宜麥禾，陸宜麻豆，其在嘉禾之邑則又最腴者也。……舶貨所輳海物惟錯」，〔註26〕「華亭為今壯縣，生齒繁夥，財賦浩穰」。〔註27〕應當承認，農業與對外貿易活動都是促進華亭縣城市發展的重要條件之一。

北宋元豐五年（公元1082年）已是「風檣浪舶，朝夕上下」〔註28〕的青龍鎮出現了很大的商稅額。《宋會要輯稿》記載在北宋熙寧十年（公元 1077 年），青龍鎮港上交的商稅就高達 15879 貫 400 文，而華亭縣縣城只有 10618 貫，同時，在秀州地區設置的 17 個酒務當中青龍酒務排在第 2 位，甚至超過了華亭縣的縣城酒務，僅次於秀州的州城酒務。這說明青龍的酒的產量和消費數額很大，這個一般就是商業繁榮和商人活動的重要證據。於是，至北宋王朝統治後期，華亭縣的經濟形勢已經是「富室大家，蠻商交錯於陸之道，為東南第一大縣。」〔註29〕當時青龍鎮也存在農業和手工業的產業發展，但這個鎮的總體經濟發展與對外貿易的促進應是存在相當的聯繫。青龍鎮自身的城鎮發展也非常受益。據文獻記載，宋代青龍鎮有「茶場酒務」，〔註30〕且「有治、有學、有獄、有庫、有倉、有務、有茶場、酒坊、水陸巡司。」〔註31〕《光緒青浦縣志》所收錄之南宋梅堯臣的《青龍雜志》稱青龍鎮當時是「煙火萬家」。青龍鎮設市舶處甚至刺激了造船業發展。據《雲間志》的記載：「（青龍鎮）市

〔註26〕 《雲間志》卷上《物產》，見上海市地方志辦公室、上海市松江區地方志辦公室編：《上海府縣舊志叢書》，上海古籍出版社，2014 年版，第 15 頁。

〔註27〕 《雲間志》「序」，見上海市地方志辦公室、上海市松江區地方志辦公室編：《上海府縣舊志叢書》，上海古籍出版社，2014 年版，第 10 頁。

〔註28〕 《雲間志》卷下《隆平寺經藏記》，見上海市地方志辦公室、上海市崇明縣檔案局編：《上海府縣舊志叢書（松江縣卷）》冊上，上海古籍出版社，2012 年版，第 63 頁。

〔註29〕 （宋）孫覿：《鴻慶居士文集》卷 34《宋右中奉大夫直秘閣致仕朱公墓誌銘》，《文淵閣四庫全書》本，第 1135 冊，第 349 頁。

〔註30〕 《康熙青浦縣志》卷 2，見上海市地方志辦公室、上海市松江區地方志辦公室編：《上海府縣舊志叢書（青浦縣卷）》冊上，上海古籍出版社，2014 年版，第 189 頁。

〔註31〕 正德《松江府志》卷 10《官署中》，見上海市地方志辦公室、上海市松江區地方志辦公室編：《上海府縣舊志叢書（松江府卷）》冊 1，上海古籍出版社，2011 年版，第 135 頁。及正德《松江府志》卷 9《鎮市》，（臺北）成文出版社，1983 年影印本，第 332 頁。

舶務，在縣西六百步。造船場，在縣西南五百四十步。」〔註32〕顯然當地還有造船業。這些現象應該是在外貿活動的拉動使青龍鎮形成了消費型的港口市鎮，傳統城市化發展很快，存在形成新的港口城市的可能。

　　進一步來看，北宋時期的華亭縣商業活動繁榮，因此商稅總收入非常可觀，稅務租額曾高達 61713 貫有奇，〔註33〕其中很大一部分和青龍鎮有關。根據《宋會要輯稿》食貨十六之九的記載，〔註34〕華亭縣屬秀州管轄的時候，在熙寧年間秀州（治嘉興）轄區內有在城（指秀州城內）、華亭、海鹽、崇德、青龍、魏塘、廣陳、澉浦等共九個稅場。北宋熙寧十年（公元 1077 年）秀州一年的商稅總額為 65426 貫 934 文，而秀州城內的稅場商稅額為 27542 貫 640 文，所有九個稅場的數額中以青龍稅場總額最高，為 15879 貫 403 文，居於第二位，而華亭縣的稅場總額為 10618 貫 671 文，反而比青龍鎮稅收額要低，其餘六個稅場均在一萬貫以下。若是再考慮到青龍鎮隸屬於華亭縣，則華亭縣全縣商稅稅額與秀州中心城市的商稅收入相接近，華亭縣與秀州城兩地稅額相加之和占到全秀州九個稅場收入總額的 40% 以上。青龍鎮可以獲得獨立稅場的「待遇」和它的口岸貿易繁榮是分不開的。當時另一商業化都市杭州城的稅場稅額為 82173 貫 228 文，重要對外海港福州城商稅稅場則為 38400 貫 512 文，寧波明州城稅場為 20220 貫 500 文，以上三者皆為重要外貿港口所在，而青龍鎮稅場稅額雖然和杭州、福州相去甚遠，但是和明州已經有所接近，達到明州稅場稅額的四分之三左右。按照《文獻通考》之《征榷考》的記載，在熙寧十年以前，天下諸州的商稅歲額達到 40 萬貫以上者共有 3 處，而達到 20 萬貫以上者有 5 處，達到 5 萬貫以上者有 30 處，蘇州為五萬貫以上州之一。〔註35〕華亭縣青龍鎮在宋代迎來了其對外港口發展史上的極盛期。當時航線自長江口出發，分別遠伸到東北亞和東南亞，吸引以上各地商人的到來，如獻《隆平寺寶塔銘》記載當時前來青龍鎮貿易的商船以浙閩諸州為多，廣南、日本、朝鮮次之：

〔註32〕《雲間志》卷上，見上海市地方志辦公室、上海市崇明縣檔案局編：《上海府
　　　　縣舊志叢書（松江縣卷）》冊上，上海古籍出版社，2012 年版，第 660 頁。
〔註33〕《雲間志》卷上《場務》，見上海市地方志辦公室、上海市松江區地方志辦公
　　　　室編：《上海府縣舊志叢書（松江縣卷）》冊上，上海古籍出版社，2011 年版，
　　　　第 16 頁。
〔註34〕（清）徐松：《宋會要輯稿》，中華書局，1957 年版，第 5077 頁。
〔註35〕《文獻通考》卷 14，中華書局，1986 年版。

自福、建、漳、泉、明、越、溫、臺等州，歲兩至；廣南、日
本、新羅歲或一至。〔註36〕

史料中所謂「廣南」一詞，本義應指宋代的廣南東路和廣南西路，是包括今天的廣東和廣西一帶，靠近當時的安南國，但是結合其他史料來觀察其內涵更複雜一些。宋代方志《雲間志》所收錄的陳林《隆平寺經藏記》及《福善寺新鑄鐘記》兩篇文章都認為青龍鎮為「島夷、閩、粵、交、廣之途所自出」。〔註37〕在宋代史書文獻中，「島夷」一詞有時指日本人，有時指東南亞人，但是肯定不用來指兩宋治下的兩廣居民。「交」應該就是指「交趾」，在今天越南北部。但有時「交廣」兩字並列出現指稱的是嶺南地區，大致相當於今天的兩廣。「島夷一詞在宋代史料文獻有時指日本，有時指東南亞。但是，陳林的《隆平寺經藏記》文字中「島夷」一詞與閩、粵、交、廣等地名並提，多數是指東南亞商人，也合情合理。宋代迪功郎應熙的《青龍賦》則稱青龍鎮市場上「市廛雜夷夏之人，寶貨當東南之物。」這明確說明有來自南方的財貨到來。青龍鎮有蕃商的概率是非常高，根據王輝的考證青龍鎮存在「來遠坊」：

「來遠」就是招徠遠方的客商之意，此地應是海船停泊、海商居留的地方。該坊位於今倉橋之北的倉西隊旱地到勝新村渡頭浦之間。據筆者調查和當地老人回憶，渡頭浦西岸仍保存有數根系船繩的石柱，在河底曾發現過很多木樁表明此處極有可能為當時青龍鎮碼頭和商人居住區。〔註38〕

廣南則是指宋代的兩廣和海南地區，《隆平寺寶塔銘》中的「廣南」商船很可能至少包括了以廣南地區的港口為樞紐的聯繫東南亞的中轉商運。南宋時期還有日本的商船遇難漂流至青龍鎮港的記載，如《宋史日本傳》記載淳熙十年（公元1183年）和紹熙四年（公元1193年）日本商船前來華亭交易，前者船上有七十三人，後者得到宋朝廷出常平倉米賑濟。〔註39〕這些資料都

〔註36〕柴志光、潘明權：《上海佛教碑刻文獻集》，上海古籍出版社，2004年版，第18頁。

〔註37〕《雲間志》卷下《隆平寺經藏記》，見上海市地方志辦公室、上海市松江區地方志辦公室編：《上海府縣舊志叢書（松江縣卷）》冊上，上海古籍出版社，2011年版，第63頁。

〔註38〕王輝：《宋元青龍鎮市鎮布局初探》，《都會遺蹤》，2010年第1期。

〔註39〕《宋史》卷491，中華書局，1977年版，第14137頁。

說明宋代上海地區和南方海上絲綢之路、東方海上絲綢之路都繼續在發生貿易聯繫。

　　經貿規模提升，自然反映當地聚落的繁榮，也會引起行政地位的提升。在唐代青龍鎮設鎮之後，一直是由武官管理鎮政，唐代的「鎮」本身也是一個軍事建制。在北宋初年，朝廷就在青龍鎮設立了水陸巡檢司，且繼續有鎮將防守此地，說明對水上航運和相關治安問題的重視。在北宋的景祐年間（公元 1034 年～公元 1038 年），青龍鎮改由文官來管理鎮政，這一變化表明青龍鎮從軍事據點向商業貿易城鎮的轉化已經徹底完成，其實這一轉變過程已經伴隨著唐宋中轉貿易進行了很久，宋代在 11 世紀上半期才改青龍鎮官為文官實行文治，已經很滯後於當地實際的社會發展形勢很久。

　　以前有學者認為「市舶司對外貿的壟斷既不十分嚴厲，也不十分周密」。〔註40〕因此，不可以僅僅從市舶部門的設廢來做出過於片面或武斷的分析。如果認為取消市舶機構就會使某地外貿活動終止，就不符合歷史事實了。從政策法規來看，宋朝市舶貿易政策的重點並不是為了在未設立市舶機構的港口扼殺對外貿易，而是為了對進口的貨物實行全面的禁榷制，即把全部或部分貨物買賣由官府控制起來，實現官方對進口商品的壟斷，以此來獲得高額利潤，因此，對外貿易在宋朝非市舶港的港口依然可能發生和可以進行，特別是要考慮到走私貿易和中轉貿易的存在。當時儘管南北方處於分裂狀態，金宋也時有交戰，但南北方間的貿易仍然積極進行著。受過金軍蹂躪的北方地區生產一度遭到很大破壞，因此南方生產的糧食大量向北販運。南宋王朝害怕金軍購買作為軍糧，因此一度禁止糧食出口，於是出現了嚴重的海上走私活動，包括在青龍鎮港：「沿海州縣如華亭，海鹽，青龍，顧涇與江陰，鎮江、通（州），泰（州）等處，奸民豪戶，廣收米斛，販入諸蕃，每一海舟所容不下一二千斛。或南或北，利獲數倍」。〔註41〕上引史料中的「諸蕃」應當包括外邦和金朝，因為金朝有進口糧食做軍糧的需要。這些走私貿易很難進入市舶管理和稅收的記載視野，其具體的面貌也較難考證，但是可以推斷自青龍處罰的走私貿易規模總量一定是不小的。

　　這也說明上海地區青龍港到南北方沿海地區的糧食運輸航線暢通，這種

〔註40〕　章深：《重評宋代市舶司的主要功能》，《廣東社會科學》，1998 年第 4 期，第 74 頁。

〔註41〕　（清）徐松：《宋會要輯稿》，中華書局，1957 年版，第 5488 頁。

航線其實也與後世的「北洋航線」、「南洋航線」有相似性，而當時也有沿南洋航線自中國運往東南亞國家的糧食貿易存在。長江口向南向北的航線與長江共同構成的丁字形交匯，青龍鎮具有丁字形路口般的航路樞紐優勢。

三、南宋時期華亭市舶司的變動與青龍鎮的興衰

中國歷史進入宋代，海洋航行技術進步很快，對外貿易發生新的巨大進步，特別是在南宋時期，史稱「東南之利，舶商居其一。」〔註42〕甚至宋史學者葛金芳認為宋代中國已經出現了一個海洋帝國。〔註43〕宋代政府也非常重視海外貿易帶來的財稅收入。〔註44〕南宋王朝的統治中心局限於南方半壁江山，更重視外貿商稅的作用，對海洋活動比較關心，鼓勵海上貿易活動。〔註45〕南宋王朝開國者高宗皇帝趙構（公元 1127 年至公元 1162 年）曾針對市舶貿易發展良好的新局面表現出積極的態度：「市舶之利最厚，若措置得宜，所得動以百萬（貫銅錢）計，豈不勝取之於民？」「市舶之利，頗助國用，宜循舊法，以招徠遠人，阜通貨賄。」〔註46〕而在南宋時期，「專置提舉」是市舶司管理的基本官制，雖然在這一時期市舶司官制有時以不合常規的方式脫離「專置提舉」制度，但畢竟不是常設制度，且持續時間不長。學者普遍相信南宋時期的市舶貿易活動帶來巨大的稅收。〔註47〕

北宋時期的兩浙路轄區包括 14 州和 2 軍，到南宋建炎元年（公元 1127 年）兩浙路被分為兩浙東路和兩浙西路兩個政區。〔註48〕兩浙東路包括今天浙江省的很大一部分地區，而兩浙西路則包括浙江西北一部和長江以南的蘇南皖南和江西一部分地區。兩浙路包括了狹義的「江南」地區及其周邊，是當時中國南方的菁華之區。兩浙路港口先後有杭州、明州、溫州、青龍鎮、江陰軍、上海鎮、澉浦鎮港等大小諸港口。〔註49〕在不同的歷史時期，兩浙路市舶司的設立地點有所變動，如設在杭州和明州，兩者都是兩浙路最重要的中心港

〔註42〕《宋史》卷 186《食貨下八》，中華書局，1977 年版，第 4566 頁。
〔註43〕葛金芳：《宋代經濟史講演錄》，廣西師範大學出版社，2008 年版，第 47 頁。
〔註44〕黃純豔：《宋代海外貿易》，社會科學文獻出版社，2003 年版，第 79 頁。
〔註45〕黃純豔：《宋代海外貿易》，社會科學文獻出版社，2003 年版，第 84 頁。
〔註46〕（清）徐松：《宋會要輯稿》，中華書局，1957 年版，第 3375 頁。
〔註47〕林天蔚：《宋代香藥貿易史稿》，中國學社，1960 年版，第 12 頁；黃純豔：《宋代海外貿易》，社會科學文獻出版社，2003 年版，第 176 頁；漆俠：《宋代經濟史》，南開大學出版社，2019 年版，第 1044 頁。
〔註48〕游彪：《宋史：文治昌盛與武功弱勢》，三民書局，2009 年版，第 89 頁。
〔註49〕黃純豔：《宋代海外貿易》，社會科學文獻出版社，2003 年版，第 19 頁。

口。杭州是海路交通和江南地區運河航運的交叉樞紐，其設立市舶司貿易港的時間僅僅晚於最早市舶司設立的廣州，其設立市舶司的年代最初為北宋端拱二年（公元 989 年），〔註50〕但僅僅到了淳化三年（公元 992 年）兩浙路市舶司遷往明州定海縣，而次年又遷回到杭州。〔註51〕關於明州市舶司的設立時間，學界存在不同觀點，《寶慶四明志》記載為北宋淳化元年（公元 990 年），〔註52〕而臺灣學者宋晞根據寶慶二年蔡范所著《重建市舶司記》，認為創設時間為淳化三年（公元 992 年），認為《寶慶四明志》記載有誤。〔註53〕此外，有文獻記載在咸平二年（公元 999 年）九月二十一日，杭州、明州兩地各置市舶司，〔註54〕而元豐三年（公元 1080 年）朝廷在明州又設立市舶司，且朝廷規定「非廣州市舶司輒發過南蕃綱舶，非明州市舶司而發過日本、高麗者，以違制論，不以赦」，〔註55〕可以理解為明州港從此之後一度成為兩浙路最重要的外貿海港。

北宋熙寧年間（公元 1068 年至公元 1077 年）在青龍鎮設過市舶機構，而到南宋波折不斷。

南宋王朝在建國者宋高宗統治的前期受金軍逼迫，政局極為不穩。南宋建炎三年（公元 1129 年），金兵在兀朮的帶領下大舉南下，渡過長江，深入浙江一帶，把宋高宗都逼入海中，宋軍大將韓世忠駐軍於青龍鎮，利用此地便利的水上交通條件，抵禦南下的金軍。到建炎四年（公元 1130 年）金兀朮率領南下打到錢塘江流域的金兵北還，然而在作戰途中已經使明州、杭州等江南重要海港都遭到了嚴重的殺掠破壞，而華亭縣一地獨免遭戰禍：「胡馬南渡，所過燔滅一空，而獨亡恙。」〔註56〕於是，明州港的對外貿易因此發生一度的嚴重

〔註50〕黃純豔：《宋代海外貿易》，社會科學文獻出版社，2003 年版，第 19 頁。

〔註51〕（宋）周淙：《乾道臨安志》卷二《廨舍》，「宋元方志叢刊」，中華書局，1990 年影印本，第 3213、3224、3255 頁。

〔註52〕羅濬：《寶慶四明志》卷 6，見《宋元四明六志》，寧波出版社，2011 年版，第 263 頁。

〔註53〕宋晞：《明州在宋麗貿易史上的地位》，《宋史研究集》第 18 輯，國立編譯館中華叢書編審委員會，1958 年版，第 199～210 頁。

〔註54〕羅濬：《寶慶四明志》卷 6，見《宋元四明六志》，寧波出版社，2011 年版，第 263 頁。

〔註55〕《蘇東坡全集》卷 8《乞禁商旅過外國狀》，北京市中國書店，1986 年版，冊下，第 495 頁。

〔註56〕（宋）孫覿：《鴻慶居士文集》卷 34《宋右中奉大夫直秘閣致仕朱公墓誌銘》，《文淵閣四庫全書》本第 1135 冊，第 349 頁。

萎縮，青龍鎮對外貿易規模因而再度上升，有了在短期內取而代之的機會。到了紹興二年（公元 1132 年）南宋朝廷將兩浙路的市舶司從杭州遷往華亭，從此駐華亭長達 30 年之久。〔註57〕當時華亭縣仍屬秀州，華亭縣的市舶司統轄著臨安、慶元、溫州、秀州、江陰軍五個市舶務，〔註58〕而早期設立的秀州市舶務一直存留到南宋末年。

華亭一地雖設立了市舶機構，但縣城本身不瀕海，因此外來商船主要都在青龍鎮港停靠，實際辦公對象是青龍港口的經貿活動，辦公地點也是青龍鎮港。於是，為了減少往返的勞頓以提高效率，南宋戶部於建炎四年（公元 1130 年）提出將華亭市舶務重新移到青龍鎮以便理事。次年，即紹興元年（公元 1131 年），在青龍鎮設置了市舶務。〔註59〕但是這個市舶務是從華亭移來的，就是說實際上同時也是華亭縣的市舶務。南宋前期紹興年間（公元 1131 年至公元 1162 年）的航運形勢是「商賈舟船多是稍入吳淞江，取江灣浦入秀州青龍鎮」。〔註60〕因為過路江灣鎮水道，後來也稍稍引起江灣鎮的貿易發展。

南宋紹興二年（公元 1132 年）朝廷將兩浙提舉市舶從杭州遷往華亭之後，置司當地從此長達 30 年以上。〔註61〕這樣一來，兩浙路市舶成了市舶司設在華亭，市舶務設在青龍的格局。這也是一個有意義的變化，說明青龍鎮在本地專門設立市舶務之始，也標誌著青龍鎮的海外貿易地位上升的新階段，華亭縣一度成為兩浙路對外貿易的中心。因此，青龍鎮港被當時的世人稱為「小杭州」：

> 據滬瀆之口，島夷、閩越、交廣之途所自出……海舶輻湊，風檣
> 浪楫，朝夕上下，富商巨賈、豪宗右族之所會，人曰小杭州。〔註62〕

學者王輝認為出現「小杭州」這個稱號是「更符合（當時）大眾心理和情感」的結果，這就如同近代上海被稱為「東方的巴黎」。〔註63〕筆者認為另外還有一種可能的原因是因市舶司由杭州遷來青龍鎮，宋人稱青龍鎮為「小杭

〔註57〕（清）徐松：《宋會要輯稿》，中華書局，1957 年版，第 3370 頁。

〔註58〕（日）木宮泰彥：《日中文化交流史》，商務印書館，1980 年版，第 297 頁。

〔註59〕（清）徐松：《宋會要輯稿》，中華書局，1957 年版，第 3370 頁。

〔註60〕（清）徐松：《宋會要輯稿》，中華書局，1957 年版，第 5101 頁。

〔註61〕（清）徐松：《宋會要輯稿》，中華書局，1957 年版，第 3370 頁。

〔註62〕弘治《上海志》卷 2《山川志》，見上海市地方志辦公室、上海市閩行區地方志辦公室編：《上海府縣舊志叢書（上海縣卷）》，上海古籍出版社，2015 年版，第 20 頁。

〔註63〕王輝：《青龍鎮》，上海人民出版社，2015 年版，第 55 頁。

州」表示青龍鎮設市舶後外貿繁榮如同當初杭州的意思。曾有學者認為「南宋時，由於只有明州設置市舶司。」〔註64〕但這與事實有差異，因為根據史料記載明州和杭州、華亭都設過兩浙路市舶司。〔註65〕

但是必須指出的是，「設司」不僅是青龍鎮自身貿易發展的結果，更多是明州港貿易活動衰落造成的相對性的差距變化。有種觀點認為青龍鎮設有市舶「分司」，即與華亭市舶司或兩浙市舶司分設，深究會發現缺乏史料依據，但是有可能設在華亭的兩浙市舶司在青龍鎮港設派駐機構或人員。史料《弘治上海志》就用過「青龍市舶司」一詞：

> 宋、元間入貢，皆由青龍市舶司，後漸徙於四明。〔註66〕

這一史料成為青龍設過「分司」這種觀點的一個重要依據。但是，筆者前文已經論述過青龍鎮設市舶務的真相是華亭市舶機構的移駐，這種情況是因為縣城和港口分離的交通距離造成的，這和南宋末年在上海鎮設過所謂「市舶分司」的現象還有著本質區別。因此，兩浙市舶司自明州遷到華亭縣後的三十年間完全可能有把主要機構或職能放在青龍鎮的可能性，原因大約也是辦事人員設在港口比內地縣城有效率，但這並不等於是說分設兩個市舶司，也不好講青龍鎮有專設自己的市舶司。市舶司是市舶最高管理機構，而市舶務是執行和在現場實施管理的派出機構，兩者不可混淆。兩浙路市舶司設在內陸華亭縣沒有問題，但是市舶務只能設在港口一線辦公地點才好開展工作。對《弘治上海志》中的「青龍市舶司」的正確理解應為前後兩個詞彙「青龍」和「市舶司」相對獨立，分別是說事實發生的地點和部門的名稱，並非說是青龍的市舶司的名稱是「青龍市舶司」。按照兩宋的官職設置原理，市舶司是路級的機構，但可以把機構設在一個港口，但是沒有鎮一級的市舶司可言。「青龍市舶司」作為市舶司名稱是不可能成立的，這完全是方志文字表達不當，方志作者很可能沒有搞清市舶司和市舶機構的內涵區別。

南宋朝廷將兩浙市舶司移往華亭，而市舶管理部門的直接辦事機構，即秀州華亭的市舶務移就青龍鎮，這樣一來就導致華亭和青龍的外貿地位各升

〔註64〕鮑志成主編：《絲瓷茶與人類文明：東方文化論壇（2014～2018）論文選》冊上，浙江工商大學出版社，2019 年版，第 143 頁。
〔註65〕徐松：《宋會要輯稿》，上海古籍出版社，2014 年版，第 4203 頁。
〔註66〕弘治《上海志》卷 2《山川志》，見上海市地方志辦公室，上海市閔行區地方志辦公室編：《上海府縣舊志叢書》，《上海縣卷》冊 1，上海古籍出版社，2015 年版，第 20 頁。

了一級。當時這個市舶司統轄臨安、慶元、溫州、秀州、江陰軍五個市舶務。〔註67〕秀州市舶務的建制存留到南宋末年。可是隨著南宋王朝在中國南方的統治局面穩定下來，社會經濟恢復發展，明州港的貿易活動恢復很快，南宋初來兩浙路貿易的番舶主要集中於明州港的盛況重現，以致駐紮在華亭的兩浙路市舶司官員常年在明州辦公，說明華亭青龍鎮港的地位與明州港相比再度拉大了貿易規模的差距，原因也包括青龍鎮港口地理條件衰落。

同時，在南宋後期青龍鎮的商業稅收日益上升同時港口條件出現了不利的衰變。僅僅從北宋的寶元元年（公元1038年）到宣和元年（公元1119年）前後近80年的時間裏，南宋官府對吳淞江及其支流青龍江、顧會浦、安亭江、白鶴匯等河流就進行了十一次較大的整治與疏濬，而較小的治理更是每年不斷出現，常常有裁彎取直和改鑿新河道的工程出現。〔註68〕然而青龍鎮港的地理條件的消極面在南宋時期繼續發酵，所幸華亭縣的城市發展已經開始日益具備規模，而上海鎮的發展也開始「接棒」。王輝考證青龍市舶務的設置最晚至少延續到南宋咸淳八年（公元1272年）。〔註69〕在宋代，東江和婁江先後湮塞，吳淞江則成為太湖的主要泄水通道。

南宋朝廷曾經把秀州華亭市舶務辦公地點移到通惠鎮，也就是青龍鎮，而把兩浙路市舶司的治所移到華亭縣，這當然說明在那三十年裏華亭在兩浙路市舶貿易體系中的地位是最高的。可是，由於南宋初期前來兩浙路地區貿易的外國商船主要集中於寧波明州港，雖然在南宋建炎年間明州港受到戰火的摧殘，但是貿易活動的規模逐年恢復起來，於是本應該駐紮在華亭縣的兩浙路市舶司官員卻又常年在明州辦公，華亭縣獲得的市舶司治所地位很快又變得形同虛設，這說明華亭青龍在當時的港口地位與明州比已經再次出現了很大的實際差距，造成差距的原因除了明州港的重新恢復，再就是青龍港自身水文地理條件的再次衰落。

在實際運作中，對外貿易活動不是設置了市舶司的港口可以真的實現壟斷獨享的。一方面中轉貿易活動使很多港口可以間接參與對外貿易，另一方面是在中轉貿易活動之外還有大量非法的走私活動存在。實際上南宋官方都對沒有設立市舶機構的港口也有順應貿易活動的治理措施。「宋朝對未立市舶

〔註67〕（日）木宮泰彥：《日中文化交流史》，商務印書館，1980年版，第297頁。
〔註68〕茅伯科主編：《上海港史（古、近代部分）》，人民交通出版社，1990年版，第19頁。
〔註69〕王輝：《青龍鎮》，上海人民出版社，2015年版，第67頁。

機構的港口的海外貿易的管理大體四方面的內容：一曰稽查，二曰徵稅，三曰經營。四曰救護。」〔註70〕早在北宋元豐三年（公元1080年），宋神宗曾經下令：

> 諸非⋯⋯明州市舶司而發過日本、高麗者，以違制論。〔註71〕

當然此後市舶司及其下屬機構多次設置在上海地區，而在上海地區雖然在南宋末年撤除了市舶司機構，卻仍然可能存在一定的對外貿易規模，更何況中轉貿易和走私現象的廣泛存在。南宋王朝一直對北方少數民族政權保持警惕戒備，防範間諜活動，嚴禁走私活動，甚至不允許外來商船擅自搭載乘客入境，〔註72〕並且禁止各種戰略物資出口，而北方的金朝也曾利誘商人幫助從南宋境內走私糧食、武器、硫磺、銅錢等重要物資，而海路走私活動所遇到的防禁無論如何不及陸上嚴密。如上文已經論述過有關不設市舶司的港口仍能開展大量對外貿易活動的事實，包括華亭、青龍、顧涇等地皆是走私糧食的中心。〔註73〕在南宋時期，中國經濟重心南移的趨勢已經完成，南方的糧食產量遠遠超過北方。很多糧食被從南方產糧區販運到北方的金朝控制區域，金朝也樂於收購這些糧食，甚至把其中很大一部分作為軍糧，去北方販運走私糧的商船不太可能只是空載而還南方，必然是把北方的商品運回一部分來牟利。

結果，在宋朝的沿海地區居民存在廣泛參與海外貿易的現象：

> 此土販海之商，無非豪富之民，江淮、閩浙處處有之。〔註74〕

南宋的海上鄰國高麗和日本也通過貿易收購大量宋朝發行的銅錢。南宋紹興年間朝廷也認識到「又自置市舶於浙（指兩浙路）、於閩、於廣，舶商往來，錢寶所由以泄，是以自臨安出門，下江海，皆有禁。」即嚴禁商人載運銅錢從兩浙路等地，包括自上海地區出海走私到日本朝鮮。嘉定五年（公元1212年）朝廷規定：「凡沿江私渡及邊徑嚴禁漏泄。」〔註75〕上海地區正是長江口

〔註70〕陳少豐：《宋代未立市舶機構港口之海外貿易》，《海交史研究》，2016年第1期。
〔註71〕（宋）蘇軾著，李文亮箋注：《蘇軾文集編年箋注》卷31《乞禁商旅過外國狀》，巴蜀書社，2011年版，第206頁。
〔註72〕《建炎以來繫年要錄》卷29，中華書局，1988年版，第576頁。
〔註73〕（清）徐松：《宋會要輯稿》，中華書局，1957年版，第5488頁。
〔註74〕（宋）包恢：《禁銅錢申省狀》，見《全宋文》卷7328，上海辭書出版社、安徽教育出版社，2006年版，第283頁。
〔註75〕《宋史》卷180《食貨下二》，中華書局，1977年版，第2950頁。

的重要位置。南宋淳熙九年（公元 1182 年），朝廷下「詔廣、泉、明、秀漏泄銅錢，坐其守臣。」[註76] 即從廣州、泉州、明州、秀州等重要港口發生銅錢走私，地方官要受到責罰，這裡提到的秀州港口一定就是青龍鎮港。

四、南宋晚期青龍鎮港的衰落與上海地區海港的分散化

在南宋晚期青龍港經歷了極盛後的衰落，而上海地區的港口經歷了從青龍鎮港為中心到向周邊鎮港分散的過程。在青龍鎮港衰落的同時，在上海地區有多個新興港口出現。當時華亭成為東南一大縣，繼續著對外貿易的繁榮，但是港口分布和興衰卻發生新的變化。港市的分布擴展開來，多處市鎮經濟發育成熟，就整體而言，上海地區的絲路貿易港經歷了從青龍港為中心到向周邊鎮港分散的過程。青龍鎮的衰落和水文地理條件變遷導致的港口衰落有關，也和宋朝的對外貿易政策有關，但是哪一個方面的影響更大呢？

南宋晚期青龍鎮港的水文條件惡化和南宋朝廷的外貿收縮政策幾乎是同時發生的。而在青龍鎮港衰落的同時，上海地區的海港出現了短暫的分散化現象，出現了多個小港口來分散承擔海港功能，而最終是上海鎮港脫穎而出，開始繼承青龍鎮港的歷史地位。

在北宋徽宗政和年間（公元 1111 年～公元 1118 年）青龍鎮港曾經因為水文條件變差而發生第一次短暫的衰落。當時官方採取了以治水工程來挽救港口的措施。在北宋時期的大部分時段裏，無法抵達華亭縣城的大船往往選擇在青龍鎮港停靠，然後再進行貨物的卸載或換小一些的船來轉運。但是隨著吳淞江的下遊日益阻塞，同時寧波的明州港日益興旺，青龍鎮港的貿易規模發生下滑。到宋徽宗年間，青龍江和顧會浦這兩條重要的周邊河流逐漸淤塞，導致「番舶鮮至」的局面發生，[註77] 北宋朝廷一度下旨罷免青龍鎮市舶監官的專設，而改由華亭縣令兼任青龍鎮的市舶監官職事。為了使港口免於衰落，在北宋宣和元年（公元 1119 年）兩浙提舉長平趙霖主持開修青龍江浦，並對白鶴匯進行第二次裁彎取直，經過一番疏濬後，大型海船再次能夠絡繹不絕的入港，青龍市舶務和貿易繁榮都因此恢復，提舉兩浙路市舶張苑向朝廷上書奏事稱：「今因青龍江浦快通，蕃商船舶，輻輳住泊」，並申請照舊設一員監官，最終朝廷下令恢復專任市舶監官。[註78] 曾有學者指出「僅從北宋寶元元年（公

〔註76〕《宋史》卷 180《食貨下二》，中華書局，1977 年版，第 2949 頁。

〔註77〕《宋史》卷 186，中華書局，1977 年版，第 4562 頁。

〔註78〕（清）徐松：《宋會要輯稿》，中華書局，1957 年版，第 3369 頁。

元 1038 年）至宣和元年（公元 1119 年）近 80 年的時間裏，對吳淞江及其支
流青龍江、顧會浦、安亭江、白鶴江等即進行過 11 次較大的整治與疏濬、較
小的治理更是年年不斷，時有裁彎取直及改鑿新河道之舉。」〔註 79〕這些都說
明了青龍港的水文地理並不理想，預示著潛在的消極因素，而官府的反覆疏
濬努力也說明朝廷對這個港口的重視，毫無放棄之意可言，人力財力的投入暫
時克服了地理條件的衰落。

到了南宋時期，上海地區的海上貿易形勢發生了新的變化。當時的華亭縣
人稱「富室大家，蠻商舶賈，交錯水陸之道，為東南一大縣」，〔註 80〕繼續著
對外貿易的繁榮，但是港口分布和興衰卻發生新的變化，除了青龍鎮港以較快
速度衰落之外，其他港口的興起也揭示著重要的歷史現象。上海地區出現了先
以單一港口興起，再向港口群體擴展的歷史過程。

南宋中期的青龍鎮港口對外貿易規模發生繼續下滑，在宋孝宗乾道二年
（公元 1166 年）設在華亭縣的兩浙市舶司終於被撤廢。伴隨著青龍鎮港的衰
落，新的上海鎮、黃姚鎮、江灣鎮三個港口先後興起，承擔了很多過去是由青
龍鎮港承擔的功能。隨著當地陸地向東向海的進一步延展變遷，新的良港出
現，如上海鎮港的位置就比青龍鎮港更加接近吳淞江的入海口，也更接近海
洋，航運位置更加有利。在青龍鎮港繁盛的階段已經有不少商人前往新出現的
江灣鎮港貿易，南宋政府在當地置稅場收稅。〔註 81〕

南宋王朝晚期國勢衰弱，出現了一些消極的貿易政策，但這些政策是全
國性的。如南宋光宗（公元 1147 年～公元 1200 年）在即位後禁止商船到浙江
澉浦港停泊貿易，臨安府市舶務則於「光宗皇帝嗣服之初（公元 1147 年）」被
廢，而秀州、溫州、江陰軍三處市舶務也於「寧宗皇帝更化」之後（公元 1195
年）撤除，在宋寧宗統治期間官府先後禁止了商船停泊江陰、溫州、秀州等
地，〔註 82〕兩浙路各港口的市舶機構紛紛被撤銷，此後兩浙路只剩下明州港
一處市舶務。南宋慶元元年（公元 1195 年）之後兩浙路各港口的市舶機構紛

〔註 79〕茅伯科主編：《上海港史（古、近代部分）》，人民交通出版社，1990 年版，第
19 頁。
〔註 80〕 （宋）孫覿：《鴻慶居士文集》卷 34，《宋右中奉大夫直秘閣致仕朱公墓誌銘》，
《文淵閣四庫全書》本第 1135 冊，第 349 頁。
〔註 81〕 （清）徐松：《宋會要輯稿》，中華書局，1957 年版，第 5101 頁。
〔註 82〕羅濬：《寶慶四明志》卷 6，見《宋元四明六志》，寧波出版社，2011 年版，第
264 頁。

紛撤銷，僅保留明州港一處。

應該說公元 1195 年是青龍鎮最終走向衰落的一個重要的時間標誌。之後，可以說南宋王朝曾有過的重視海上貿易的政策全面衰落。青龍鎮港在宋代曾有「小杭州」的美譽，〔註83〕可是「已而市舶之區徙於太倉，此地遂鞠為茂草矣。」〔註84〕因此，公元1195年是青龍鎮港完全衰落的重要時間標誌，宋朝朝廷對之採取了「放棄」的態度。必須指出的是，這種「放棄」和王朝的整個國家對外貿易政策有關，並非針對青龍鎮一處港口，而青龍鎮港的被取代是在大幅度減少外貿開放的政策出臺之前就已經逐漸發生，根本原因是其地理條件衰落。換句話說，即使宋朝政府不實行減少外貿開放的政策，青龍鎮港因地理條件變化衰落也在所難免。

上海鎮港真正興起成為絲綢之路上的外貿港市，並接替青龍鎮港，是在南宋晚期，在上海鎮港興起之前和大約同時有黃姚鎮港和江灣鎮港的興起。在南宋開禧二年（公元1206年）位於長江口南岸的黃姚鎮港興起，位置即在今上海市寶山縣月浦附近，也一度成了商船雲集之地，與兩浙路市舶機構之裁撤不過時隔十年，這個港口也有著短暫的興盛期，有官員在上書中稱道其盛況：

> 黃姚稅場，係二廣、福建、溫、臺、明、越等郡大商海船輻輳之地，南擅澈浦、華亭、青龍、江灣牙客之利，北兼顧涇、雙浜、王家橋、南大場、三槎浦、沙涇、掘浦、肖徑、新塘、薛港、陶港沿海之稅，每月南貨關稅動以萬計。〔註85〕

黃姚鎮港主要是和東南沿海的海上商業對接，興起是地理條件和經濟發展的自然現象，但興起的時候已經是南宋對外貿易的收縮期，政府政策限制了該鎮直接對外開放。後來黃姚鎮的江岸發生了坍塌，而且當地也從未設立市舶機構的権貨務，即無官方所授直接參與對外洋的貿易權，只能參與中轉貿易，因此沒得到充分發展，而位於吳淞江南岸的上海鎮地理位置相對優越，迅速接棒，至南宋晚期反倒呈現出「海舶輻輳」的熱鬧場面。〔註86〕弘治《上海志》

〔註83〕《萬曆青浦縣志》卷2，見上海市地方志辦公室，上海市松江區地方志辦公室編：《上海府縣舊志叢書》，《青浦縣卷》冊上，上海古籍出版社，2014年版，第31頁。

〔註84〕《萬曆青浦縣志》卷2，見上海市地方志辦公室，上海市松江區地方志辦公室編：《上海府縣舊志叢書》，《青浦縣卷》冊上，上海古籍出版社，2014年版，第31頁。

〔註85〕（清）徐松：《宋會要輯稿》，中華書局，1957年版，第5122頁。

〔註86〕《崇禎松江府志》卷2，書目文獻出版社，1990年版，第48頁。

記載：「宋時蕃商輻輳，乃以鎮名，市舶提舉司及榷貨場在焉。」〔註87〕而卷七記載董楷「咸淳中提舉松江府市舶，分司上海鎮。」〔註88〕

　　可以看出當時黃姚鎮港發展勢頭很足，在包括青龍鎮、華亭和江灣鎮等周邊江南各處對外貿易口岸所構成的貿易網絡佔有左右逢源的地位。但看來該港應該是與通往南方沿海的航線貿易港，也只能是外銷貿易的中轉港。於是隨著黃姚鎮港的衰落，貿易內容開始向上海浦轉移。

　　北宋熙寧年間（公元 1068 年～公元 1077 年）朝廷在上海鎮地方設立了上海務，經過兩百多年的發展，到南宋末期出現了位於華亭縣東北的大型市鎮和對外港口，但與青龍鎮港不同，上海務港口沒有立即正式設鎮，鎮務由市舶分司提舉官兼領，具體的發展歷程見後面的章節考證。

〔註87〕《弘治上海志》卷 2，見《上海府縣舊志叢書（上海縣卷）》，上海古籍出版社，2015 年版，冊 1，第 31 頁。
〔註88〕《弘治上海志》卷 7，見《上海府縣舊志叢書（上海縣卷）》，上海古籍出版社，2015 年版，冊 1，第 73 頁。

第六章　青龍鎮港興衰的交通地理分析

　　青龍鎮港在唐宋時期的崛起和衰落是多重原因決定的，地理原因是其中最重要的。地理條件變遷，不僅是青龍鎮港得以興起的重要借助，也和青龍鎮港衰落有關。青龍鎮港有很多天然的地理優勢，即其位於長江口的有利位置，並可以通過內河水道與江南各地相通而成為江南出海口，而其在中國海岸線上的位置南北相對適中，便於和沿海各地及海外發生交通聯繫，同時又存在不利因素，即河道下游的淤積現象導致海岸線不斷變動，潛伏著削弱港口的不利水文因素。長江口周圍水文地理條件的不穩定性雖然是造成港口衰落的不利條件，但也是在入海口周圍催生新港的重要推動力，青龍鎮港、黃姚鎮港、江灣鎮港都是如此，既可能因河道淤積而被削弱，又受益於當地水文條件而獲得興起的機遇。

　　青龍鎮的歷史屬於上海地區參與絲路的歷史的第一個階段，很多後世出現的歷史現象與這一時期具有極大的延續性和相似性。可以發現，後來上海港所經歷的歷史興衰，其地理原因與青龍鎮興衰的原因何其相似，都是多重地理條件的聚合效應的後果。青龍鎮，包括後世上海港的興衰都不是孤立發生的現象，也是在與周邊港口的關係中發生的，在不同港口之間既存在一定的關係，也可以進行有限的比較。

　　新生的青龍鎮港港口和周邊古老港口如揚州、明州之間的競爭關係表明，上海地區港口的發展和其長江口獨特地理位置有關，因其交通線腹地廣大，故此從初興之始就可以在海上絲綢之路上佔據一席之地。因此，在宋代，上海地

區的青龍等港口雖然發生過曲折的盛衰，但能以此起彼伏的方式不絕如縷，原因也與其獨特地理區位有關。在唐代長江口周邊的良港揚州港衰落之後，明州港因為遠離長江口，無法承擔揚州港全部相關職能，最終還是需要上海地區提供可用的港口。因此，雖然唐宋時期上海地區的港口大部分外貿商品並非是由本地生產的，也不是都供本地消費的，然而本地港口卻總是在國內外貿易網和航運網中有一定地位，青龍鎮港中轉貿易的產品產地來源遠達長江中游內地和閩江流域，貿易銷售範圍遠達東亞和印度洋地區。即使青龍鎮的港口貿易發展仍然是以中轉貿易為主，也能依傍循海岸水行航線、長江航線、東方海上絲綢之路、南方海上絲綢之路的多航線交匯優勢。

一、青龍鎮的地理優勢之一：長江口的水上丁字路口效應

今天我們從地圖上看，長江口北有揚州，南有寧波、杭州，中間有上海地區。在歷史上這幾處的絲路港口相互之間存在過競爭和興替的關係。沿海港口之間既存在著競爭關係，也存在著合作關係，分擔這中轉貿易航線的上節點功能，其盛衰表現在相互之間引起興替。古代上海地區位於長江入海口，這使得上海地區有理由成為長江航線和出海航線相交匯的樞紐。

在隋唐時期，位當長江流域出海口的主要港口本來是揚州港。揚州在唐代是第一大商業城市，當時人稱「揚一益二」。唐代無論日本還是朝鮮半島都有通往揚州的航線。朝鮮半島和揚州的交通，遲至在我國隋唐之際已經出現。〔註1〕但是由於海岸線的變遷和城市的興衰，在唐朝後期揚州港已經逐漸失去了對外口岸的重要地位。唐代長江三角洲的海岸線不斷堆積成陸，揚州離海日益遙遠，到宋代已經不再是海港城市，由唐到宋是揚州海港功能不斷削弱的過程。在唐朝前期，最重要的對外口岸無疑是揚州，但從唐朝後期開始，揚州的海港條件退化，為青龍鎮的崛起提供了條件。也是自唐代後期開始，上海地區最早的港口青龍鎮港已經成為長江流域參與對外貿易的重要的門戶和樞紐。

自漢唐以降，由於長江口一帶的泥沙淤積態勢不斷變化，因此沒有在難以穩定成型的長江入海口當地形成良好港口，而長江口南北形成兩個重要港口，揚州和明州，共同分擔了長江流域接海的對外口岸作用。在唐代前期當然是揚州更重要一些，明州是不可或缺的輔助和補充。隋唐揚州向北上接大運河的山陽瀆和通濟渠，可以直達京師，其交通上的腹地縱深包括長江流域和大運

〔註 1〕 朱江：《朝鮮半島和揚州的交通》，《揚州師院學報》，1988 年第 1 期。

河沿線。從進入隋唐中國內地方面的條件來看，揚州的交通地理位置遠比明州更加有利。但在唐代後期，長江口的地理狀況發生變化，揚州港的位置日趨內陸化，離海的距離也日益延伸，以致港口的外貿功能衰落不可避免。但是長江口周邊依然需要一個大型港口來承擔對外交流門戶的重任，單靠明州很難承擔，因為明州距離長江口有相當距離，本身的內河交通腹地相對狹小。因此青龍鎮港應運而生，從而接替了相當一部分原屬揚州港的歷史功能，然而其所具有的有利地理區位，最初是在唐宋時期由揚州逐漸繼承而來。

　　上海地區在歷史上建立最早的縣是華亭縣，建縣於盛唐天寶十載（公元751 年），而其第一個見於記載的港口是青龍鎮港，青龍鎮是天寶五載（公元746 年）設立的，青龍港的出現應該是不會比天寶時代太晚。青龍鎮港也是古代江南地區重要的江海港口之一。唐宋時期的青龍鎮港中轉貿易活動可謂腹地廣闊，這是受益於臨近長江口的位置，且當地在中國海岸線上南北適中，故而成為長江中游外銷優質瓷器的中轉港，可以完成溝通長江流域和海外貿易的部分使命。青龍鎮港緊鄰吳淞江，溯江可達蘇州，因此是唐代蘇州及華亭縣通海的門戶。康熙《松江府志》卷三稱青龍江「在宋以前，浩瀚無比」，臨江的青龍鎮因此可以停靠自海入江的大船，而亦有稱其「控江而浙淮輻輳，連海而閩廣交通」，即言當地位處長江口，於是來自北邊淮河流域和南邊錢塘江流域的航運很多，來自北邊淮河流域和南邊浙江流域的航運貿易很多，還通過海洋和遠至福建、廣東發生交通聯繫。

　　江南地區自宋朝開始只有華亭（宋以後為松江府）和嘉興兩地真正算是通海便利的，而宋代杭州雖然曾經設立過市舶司，但在地理上不直接通海，借錢塘江間接通海。嘉興地臨杭州灣的北岸，當地的海運延伸到內地需要也可以依靠錢塘江。錢塘江古名浙江，是杭州和嘉興兩地所依傍的最大水道。而松江所臨的是長江，長江和錢塘江兩者的水道流域交通腹地面積條件不可同日而語。長江是中國南方的航運大動脈無疑，不僅其中下游的航道自古就可以實現全程通航，而且長江的支流很多都可以長程通航，能夠把幾乎大半個長江流域範圍內的貿易都溝通起來。這是青龍鎮比錢塘江流域各港口所具有的地理優勢。

　　到宋代曾經把兩浙路市舶司一度設置在杭州。〔註2〕杭州港的位置接近錢塘江出海口，扼杭州灣咽喉，本來也是天然良港，但是錢塘江不斷把上游泥沙

〔註2〕（清）徐松：《宋會要輯稿》，中華書局，1997 年版，第 12268 頁。

沖刷到出海口，擴大了河口三角洲的面積，時間一久，最終使原港址荒廢，新港址東移，更靠近海岸，過程有點類似揚州港的衰落原理，這不斷削弱杭州港的通海功能。但從宋代整體歷史來看，杭州港的作用很大。當然，杭州港對長江流域的腹地覆蓋能力從地理上講是遠不如青龍鎮的。

唐宋的明州港口，也就是古代的寧波港口，也算長江下游流域的周邊的重要對外口岸。早在魏晉時期這裡已經是越窯產品對東北亞的出口港。但在揚州港衰落之後，明州港不能做到完全「接盤」，因為相對於長江入海口和大運河而言，寧波的位置都太偏。上海地區的位置恰恰位於揚州港和寧波港之間的長江入海口，其港口地位可以進行比較。因此，在晚唐和宋初，揚州的海港功能會被青龍鎮和明州港分別並逐漸「接收」的，結果是青龍鎮繼承的多，明州港繼承的少。古代寧波港的功能畢竟不是長江流域直接的出海港。

因此，通過青龍鎮港販運到海外的唐代陶瓷產品可以包括來自遠至長江中游的名窯，銷往東北亞和東南亞各地，甚至印度洋周邊的非洲和中東。如南朝時期的湘陰窯（今湖南省境內的）所產的青釉陶碗在青龍鎮遺址出土，或許因為年代久遠，當初出土發現同窯產品僅此一件。這件湘陰窯產品在當時是如何到來及其使用情況均不得而知。〔註3〕但從近年的考古發現來看，在青龍鎮遺址出土了大量唐宋外銷瓷器，其中唐代長沙窯的陶瓷器片數量非常豐富。〔註4〕唐代長沙窯生產的瓷器有很多屬於來樣定製的出口產品，外形有西域風格色彩，主要銷往東南亞、阿拉伯及東非地區，具有獨特的藝術風格，和內銷產品不同，在今天的東南亞、非洲沿海、西亞地區都有大量出土。青龍鎮遺址出土的唐代長沙窯瓷片當中也有不少帶有伊斯蘭藝術風格者。〔註5〕在五代時期，長沙窯就已經開始衰落。在青龍鎮遺址出土的宋代陶瓷產品則有來自景德鎮窯、吉州窯、茶洋窯、義窯等，分別來自今天的江西省和福建省境內，〔註6〕這些窯口都是當時外銷陶瓷的生產中心。因此，宋代青龍鎮港的陶瓷中轉貿易腹地依然能夠至少覆蓋閩浙和長江下游，航線延伸到至少東北亞

〔註3〕 上海博物館編：《千年古港：上海青龍鎮遺址考古精粹》，2017 年版，第 178 頁。
〔註4〕 上海博物館考古研究部：《上海市青浦區青龍鎮遺址 2010 年發掘簡報》，《東南文化》，2012 年第 2 期，青龍鎮考古隊：《上海市青浦區青龍鎮遺址 2012 年發掘簡報》，《東南文化》，2014 年第 4 期。
〔註5〕 青龍鎮考古隊：《2010～2012 年青龍鎮考古的主要收穫》，《上海文博》，2013 年第 1 期，第 37 頁。
〔註6〕 上海博物館編：《千年古港：上海青龍鎮遺址考古精粹》，2017 年版，第 178 頁。

和東南亞，這也是長江口的水上丁字路口效應。

中國周邊東亞海域的絲路交流，在歷史上首先是以中國輸出優質經濟產品和先進文化的方式發生聯繫的。這片重要的海域也可以稱之為「環中國海域」，自日本海、朝鮮半島對馬海峽至南海、東南亞，呈南北狹長狀，其東側為太平洋第一島鏈，西側則為亞洲大陸西海岸線，包括中國的漫長海岸線。古代上海地區位於長江入海口附近，其在海岸線上的區位特徵是處於環中國海域西岸相對適中的位置，在交通上形成丁字路口效應。長江口是所謂南洋和北洋的分野，向北為沿海多沙的北洋航線，與通往東北亞的「東方海上絲綢之路」相聯繫，而向南的南洋航線可以延伸到南海，又與前往東南亞的「南方海上絲綢之路」相聯繫。這使得上海地區位於南北兩條絲路航線的交匯點，不僅南洋航線運來的浙閩商品和東南亞蕃貨可以北運，而北洋航線運來的商品和日韓產品可以抵達本地和南運。南洋航線和北洋航線的名稱主要是清朝時期的說法，但是同路線航線被利用的歷史卻可以追溯到唐宋甚至更早。在唐代及以後上海地區可以見到分屬南北洋航線和兩條絲綢之路的商品種類和商人，出現跨南北兩條航線的商業活動，因此上海地區的交通條件優勢可謂左右（南北）逢源，自古有證。在這一點上如果拿上海地區和寧波古港相比則各有優劣，而它們之間真正開始在平等地位中開始了競爭關係要等到元代。

唐宋時期的上海和寧波都是中國前往東北亞的貿易航線上的重要港口。唐宋寧波明州港具有始發港的性質，特別是考慮到寧波港口是唐宋越窯陶瓷產品外銷的重要起點港，但在海上絲綢之路上，上海地區的青龍鎮港也是中轉貿易樞紐和遣唐使返程出發港，循海岸水行路線的重要起點港，其地位也不遑多讓。

青龍鎮港和明州港的中轉貿易關係也很密切，在很大程度上處於相互依存的狀態中。如青龍鎮出土了唐代的越窯、德清窯的瓷器，「青龍鎮遺址出土了數量較多的越窯瓷器，在出土唐代瓷器的數量中僅次於德清窯。」〔註7〕古代越窯窯系在今天浙江紹興和寧波一帶，在古代的明州，越窯產量很大，即今天的寧波市境內。越窯以青瓷聞名，也產秘色瓷。在中晚唐時期，明州（今寧波）逐漸發展成為東亞地區的國際性港市，在中國對朝鮮半島、日本列島的海上交通中扮演著重要角色。公元9世紀日本的遣唐使廢止之後，隨著東亞海商的活躍，明州成為對日的重要交通據點。此外，公元8世紀末至公元9世紀上

〔註7〕上海博物館編：《千年古港：上海青龍鎮遺址考古精粹》，2017年版，第154頁。

半葉，唐朝與新羅之間的海上交通被張保皋集團所主導，活動網絡也已延伸到明州。考古學者在位於韓國莞島清海鎮的張保皋城遺址中發現的明州生產的越窯青瓷，〔註8〕就是重要見證。國外考古發現的越窯青瓷產品的主要源產地是上林湖和東錢湖的兩個窯場，輸出時代「始於中唐晚期，較多的則在晚唐、五代和北宋。」〔註9〕

必須指出的是，唐宋時期的青龍鎮港中轉貿易不可能只為出口貿易服務，還有國內貿易交流的內容。比如說青龍鎮港出口的越窯產品，來自浙江沿海，一部分是因為要沿著海岸線北上，通過循海岸水行的貿易路線出口東北亞，另一部分則可能要通過長江，甚至轉入大運河，前往南方內陸和北方地區，原因除了長江流域和北方地區民間會購買浙江越窯產品以外，還有產地需要大量給朝廷「貢獻」，而唐代兩京都城所在地也出土了大量越窯瓷器。唐後期越窯青瓷在揚州的大量發現以及內蒙、河北、北京、河南、山西等地均有考古發現。〔註10〕以往有學者認為越窯瓷器進入北方京畿內地的運輸線路應該是通過浙東運河、隋唐大運河，〔註11〕而筆者認為通過寧波明州港至青龍港以進入長江，再由長江轉入運河北上也是同樣可能的。

越窯和古代明州港距離較近，但既然有和日本列島、朝鮮半島直通的航線，為何青龍鎮遺址還出現了大量越窯青瓷？越窯青瓷在青龍鎮遺址出土有幾種可能的原因，一是可能有一定數量的越窯青瓷經青龍鎮港轉運進入長江，販運到內地；二是越窯青瓷自寧波出發後，經青龍鎮港口轉運北上東北亞，進入對外貿易流程。雖然寧波古港也是對古代東北亞開展貿易的重要港口，在唐朝後期也存在自寧波去日朝的直接的貿易航線，但也有可能有大宗貨物為規避風險，選擇沿海岸線北上，故要在上海地區的港口轉運。

儘管明州港在南宋年間因為金兵南下的戰事破壞而發生衰落，並給了青龍港一次全面勃發的機會，但是作為市舶貿易港的發展基礎的重要因素除了港口水文條件，還有航線因素，還有政策和經濟因素、歷史因素。明州在海流

〔註8〕 林士民：《東亞商團傑出人物——新羅張保皋》，林士民著：《再現昔日的文明——東方大港寧波考古研究》，上海：三聯書店，2005年，第290～295頁。

〔註9〕 林士民：《寧波考古述略》，《再現昔日的文明——東方大港寧波考古研究》，上海三聯書店，2005年版，第66頁。

〔註10〕 虞旭浩：《北方地區出土越窯青瓷及相關問題》，《中原文物》，1996年第4期。

〔註11〕 謝西營：《唐兩京都城遺址出土越窯瓷器及相關問題探討》，《中原文物》，2018年第2期，第114頁。

航線方面存在一定優勢，以東北亞航線而言，自上海出發的航線與明州出發的航線可以部分地重合。商業貿易鏈的養成也會對傳統的港口和路線予以依賴，形成經濟歷史傳統。相對於明州港而言，青龍鎮港畢竟太「年青」了，歷史積累有限，而先天不足的水文條件會發生水道淤積，因此發展態勢脆弱，也容易在衰落中被國家政策傾斜所輕易拋棄，但是，無論長江入海口還是江南出海口都必須要有一個中心的市舶貿易港，才可以滿足對外交流的需要，承擔歷史使命，這個港口必須出現，於是，上海鎮港和青龍鎮港完成本地的歷史「交替」之後，繼續發揚這種使命。

縱貫的來看，在整個唐宋時期古代上海地區的發展與海上絲綢之路貿易交流存在相當密切的關係，無論東南亞還是東北亞都是上海地區的貿易對象，中轉貿易的延伸範圍甚至遠至印度洋周邊，發展曲線就地域整體而非個別港口而言大致呈一直上升趨勢，而文化交流局限於東北亞地區，因其與中國之文化聯繫相對密切。上海地區是海上絲綢之路交流活動的重要參與者，青龍、上海等港口都是海上絲綢之路貿易樞紐港之一。

二、青龍鎮港地理優勢之二：江南的出海門戶

日本學者斯波義信曾指出「易於開發航道的區域通過內河運輸緊密聯繫起來，這種格局為該地農村經濟與城市經濟的擴展提供了基礎」。〔註12〕自北宋到元初，海船來到上海地區尚不能如今天這樣直接進入黃浦江，但是唐宋青龍鎮港的背後有著密集的江南水道運輸網和相應的經濟腹地來支持這個港口的發展。

自中古時期開始江南地區乃長江下游最為富庶的地域，當地水網密布，區域內的交通聯繫相對便利，因此無論是在國內貿易還是絲路貿易中都能有一定的地位。海路運輸和內河水運都對江南中轉貿易網絡的形成、發展發揮了一定作用。作為京杭大運河重要組成部分的江南運河縱貫江南，聯通各地，形成了一體化的水上交通運輸網，使無數的商旅和貨物在江南內部開展交流，同時也溝通了江南與南北各地間的商品交流。古代上海地區的水系交通和江南水鄉整體的內河交通存在著緊密的聯繫。上海地區的水系屬於太湖水系的一部分。太湖水也主要通過上海地區入海。如今上海境內的吳淞江源自太湖，在古

〔註12〕《中國海洋文化》編委會編：《中國海洋文化·上海卷》，海洋出版社，2016年版，第27頁。

代曾是條寬闊的大河,即使到明清時期仍是當地內河航運的重要幹道之一。自吳淞江向東匯合黃浦江可以入海,向西進入運河可以到蘇州和常州地區,向北通過安亭等地的浦港河流前往太倉瀏河港、常熟白茅港,吳淞江南還有趙屯浦、大盈浦、顧會浦、崧子浦、盤龍浦等五條支脈,通向青浦和松江,接秀州塘還可以去浙江西部。四通八達的內河航運網也把上海地區和江南地區更加緊密地連為一體。古代上海地區天然就屬於江南地區的一部分。借助國內重要的水上交通幹線,通過與周邊江南地區所聯繫的密集的水陸運輸網,古代上海地區的商業活動可以向四方延伸。出海口的地位,使得上海地區港口承擔了江南地區對外貿易的很大部分。

唐宋時期的青龍鎮對外貿易得以繁榮與江南水網的聯繫關係就很密切。青龍鎮在南宋以前是華亭縣唯一的港口,北宋時期無法直接抵達華亭縣的大船往往在青龍港停靠,進行卸載或轉運。其周邊的吳淞江、青龍江、顧會浦、安亭江、白鶴江等水道構成了深入內陸的貿易通道。吳淞江,即古松江,肯定是對青龍鎮的貿易交通具有重要意義。今松江長達 125 千米,是太湖入海的水道。吳淞江下游為滬瀆,直接入東海。宋代吳淞江流域內的支流不少,「或五里七里而為一縱浦,又七里或十里為一橫塘」,其中如趙屯浦、大盈浦、崧子浦、顧會浦、盤龍浦等都圍繞在青龍鎮周邊或穿過,有助於貿易交通。顧會浦即通波塘,穿流過青龍鎮,自青龍鎮達白鶴江一段稱「青龍江」。史稱其「趨青龍鎮浦曰顧會,南通漕渠,下達松江,舟舶去來,實為衝要」,〔註13〕漕渠和松江是青龍鎮和內陸地區相聯繫的重要水道。漕渠是松江以南的運河。青龍鎮港緊鄰吳淞江,青龍鎮向南通過吳淞江支流可以到達宋代華亭縣城、秀州,商船自此溯江也可到達蘇州,因此青龍鎮到蘇州的直線距離僅 90 千米,是唐代蘇州及華亭縣通海的門戶。故日本學者桑原騭藏稱在唐代「福州、明州、溫州以及蘇州之松江等,皆貿易港也。」〔註14〕這裡所說的「松江」就是圓仁《行記》中所說的「松江口」,即青龍鎮。作為長江流域出海口岸的揚州港至宋代已經衰落。青龍鎮及其所歸屬的華亭縣在宋代先後曾隸屬蘇州和秀州,而這兩地出海就依靠青龍鎮港為出海口。史言秀州的水路「東至青龍鎮一百九十五里。」〔註15〕宋嘉祐七年(公元1062年)撰作的文獻《靈鑒寶塔銘》云「自

〔註13〕楊潛:《雲間志》卷下,「宋元方志叢刊」,中華書局,1990 年影印本。

〔註14〕(日)桑原騭藏:《蒲壽庚考》,中華書局,1954 年版,第 4 頁。

〔註15〕至元《嘉禾志》卷 1《道里》,見《中國地方志叢書》,(臺北)成文出版社,1983 年版,第 7390 頁。

杭、蘇、湖、常等州月日而至」。〔註16〕這說明不僅蘇州和秀州，幾乎整個江南地區都可以借水路抵達青龍鎮，借港出口也是有可能的。

徽宗重和年間青龍江和顧會浦逐漸淤塞，「番舶鮮至」，〔註17〕宣和元年（1119）官府開修青龍江浦，經過疏濬，海舶再次接踵而來，恢復了市舶務和貿易繁榮。提舉兩浙路市舶張苑上奏中要求依舊設立監官一員。〔註18〕青龍鎮周邊水道的淤積和疏通雖然說明青龍港的水文地理並不理想，預示著潛在的消極因素，這也說明青龍鎮有利的貿易地理地位不僅與其海岸線位置有關，與其背後內陸河道航線也有密切關係，如南宋華亭人稱華亭為「蠻商舶賈，交錯水陸之道」。〔註19〕一旦通往江南的水路不暢，青龍鎮就會發生衰落，失去港口價值。

在唐宋時期，不僅是海運，江南及周邊的內陸水運也可以使很多窯口產品直接抵達青龍鎮。

德清窯窯系的中心在今天浙江德清縣，都屬於江南周邊。德清窯是一處創燒於東漢晚期，持續到隋唐時期，主要分布於東苕溪中上游地區的德清、餘杭、湖州南部地區，青瓷與黑瓷合燒的瓷窯。〔註20〕東晉至南朝是德清窯發展的鼎盛時期。苕溪水道是越窯瓷器來到上海的重要的內河水運路線。德清窯的陶瓷產品可以沿東苕溪順流而下到太湖，然後沿太湖到吳淞江，沿吳淞江順流到青龍鎮，小部分供本地消費，大部分再轉運到其他地方，走的是一條最便捷的通道。〔註21〕目前在海外發現的最早的中國瓷器，是東晉的德清窯的黑釉瓷器，在唐宋，德清窯產品運輸線路完全有可能通過青龍鎮和吳淞江運到海外的。青龍鎮遺址出土的唐宋陶瓷商品增加了很多新的有關青龍鎮與江南及周邊的交通與貿易信息。

青龍鎮遺址所發現的唐代德清窯瓷器自江南水網運輸而來，其中大部分

〔註16〕柴志光、潘明權：《上海佛教碑刻文獻集》，上海古籍出版社，2004 年版，第18 頁。

〔註17〕《宋史》卷 186，中華書局，1977 年版，第 4562 頁。

〔註18〕（清）徐松：《宋會要輯稿》，中華書局，1957 年版，第 3369 頁。

〔註19〕（宋）孫覿：《鴻慶居士文集》卷 34《宋右中奉大夫直秘閣致仕朱公墓誌銘》，《文淵閣四庫全書》第 1135 冊，第 349 頁。

〔註20〕劉斌、王寧遠、郭留通等：《餘杭石馬蚪東晉窯址發掘簡報》，《東方博物》，2008 年第 1 期。

〔註21〕上海博物館編：《千年古港：上海青龍鎮遺址考古精粹》，上海書畫出版社，2017 年版，第 87 頁。

都沒有使用痕跡，為窯址以外最大量的發現之地。德清窯在隋唐五代時期是中國南方黑釉產品的中心產地，且在隋唐時期窯址數量增加，窯場規模擴大，中唐以后德清窯開始出現停燒的現象。因此，我們就可以理解文獻種為何記載「閩越之賈乘風航海不以為險，故珍貨遠物畢集於吳之市。」〔註22〕因為江南地區本身不但是陶瓷、絲綢等優質產品的源產地，也是吸引周邊優質商品的重要市場。

青龍鎮遺址也出土了唐朝北方陶瓷，曾有唐代河北邢窯碗兩件，河南鞏義窯白釉器兩件。〔註23〕其實在唐代邢窯與越窯齊名。〔註24〕陸羽在《茶經》中稱「邢瓷類銀」，李肇《唐國史補》稱「天下無貴賤通用之」。筆者推測極有可能自大運河運至，但是否是為出口貿易而來，要沿南洋航線出口東南亞？未能深究。自隋煬帝開通南北大運河之後，江南運河得到重大疏通，使運河再次深入江南，與江南水網連接成片，這不僅使得江南漕糧北上便利了很多，而南北間商品運輸渠道也大大通暢。

最後，可以把青龍鎮港的這一地理條件與杭州、嘉興甚至泉州稍作比較。

在狹義的江南地區中，嘉興和杭州都是主要通過錢塘江通海的，與上海地區臨長江的優勢差距很大。宋代的時候澉浦鎮是嘉興重要的海上對外口岸，〔註25〕也曾為杭州服務。可以為江南充當出海口的還有杭州和嘉興。杭州在宋朝的時候為「東南巨屏，所寄舉重」，「閩商海賈，風帆浪舶，出入於煙濤杳靄之間，可謂盛矣。」到了明代，杭州「左浙江，右具區，北大海，南天目。四川之所交會，萬山之所重複。」明清兩代都曾在杭州北新關設立鈔關，杭州和蘇州一樣也是明清江南的中心城市，市場功能最為齊全。〔註26〕但其距海尚有距離，很難直接通海。在南宋時期，杭州臨安成為都城後又成為商業中心，杭州在宋代也設置過市舶司，但是南宋王朝害怕大量外國商船直接進入都城存在安全隱患，同時在錢塘江航路中有兩山相夾，水流湍急，海船深入航行不利，結果前來杭州的外來商船多停泊在澉浦，這和前往華亭的商船多要停

〔註22〕《吳郡圖經續記》卷上《海道》，江蘇古籍出版社，1999年版，第17～18頁。
〔註23〕上海博物館編：《千年古港：上海青龍鎮遺址考古精粹》，2017年版，第180頁，第182頁。
〔註24〕駱文亮：《中國陶瓷文化史》，中央編譯出版社，2012年版，第62頁。
〔註25〕王旭：《宋代澉浦鎮興衰軌跡再探》，《河北大學學報》，2019年第5期。
〔註26〕張海英：《明清江南商品流通與市場體系》，華東師範大學出版社，2002年版，第33頁。

靠在青龍鎮的現象有點相似，是地理條件的限制導致港口與城市的空間分離。結果杭州陶瓷外銷貿易的腹地很有限，作為外銷中轉港而言，其在江南的港口影響力在某些方面尚不及明州港和青龍鎮港。

又如嘉興「旁接三江，大海環其東南，震澤匯其西北」，只能「貨財阜為浙右最」。〔註 27〕嘉興境內的澉浦始有鎮的建置是在唐朝的開元五年（公元 717 年），〔註 28〕與青龍鎮建置處於同一時期，結果都在宋代形成外貿口岸，然而發展進程不同，澉浦鎮港也在南宋王朝後期出現了衰落。此地既是軍事要鎮，又是天然海港。《紹定澉水志》「風俗」條記載：「此方不事田產，無倉廩儲蓄，好侈靡，喜樓閣。惟招接海南諸貨，販運浙西諸幫，網羅海中諸物以養生。」但是在宋代的實際操作中，澉浦海港更多是為錢塘江南岸的內陸杭州地區服務，而不是錢塘江北岸和嘉興以北的太湖平原地區，而且嘉興當地的海岸線條件也並不好，在歷史上發生過海岸塌陷。南宋時期，宋金對峙局面下海上走私猖獗，不少海商前往山東半島進行走私貿易，而到元朝滅亡金朝後，南北間形勢更加緊張，於是南宋採取了一定的禁海措施，防止糧食等重要物資被販運到北方，加強海岸防禦。南宋後期澉浦鎮有從經濟性質向軍事性質反轉的趨勢，這直接影響到了其海運事業，於是，南北間政治軍事格局的轉變導致了澉浦的衰落。〔註 29〕到了清代，嘉興府之臨海，仍有至金山的水陸貿易路線，〔註 30〕甚至有時需要借助金山地區出海。嘉興港口總的發展史不及上海地區古代港口，也是由地理條件所限定的。

此外，和唐宋的泉州港也可以做一簡單比較，泉州在南朝已經出現對外交流的事蹟，但是真正作為絲路港口崛起還是在唐末五代，當時節度使和割據者扶持經濟發展的政策起到了一定的積極作用。〔註 31〕晉江是泉州和內陸地區溝通的重要通道，〔註 32〕但是流域面積肯定比長江流域小很多，也不及江南大。因此，經由泉州的絲路大宗貿易的對象除了本地以外，就是中轉貿易的分

〔註 27〕光緒《嘉興府志》卷 3，國家圖書館出版社，2016 年版。

〔註 28〕常棠：《（紹定）澉水志》，《宋元方志叢刊》第 5 冊，中華書局，1990 年版，第 4660 頁。

〔註 29〕王旭：《宋代澉浦鎮興衰軌跡再探》，《河北大學學報》，2019 年第 5 期，第 14 頁。

〔註 30〕張海英：《明清江南商品流通與市場體系》，華東師範大學出版社，2002 年版，第 78 頁。

〔註 31〕周中堅：《古代泉州港興衰史淺探》，《天津師範學院學報》，第 70 頁。

〔註 32〕周中堅：《古代泉州港興衰史淺探》，《天津師範學院學報》，第 72 頁。

量更大一些，而福建內地的參與度份額要低得多。青龍鎮的興起主要是在唐代後期發生，比泉州港興起的時間要早一些，同樣以中轉貿易為主，但是貿易腹地要更為廣闊一些，以理而論，青龍港出現的絲路商品應該有一部分是沿著中國南方海岸線包括經過泉州港而來的，特別是陶瓷貿易商品，而更多的長江流域產陶瓷經青龍鎮之後是通過泉州中轉進入南方海上絲綢之路的。

三、青龍鎮港地理不利因素分析

「成也蕭何，敗也蕭何」。青龍鎮港的衰落史也伴隨了不利地理因素的影響。這種現象在後世，比如元代後期的上海港也重現過類似的現象。

首先，長江口地理因素是古代上海地區市舶貿易港發展的重要原因，是積極的因素，但不可以把促進經貿發展的全部原因都歸因於此，而且長江口的地理條件在歷史上一直存在不穩定的消極因素，這不僅適用於揚州，也和上海有關，青龍鎮的衰落也與此有關。

長江口一帶海岸的水文因素的不穩定性導致港口的發育呈現波折曲線，數次打斷了海上絲綢之路交流活動成果形成穩定積累效果的可能性，在宋朝後期和元朝後期分別引發了一次港口衰落，前一次甚至使青龍鎮港從此一蹶不振，後一次使上海港遭遇了一輪衰落期。古代上海地區的天然地理位置對其航運貿易的發展存在有利的一面，但同時也存在地理條件的劣勢。相比而言，廣州和寧波的港口海岸發育的穩定性要強得多。

長江及其支流不斷地從上游帶來泥沙，這一方面實現了下游入海口海岸向東的增長，一方面當地的水道不斷發生淤積，也使得海港的水文條件出現淤積、變動等不利現象，導致海口一帶缺少水文條件能夠保持長期穩定的千年深水大港。這也是上海港口和寧波、廣州、福州等港口相比較的劣勢。上海港的「前輩」揚州港在歷史上的衰落就和海岸線有很大關係。

其次，青龍鎮的衰落不僅與海口變遷有關，也與內河水運條件有關，即其作為江南出海口的功能受到內河淤積的削弱。

在北宋時期，很多自海上而來的大船無法直接抵達華亭縣，多在青龍鎮港停靠，然後進行卸載或轉運，通過小型船隻和內河把貨物運到華亭縣。到宋徽宗重和年間（公元1118年～公元1119年）青龍江和顧會浦這兩條河流逐漸淤塞，以致青龍鎮港「番舶鮮至」，[註33] 朝廷因此一度下旨罷免市舶監官，由

〔註33〕《宋史》卷186，中華書局，1977年版，第4562頁。

華亭縣令兼任市舶監官職務。到了宣和元年（公元 1119 年）官府開修青龍江浦，疏通堵塞的河道，經過疏濬改良了港口的條件，再次吸引商船接踵而來，於是貿易重新繁榮起來，市舶務也重新設置，提舉兩浙路市舶張苑上奏稱：「今因青龍江浦快通，蕃商船舶，輻輳住泊」，並進一步向朝廷建議依舊設立監官一員。〔註34〕實際上，從北宋寶元元年（公元 1038 年）至宣和元年（公元 1119年）近 80 年的時間裏，對吳淞江及其支流青龍江、顧會浦、安亭江、白鶴江等河流進行的專門的疏濬整治工程有 11 次之多，而較小的治理更是年年不斷。這些工程多旨在裁彎取直和改鑿新河道。〔註35〕這雖然說明青龍鎮港的水文地理條件不算理想，並且預示著潛在的風險，也說明青龍鎮港的貿易地理地位不僅與其有利的海岸線位置有關，也與其背後內陸河道航線存在密切關係。南宋時期華亭縣人稱「蠻商舶賈，交錯水陸之道」，〔註36〕也反映出商業的進展和交通網絡的運行狀況是分不開的。南宋時期青龍鎮港的貿易鼎盛其實也是在前期持續而謹慎的水道維護中實現的，但終在南宋晚期衰落，青龍鎮港的過早夭折，令人歎息。

　　南宋中期青龍鎮貿易已經明顯呈下滑趨勢，在乾道二年（公元 1166 年）華亭的兩浙市舶司被撤廢，上海鎮、黃姚鎮、江灣鎮三個海港興起，承擔了很多過去屬於青龍鎮的功能。在青龍鎮繁盛時已有不少商人往江灣貿易，宋政府在當地置場收稅。〔註37〕隨著陸地的延展變遷，上海港的位置比青龍鎮更加接近吳淞江入海口，位置更加有利。慶元元年（公元 1195 年）之後南宋朝廷撤廢兩浙路各地港口的市舶司，僅保留明州港一處。

　　其實直到元代，「海舟巨艦每自吳淞江、青龍江取道，直抵平江城東葑門灣泊。」〔註38〕就是說大船仍能順利航行。而吳淞江在宋代因為風濤劇烈，多毀漕船，所以官府於慶曆二年（公元 1042 年）在吳淞上游太湖入口處築起長堤，結果導致江水淤積嚴重，這對青龍鎮的衰落反而起到加速作用。

〔註34〕（清）徐松：《宋會要輯稿》，中華書局，1957 年版，第 3369 頁。
〔註35〕茅伯科主編：《上海港史（古、近代部分）》，人民交通出版社，1990 年版，第19 頁。
〔註36〕（宋）孫覿：《鴻慶居士文集》卷 34，《宋右中奉大夫直祕閣致仕朱公墓誌銘》，《文淵閣四庫全書》本第 1135 冊，第 349 頁。
〔註37〕（清）徐松：《宋會要輯稿》，中華書局，1957 年版，第 5101 頁。
〔註38〕歸有光：《三吳水利錄》卷 4，見《震川先生集》，《四庫叢刊》上海涵芬樓影印本。

第二編　上海絲路港前期

　　本編各章論述的是「上海絲路港」前期。青龍鎮絲路港時期結束之後，上海地區的絲路交流活動進入以上海港為中心的歷史時期。這個時期根據港口興衰可分為前後兩期，「上海絲路港前期」跨度從 12 世紀末到 14 世紀 70 年代。在這個時期上海地區的對外交流、地方經濟發展、傳統城市化也都屬於快速上升的時期。

　　宋朝晚期的長江口地理變遷為上海鎮港口提供了日益有利的條件，上海鎮港處於優勢條件下的快速崛起狀態中。直至元代後期，因為上海周邊的河流下游出現淤塞因素，以及之後的元朝貿易政策變化，才使上海港口出現有限的衰落，同時與新崛起的太倉港進入競爭關係。外貿和城鎮發展畢竟存在一定的密切聯繫。長江下游對外貿港的需要是上海地區市舶港保持發展勢頭而不衰竭的重要原因，中轉貿易也仍然是促進上海港發展的重要因素。在南宋晚期出現的新興市鎮「上海市」很快發展成為新興的市舶港，然後設正式行政區劃「上海鎮」，在元初設立「上海縣」和上海市舶司。上海鎮和上海縣崛起的速度及發展的程度遠遠超過青龍鎮，即使從市舶鎮港發展的角度看也是如此。到元初，上海港已位列八大官方市舶口岸之一。元代上海是海上絲路的重要港口，也是通往印度洋的國際航線的出發港。在元代海洋政策的積極刺激下，上海港口貿易有了新的發展。從宋末到元初，上海的傳統城市化發展很快，在元初升鎮為縣。元代上海地區的大族與海上航運及貿易活動存在相當密切的關係。這些大族的代表人物多是宋末就開始從事海洋活動的豪強，元朝把他們招降後加以利用。他們依靠自身海上活動的經驗和能力，並以權貴家族的身份世襲承擔和掌控了重要的元朝官方海事活動。此類歷史現象進一步證明了元代

上海在中外海洋活動中具有重要樞紐地位，成為各種海事活動的基地。元代的特殊歷史條件，航海史發展的階段性特徵，上海港口自身的發展發育，共同造就了這種歷史現象。在元代後期，上海地區港口發生新的相對衰落，太倉港興起，成為一個有力的競爭對手。元代中日佛教交流非常密切，上海地區的寺廟也成為交流中心之一，而在上海地區修行的禪宗名僧清拙正澄被日人邀請前往日本，為絲路文化傳播作出了重要貢獻。

第七章　上海港的興起：從外貿港市到絲路港城市

　　本節需要論述的主要問題包括，上海鎮設市舶機構的來龍去脈，以及上海鎮市舶機構的社會影響和意義，包括市舶貿易對城市發展的積極作用。南宋咸淳時期（公元 1265 年至公元 1274 年）應當是「上海絲路港前期」上海港口興起的重要時期，因為在這一時期在上海開始設市舶機構和鎮。

　　上海鎮的興起比青龍鎮興起晚數百年，就上海地區本地而言，兩者前後興起，接替充當了長江入海口主要的絲路港口。古代上海地區有江南地區〔註1〕的主要海港，依傍長江出海口，恰好位於環中國海域西側海岸線的中段位置，因此恰好位於東方海上絲綢之路、南方海上絲綢之路和長江航運線所構成的丁字形路口區位，在交通與航運的網絡中位置優越。無論是青龍鎮還是上海鎮都具備這一區位特徵。但在國內外航運網的整體結構中上海地區又處於江南地區臨海的突出位置。長江入海口和江南出海口都必須要有的市舶貿易良港充作對外門戶，才可以滿足對外交流的需要，於是，青龍鎮港及其後輩上海鎮港先後交替的承擔了相關職能。自宋末到元初作為對外口岸的上海鎮迅速發展，較短階段內自鎮演化為縣，傳統城市化的發展進度很快，因此以市舶港地位變遷為切入角度來觀察上海地區社會與海上絲綢之路關係的線索是有意義的。

〔註1〕 這裡所說的「江南」是狹義上的江南，包括太湖平原的「小江南」，明清的蘇松常嘉湖五府地理範圍，其中唯有松江府和嘉興府是臨海的。

一、上海鎮市舶機構的設置

在南宋王朝中期，青龍鎮港的貿易活動開始下滑，在孝宗乾道二年（公元1166年）兩浙路的市舶司不再設於華亭，而同時伴隨著青龍鎮衰落，上海鎮、黃姚鎮、江灣鎮等市鎮港口紛紛興起。南宋晚期不僅國勢衰弱，對外貿易開放政策也開始收縮，比如宋光宗（公元1147年～公元1200年）登基後禁止商船到澉浦港貿易，該港是杭州的附屬港。臨安府市舶務則於1190年廢撤。宋寧宗統治期間則先後禁止商船停泊江陰、溫州、秀州等地，〔註2〕慶元元年（公元1195年）之後，南宋兩浙路各處市舶機構紛紛裁撤，最後僅剩明州港一處。宋代的青龍鎮港一度號稱「小杭州」，〔註3〕然而「已而市舶之區徙於太倉，此地遂鞠為茂草矣。」〔註4〕

上海港真正興起成為絲路外貿港市是在南宋晚期。這和海岸線東移有密切關係，也和其背後的江南交通水網有一定關係。上海鎮港興起之時也依傍了一條內陸河流叫上海浦，又名海上浦，是吳淞江下游支流，航運也可以自此上溯或中轉進入江南內陸地區。上海鎮港最初的興起，多少都借助了青龍鎮的衰落，如史稱：

> （青龍）以淞江風濤，漕運以多敗官舟，遂築淞江長堤，介於江湖之間，橫絕江流五六十里，後為泥沙漲塞，茭蘆叢生，因吳淞江從淺，故船皆集於上海，上海因以發達甚速。〔註5〕

上海港在青龍港以東，其真正興起成為絲路外貿港市是在南宋晚期，大體在公元13世紀。隨著長江出海口陸地向東向海的延展變遷，青龍鎮的內陸特徵被進一步強化了，上海鎮港的位置相比青龍鎮而言更加接近吳淞江的入海口，和海的關係更直接，因而位置更加有利。

上海港興起的時間和青龍鎮港衰落的時間之間還有約數十年的時間，在

〔註2〕羅濬《寶慶四明志》卷6，見《宋元四明六志》，寧波出版社，2011年版，冊2，第264頁。

〔註3〕《萬曆青浦縣志》卷2，見上海市地方志辦公室，上海市松江區地方志辦公室編：《上海府縣舊志叢書》，《青浦縣卷》冊上，上海古籍出版社，2014年版，第31頁。

〔註4〕《萬曆青浦縣志》卷2，見上海市地方志辦公室，上海市松江區地方志辦公室編：《上海府縣舊志叢書》，《青浦縣卷》冊上，上海古籍出版社，2014年版，第31頁。

〔註5〕《吳中水利略》；亦見乾隆，《吳江縣志》卷41《治水》，吳江縣圖書館藏乾隆十二年（1747年）刻本。

這段時間裏，黃姚鎮港和江灣鎮港先後短暫興起，但是都未能成功填補青龍鎮衰落的空白。僅在宋代的上海地區，青龍鎮港在絲路貿易方面的「晚輩」就有好幾個。在青龍鎮港繁盛的同時已有不少商人前往江灣鎮港貿易，史稱宋政府在當地置場收稅，當有市舶場之設。〔註6〕

有的觀點認為有資料支持上海鎮曾經設置市舶司，此處筆者也對此問題作一下商榷和辨析，前輩學者的高論也是本章論述的重要基礎和出發點。如陳高華和吳泰在《宋元時期的海外貿易》一書中根據《弘治上海志》和《宋會要輯稿》推斷「上海鎮就是華亭市舶務最初建立時的所在地。」〔註7〕方豪在《中西交通史》中則認為市舶司是設在華亭縣，「通惠鎮有市舶分務，但其地乃青龍鎮而非上海。」〔註8〕

弘治《上海志》記載「宋時（上海）蕃商輻輳，乃以鎮名，市舶提舉司及榷貨場在焉。」〔註9〕過去曾有關於兩浙路的市舶司是否設於當地的不同觀點，但是這一問題的關鍵在於如何解讀史料，弘治《上海志》卷七記載稱天台人董楷「咸淳（1265～1274）中提舉松江府市舶，分司上海鎮。」〔註10〕這句史料以前也被人引用過，但其義並不是說咸淳年間在上海鎮才設立市舶機構，而是說董楷在咸淳年間出任此地市舶主管官員，並非任市舶提舉司職務，以市舶官員兼治民之責。宋朝無「松江府」，可見弘治《上海志》記載很不嚴謹。以此史料判斷，或許在咸淳年間董楷出任職務以前市舶分司就已經設在上海鎮。同書卷五記載董楷家的出任是咸淳三年（公元1267年）。〔註11〕則在1267年前應該已經在上海鎮設立了市舶管理機構。

然而，譚其驤教授曾經指出：

　　藤田豐八著《宋代之市舶司與市舶條例》一書，他只看到了明末曹學佺《名勝志》裏有「宋即其地，立市舶提舉司及榷貨場，曰

〔註6〕　（清）徐松：《宋會要輯稿》，中華書局，1957年版，第5101頁。
〔註7〕　陳高華、吳泰：《宋元時期的海外貿易》，天津人民出版社，1981年，第117頁。
〔註8〕　方豪：《中西交通史》，上冊，嶽麓書社，1987年版，第263頁。
〔註9〕　（清）徐松：《宋會要輯稿》，中華書局，1957年版，第5101頁。
〔註10〕　弘治《上海志》，第1頁，見上海市地方志辦公室，上海市松江區地方志辦公室編：《上海府縣舊志叢書》，《上海縣卷》冊一，上海古籍出版社，2015年版，第1頁。
〔註11〕　弘治《上海志》，第59頁，見上海市地方志辦公室，上海市松江區地方志辦公室編：《上海府縣舊志叢書》，《上海縣卷》冊一，上海古籍出版社，2015年版，第59頁。

上海鎮」這麼一句，而此事不見於宋代官書《宋會要》，也不見於正史中的《宋史》，因而他就認為《名勝志》這句話出於明人傳說，不足置信；實際上海在宋代並未設置過市舶官。我想藤田氏要是仔細翻檢一下上海的地方志，便不會得出這一錯誤的結論。〔註12〕

譚其驤教授還認為：

> 所以在一般情況下，建鎮和設置市舶應該是兩回事。不過上海的情況似乎比較特殊。上海鎮和上海市舶司都不見於咸淳以前記，而咸淳初年任所謂市舶分司的董楷又被稱為監鎮，據此看來，很可能上海在設置市舶之前並未建鎮，還是為了要設置市舶才建鎮的，因而監鎮之職即由市舶兼領，也就是說，這兩件事在上海實際上是一回事。這只是一種假定，究竟是否符合史實，當然還有待於進一步研究。〔註13〕

則市舶機構的設置對於設鎮的確是起推動作用的。筆者在這裡也認為應是設市舶在先，即市舶貿易發展促進社會經濟發展推動了設鎮，贊同方豪和譚其驤的觀點。陳高華的《宋元時期的海外貿易》一書所引的《宋會要輯稿》相關史料原文為：

> （建炎四年）十月十四日，提舉兩浙路市舶劉無板言：近準戶部符，仰從長相度。將秀州華亭縣市舶務移就通惠鎮，具經之可行事狀保明申請施行，今相度欲且存華亭且市舶務，卻乞令通惠鎮稅務監管招邀舶船到岸，即伍市舶法就本州抽解。
>
> 候將來見得通惠鎮商賈免般剝之勞，往來通快，物貨興盛，即將華亭市舶務移就本鎮置立。詔依。

史料提到的通惠鎮是青龍鎮別稱，文中沒有提到上海鎮。

在《上海縣竹枝詞》裏有一段秦榮光的注文：

> 宋熙寧間（公元 1068 年～公元 1077 年），設市舶提舉司及榷貨場於上海浦，至是巨鎮殷繁，上海之名始著。〔註14〕

這裡史料中的所謂「上海之名」應該就是指「上海鎮之名」，即因上海浦而命名上海鎮。這個邏輯是成立的。結合前面提到的譚其驤的觀點，筆者認為

〔註12〕譚其驤：《上海得名和建鎮的年代問題》《文匯報》，1962 年 6 月 21 日。
〔註13〕譚其驤：《上海得名和建鎮的年代問題》《文匯報》，1962 年 6 月 21 日。
〔註14〕秦榮光著：《上海縣竹枝詞》，上海古籍出版社，1989 年版，第 57 頁。

可以得出結論是因為在上海浦設立市舶機構，推動了同時設鎮，所以有了上海鎮。但是秦榮光所論證的設置年代是不可靠的，熙寧是北宋的年號，在北宋時期上海鎮沒有出現港口和設立兩浙路市舶司的可能。

明嘉靖《上海縣志》則記載上海鎮的產生原因為：

迨宋末，該地人煙浩穰，海舶輻輳，即其地立市舶提舉司及榷貨場，為上海鎮。〔註15〕

這段史料也是稱先有市舶司，後有上海鎮。但是，《宋會要輯稿》等較早的史料反而不見兩浙路市舶司設於上海鎮的記載，那麼晚出的明代方志記錄恐有不確切之處，更不用說《上海縣竹枝詞》的孤證，此外還有方志和正史記載到慶元元年（公元 1195 年）以後兩浙路各處市舶機構撤除，唯有明州的機構尚存。〔註16〕這應當屬沿襲抄寫，以訛傳訛。筆者認為以理推斷，新興不過數十年的上海鎮港貿易規模不太可能很快超越發展超過數百年的明州港，因此立「分司」一語應指為設（市舶）務或設立市舶司的派出機構，不應該是設獨立的市舶司，上海的獨立市舶司設置在兩宋屬於史無可考。若說是明代人對上海設市舶司一事的傳說完全為謬誤也不一定是事實，但是明人所說有可能是誤解或誇大，或者是因為明朝人所依據的前人文本文字不準確，或是表述不清，所以混淆了市舶司和下屬市舶機構的區別，特別是明嘉靖《上海縣志》。弘治《上海志》的編撰早於嘉靖《上海縣志》，其中的「分司」二字特別是「分」字可能也是很說明問題的。筆者認為也不排除存在另一種可能性，即在上海設市舶機構的時候是在南宋末期，當時寧波明州港的對外貿易活動暫時有所衰落，於是兩浙路市舶司因業務收縮而暫時遷徙變動，如同當初兩浙市舶司一度從寧波明州港遷到青龍鎮港，但是這個假設在找到準確史料支持之前最多只能存疑而無法肯定。在沒有見到更多可靠證據之前，假設難以成立。

二、上海市舶與上海鎮的關係

市舶貿易的發展當然促進當地社會經濟發展。務、市、鎮、市舶等機構建制的出現，都是當地經濟發展達到一定程度的重要指標。宋朝晚期上海地區的

〔註15〕《弘治上海志》，第 1 頁，見上海市地方志辦公室，上海市松江區地方志辦公室編：《上海府縣舊志叢書》，《上海縣卷》冊 1，上海古籍出版社，2015 年版，第 1 頁。

〔註16〕《寶慶四明志》卷六《市舶》，見《宋元四明六志》，寧波出版社，2011 年版，冊 2，第 264 頁。

聚落和建制的發展順序為先有「上海務」和「上海市」，再有「上海鎮」。

在南宋咸淳年間（公元 1265 年～公元 1274 年）及其以前，「上海」一詞僅以上海務（酒務）之名出現。清代方志記載了「上海務，即酒庫地。」〔註17〕現存的《元豐九域志》和《紹熙雲間志》等宋代方志也都還沒有有關設立上海鎮的記錄。「務」在宋代是基層的稅收機構，包括稅務、酒務、市舶務等種類，見到務名出現必須做具體分析，不能都當成是市舶務。比如青龍鎮的歷史上存在過上述三種務，即也設過酒務，負責釀酒、管理酒的販賣和徵收酒稅。曾有學者統計「截止 1077 年，全國共有 1993 個稅收點，1861 個酒業專營點。」〔註18〕而在北宋熙寧年間（公元 1068 年～公元 1077 年）就設立了上海（酒）務，是秀州全部的十七個酒務之一，經歷兩百多年的發展，當地到南宋末期方形成華亭縣東北的大型市鎮和對外港口，但是澉浦鎮與最初的青龍鎮都是首先以軍鎮的行政設置出現的，而上海鎮最初的聚落特徵則為自然形成的商貿市鎮。「上海市」比上海鎮應該出現的更早。《明一統志》稱：「本華亭海地，居海之上洋，舊曰華亭海。宋時商販積聚，名曰上海市。」〔註19〕從史料看在上海地區宋代華亭縣的沿海「漲地」上產生了一個商販的聚集地，一個商業市場，就是「上海市」。「務」是用來收稅的機構，商賈聚集形成固定集市，然後才會有收稅的需要。上海（酒）務必也是在「上海市」當地的經濟規模達到一定程度後的產物，官辦釀酒業的存在和發展需要一定的農業、手工業、商業的基礎，沒有一定的貿易和生產規模不會產生設務收稅的需要。因此，既然上海（酒）務應是在上海浦之名出現之後命名，也應在市場貿易方面粗具規模，即「上海市」出現之後才設置。上海浦的來歷可見北宋熙寧年間的《吳中水利書》：「松江之南，大浦十八，有上海、下海兩浦。」上海浦又名海上浦，是吳淞江下游的一條支流，在北宋初期其名才開始出現。明代弘治《上海志》則稱「其名上海者，地居海之上洋故也。」〔註20〕對「上海」一名的

〔註17〕《嘉慶上海縣志》卷 6，第 937 頁，上海市地方志辦公室，上海市閔行區地方志辦公室編：《上海府縣舊志叢書·上海縣卷》，上海古籍出版社，2015 年版，冊 2。

〔註18〕萬志英著，崔傳剛譯：《劍橋中國經濟史：古代到 19 世紀》，中國人民出版社，2018 年版，第 198 頁。

〔註19〕《大明一統志》，三秦出版社，1990 年版，冊上，第 163 頁。

〔註20〕弘治《上海志》卷 1，第 15 頁，見上海市地方志辦公室，上海市松江區地方志辦公室編：《上海府縣舊志叢書》，《上海縣卷》冊一，上海古籍出版社，2015 年版。

由來，此處不予細究。可惜的是很難考證「上海市」形成的具體年代。一般認為上海鎮產生在上海務發展之後，先有「務」後有「鎮」，這個是沒爭議的。上海鎮的設置大體是在南宋末年的景定（公元 1260 年～公元 1264 年）到咸淳年間。

筆者認為這一聚落發展階段的順序應該是最先出現借上海浦命名的「上海市」，而後才有北宋的上海（酒）務，然後才伴隨外貿與經濟的規模化來設立南宋的上海鎮和上海市舶務出現。換句話說，上海鎮當地曾經歷了「市」、「酒務」「鎮」、「市舶務」的先後發展階段，這個市舶務的級別可能較高，甚至是市舶司「分司」機構，就是明州所設的兩浙路市舶司派出機構，實為第二等級的市舶管理機構，其級別也不能再高了，不太可能是把兩浙路市舶司設在上海。到咸淳年間（公元 1265 年～公元 1274 年）上海鎮才發展成為較大規模的商貿市鎮，設立市舶機構，時「有市舶、有榷場、有酒庫、有軍隘，官署、儒塾、佛仙、宮觀、畋廛、賈肆」。〔註21〕傳統城市化進程已經發生了。上海市舶機構的衙署位置應在酒務的酒庫以南，因為有記載稱在咸淳五年（公元 1269 年）「自舶司右趨北，建拱辰坊。又北為上海酒庫，建福惠坊。」〔註22〕上海鎮在南宋末年就出現了航海者信仰的天后宮，位置相當於今天的上海小東門外，說明當地經濟文化發展已經達到一定程度。上海從自然的、經濟意義上的「市鎮」聚落逐漸完成向具有行政級別的「鎮」轉變，由農業和商業功能為主的市鎮向經濟政治文化都有所發展的城鎮聚落形態轉化。

值得一提的是，在上海港的發展史上，經濟形態上的「市鎮」經濟實體先行形成，而正式行政建制的鎮卻相對較晚。上海鎮存在至少是市舶務一級的分設機構應該沒有問題，但是這個機構設置最初並非僅僅為了管理市舶貿易。上海形成市舶貿易港後並沒有立即正式設鎮，鎮的建制不完整，鎮務行政起初是由市舶分司提舉官兼領，說明在發展階段上看當地建制的貿易地位高於或說領先於其行政地位。如景定年間（公元 1260 年～公元 1264 年）繆相之任上海市舶官員時曾經助修孔廟，而上文提到的另一官員董楷在出任時也頗有政績，「津梁堂宇，多所建置，名馳海外」，以致在離任之日「百姓遮臥道上，不忍

〔註21〕弘治《上海志》卷 5，第 51 頁，見上海市地方志辦公室，上海市松江區地方志辦公室編：《上海府縣舊志叢書》，《上海縣卷》冊一，上海古籍出版社，2015年版。

〔註22〕秦榮光著：《上海縣竹枝詞》，上海古籍出版社，1989 年版，第 59 頁。

其去。」〔註23〕所謂的「市舶分司」也是最初的上海鎮管理機構。這說明上海鎮發展歷程的特殊性，就是從一開始外貿市鎮的特徵就突出，以致對外貿易管理成為最主要的行政內容，這和青龍鎮的先有鎮後設市舶，即使市舶機構撤廢依然保留有鎮的情況截然不同。

南宋學者章如愚曾說過：

> 舊制雖有市舶司，多州郡兼領；元豐中始令轉運司兼提舉，而州郡不預矣……後專置提舉，而轉運司不復預矣；後盡罷提舉官，至大觀元年復置。〔註24〕

就是說在元豐年間（公元 1078 年～公元 1085 年）以前，是地方行政官員兼管市舶機構和市舶貿易，而元豐以後，由轉運司兼領提舉職務，接管市舶，後來提舉又成為專置的獨立官職，無論如何從轉運司兼領提舉開始，市舶機構就成為獨立於地方行政系統的貿易管理系統，州郡地方官不再插手本地市舶貿易事務。元豐是排在熙寧後面的年號，就是說根據上文章如愚所總結的一般情況在元豐年間後實現市舶管理系統對於地方行政系統的獨立，而上海鎮的實際情況則是市舶管理官員反過來兼管地方行政，這說明其貿易地位高於行政地位。

至於宋代上海鎮上市舶司機構所在的地理位置，按照《上海縣竹枝詞》記載：

> 宋代官增市舶司，熙寧建署七年時，至今知縣居中治，七百餘年舊碧墓。秦榮光注稱「案，今知縣衙門，即宋時市舶司署址。」〔註25〕

《嘉靖上海縣志》記載「元初，立縣於鎮守衙，即故宋権場地。大德戊戌，並舶司於四明，遂為縣。」〔註26〕

從地理位置嚴格上看，順序也很清晰，宋代的市舶機構衙署後來成為元代的縣衙，這個建築性質的演變順序應該是從市舶機構衙署到鎮監衙署，再到縣

〔註23〕《弘治上海志》，第 59 頁，見上海市地方志辦公室，上海市松江區地方志辦公室編：《上海府縣舊志叢書》，《上海縣卷》冊一，上海古籍出版社，2015 年版，第 59 頁。

〔註24〕章如愚：《山堂群書考索》後集卷一三，《官制門·提舉市舶》，中華書局，1992 年版，第 533 頁。

〔註25〕秦榮光著《上海縣竹枝詞》，上海古籍出版社，1989 年版，第 57 頁。

〔註26〕《嘉靖上海縣志》，第 59 頁，見上海市地方志辦公室，上海市松江區地方志辦公室編：《上海府縣舊志叢書》，《上海縣卷》冊一，上海古籍出版社，2015 年版，第 117 頁。

衙衙署。

在南宋，與上海鎮大體同時期出現的江灣鎮、黃姚鎮這兩處港市貿易點只維持了一段不長的時間，後與青龍鎮一樣由附近的上海鎮所一併替代。

上海港的興起也是在一個密切的海港關係網中實現的。在元朝後期，上海縣港口也曾因為地理條件而有一定程度的衰落，但是其發展路徑和唐宋的青龍鎮港有很多不同之處，其中重要的一點在於其在宋元之際保持了貿易和傳統城市化都快速上升的勢頭，其港口和市鎮的成長期短於青龍鎮。這是因為上海鎮港和後來的上海縣港口看似「年青」，卻從青龍鎮港那裏繼承了大筆歷史遺產，這些遺產首先部分地來自古揚州海港，其次部分地來自青龍鎮港自身的長期辛苦經營。上海港在利用所繼承的青龍港遺產的同時克服了唐宋之際入海口地理變遷的不利影響，不僅幸存下來而且迅速壯大，就此而言上海港比青龍港幸運，也比寧波明州港優越。

第八章　元代海洋貿易政策與上海
地區絲路港口條件變遷

　　對於一個絲路貿易港口來說，國家的貿易政策和港口地理條件變遷都是重要的影響因素。無獨有偶，在元代這兩個影響因素都是先興後衰。元朝非常重視海上對外貿易，關注程度遠勝於前代。元朝對外貿的重視也加快了上海港口地位的上升，這主要是指在元朝前期，而在元代後期因為地理條件的變化上海港出現一段衰落的低谷期。元代前期屬於上海港的一個重要的上升期，發生了很多重要變化。

　　元代上海成為海運的重要起運地，港口和航運業的發展狀態俱佳，無論是市舶司地位還是港口影響力，與寧波慶元港都處於並列地位，這既是當地絲路貿易發展到一定程度的結果，也可以促進貿易活動的進一步發展。

一、元代前期外貿政策的拉動作用

　　在宋代上海鎮港出現以後，雖然在某種程度上接替了青龍鎮港的長江出海口港的重要地位，但是從文獻記錄看其歷史地位一直沒有青龍鎮港突出。然而和青龍鎮港不同的是，上海鎮及其港口的規模發展速度很快，傳統城市化的效果也很劇烈，只不過幾十年的時間就在元代初年建立了縣級行政區，同時在元初，上海港還一度成為設有市舶司的全國性一流外貿大港，也是地理位置最北的官方市舶司口岸，這是上海地區港口作為市舶港的盛期之肇始。這樣的發展效果卻是青龍鎮所未能獲得的。

　　元朝重視海上貿易帶來的商稅收入，如開國者元世祖忽必烈在他的詔書中曾稱：

市舶司的勾當，哏是國家大得濟的勾當。〔註1〕

這體現了元世祖以海外貿易為重的思想。元朝對外貿易開放程度在中國古代歷朝歷代中是比較高的。

元朝佔領江南地區以後，在上海地區的北部設立嘉定和崇明兩個州，在南部則設松江府。松江府下轄本來只有一個華亭縣，後來變成華亭和上海兩個縣，起初華亭因人口達到23萬戶之多而被設為府，並於公元1278年改稱松江府，屬嘉興路管轄。元朝初期的上海港成為全國性一流外貿大港。元代朝廷持相對開放的政策，重視外貿和稅收。「上海市舶司」這個機構就是在元世祖時期設立的，即於至元十四年（公元1277年）國家在上海、澉浦、慶元（今寧波）三處海港同時設立市舶司，〔註2〕在東南沿海的泉州、慶元（寧波）、上海、澉浦、杭州、溫州、廣州七個主要港口設立市舶司，〔註3〕次年朝廷即下詔書招徠番舶前來貿易。之後元朝又在雷州半島設立第八個市舶司，且實施統一的稅率。

在至元三十年（公元1293年）翰林學士承旨留夢炎上奏稱早先所設的七個市舶司中只有泉州按照三十取一收稅，其餘都是十五取一，奏請按照泉州的原則統一標準，即全部予以降低到三十取一，他還指出應把溫州市舶司撤併入慶元市舶司，〔註4〕獲得朝廷同意。這樣一來八個市舶司港口再次變成七個。

無論是在八大口岸還是七大口岸當中，上海港是地理位置最北的一個，次北為寧波港，則上海港為元代太湖平原唯一開放之出海口，江南商品出口東北亞不少應該主要是走上海港。上海港自然而然成為東方海上絲綢之路的樞紐和起點港，必然是東北亞國際往來的必經要港，而同時和南方海上絲綢之路貿易也保持著相當的聯繫，有理由相信當時前往朝鮮和日本的海港起點一般是慶元和上海兩港。顯然當時中國南方的港口地位遠勝北方，而北方甚至不開放可以直接對外貿易的港口。

元代市舶則例的制訂，基本上延續了宋代市舶條例。到了元朝至元十四年（公元1277年），華亭縣被升為松江府，「二十七年，以戶口繁多，更置上

〔註1〕 《元典章》，中華書局，天津古籍出版社，2011年版，冊2，第874頁。
〔註2〕 《元史》卷94，中華書局，1976年版，第2401頁。
〔註3〕 《元史》卷17，中華書局，1976年版，第372頁。
〔註4〕 《元史》卷17，中華書局，1976年版，第372頁。

海縣。」〔註5〕人口的增長隱含了經濟進步的因素。在元至元二十七年（公元
1290 年）松江知府僕散文上奏朝廷，請將大戶群聚、民物繁庶的華亭縣域的
一部分另分置上海縣，朝廷同意後即以上海鎮為中心的基礎上設置了上海縣，
並將華亭東北的長人、高昌、北亭、新江，海隅五鄉劃歸上海縣。至元二十九
年（公元 1292 年）上海縣正式成立，有 72500 多戶，屬松江府管轄，其疆域
東西約 80 千米，南北約 45 千米，東面瀕臨大海，北枕吳淞，航運條件便捷，
即使分立為一縣，依然也稱得上人口密集，史稱「其膏腴富庶與華亭同」，說
明城市發展規模已經不亞於其母縣華亭。

　　到了元代上海當地的市舶衙署位置成為縣治選址：

　　　　大德二年（公元 1298 年），並市舶司於四明，乃移縣於司署。

　　三年（公元 1299 年）為潮所壞……〔註6〕

　　元代上海設立的市舶司，地址位於後來的上海縣署內，即今小東門方浜南
路光啟路上。

　　《續文獻通考·錢幣考》記載在至元二十三年（公元 1286 年）元朝廷「禁
齎金銀越海互市」，在至元二十九年（公元 1292 年）正月，則禁止商賈私帶金
銀航海，元成宗元貞二年（公元 1296 年）八月則禁令舶商毋以金銀過海，大
德七年（公元 1303 年）二月禁諸人毋以金銀下番。到了至大二年（公元 1309
年）九月，元朝廷詔海舶興販金銀下海者禁之。元朝禁止金銀出口是為了所謂
「權衡鈔法」，保障官府發行的紙鈔的順利流通。以此歷史過程來看可以說是
三令五申。檢索《元史》會發現元朝每隔幾年就會重申禁止金銀外流。事實
上當朝權貴私下為購買奢侈品而用金銀向國外換取珍奇寶玩應該是不會受到
阻礙的，而民間商賈用金銀到海外貿易的通過走私活動依然可以進行。元朝
用金銀來向海外購買珍奇寶貨，外國也要用金銀來元朝購買陶瓷絲綢等各種
優質商品，相比較而言，元代金銀的輸入超過輸出，這其實也仍是有利的經
濟現象。

　　《新元史》記載元代至元十七年（公元 1280 年），上海市舶司的一名官員
招船提控王楠出於保護土貨經營者的想法，提出了「雙抽蕃貨，單抽土貨」的

〔註5〕　《乾隆重修青浦縣志》卷 1，見上海市地方志辦公室，上海市松江區地方志辦
　　　　公室編：《上海府縣舊志叢書》，《青浦縣卷》冊上，上海古籍出版社，2014 年
　　　　版，第 434 頁。
〔註6〕　秦榮光著《上海縣竹枝詞》，上海古籍出版社，1989 年版，第 57 頁。

稅收政策。〔註7〕史料中稱至元十七年二月二十日，行中書省來呈：

> 上海市舶司招船提控王楠狀告：「凡有客船自泉、福等郡短販土
> 產吉布、條鐵等貨物到舶抽分，卻非番貨，蒙官司照元文憑番貨體
> 例雙抽，為此客少。參詳，吉布、條鐵等貨，即係本處土產物貨。
> 若依番貨例雙抽，似乎太重，客旅生受。今後興販泉、福物貨，依
> 數單抽。乞明降省府准呈，合下仰照驗施行。」

另據《續文獻通考》記載則為：

> 時客船自泉、福販土產之物者，其所徵亦與番貨等。上海市舶
> 司招船提控王楠以為言，於是定雙抽、單抽之制：雙抽者，番貨之
> 徵也；單抽者，土貨之徵也。〔註8〕

史料主要內容是王楠主張對福建地區和上海地區之間的國內貿易活動不要徵收和對外貿易一樣的稅率，對國內貿易應該低一些。實行上海官員王楠的意見之後，這一政策與現代保護關稅原則有相似之處，即對本國國內貿易的商品少收稅，而對進口商品收重稅，有助於推動國內貿易發展和對外貿易出超，並促進本國生產發展。在此鼓勵下，更多的東南沿海商民紛紛出海貿易，市舶官員依例「抽解」，然後便聽其自由買賣，出海貿易之風活躍異常。在此歷史背景下，上海地區的對外交流和海上貿易也發生了新的高潮。上海地區的市舶官員有此認識，與其當時當地所見貿易狀況有關，也與元朝一代官方重視外貿稅收的政策有關。

總體來看，元代經由上海地區的絲路貿易整體比較繁盛。元朝重視貿易的政策有積極的效果，在客觀上順應了絲路貿易形勢的發展。如元代松江府的夏稅絲帛數量為一年18974兩，〔註9〕這說明當時松江本地的紡織品生產規模不小，仍然能夠為絲綢之路貿易提供一定的優質商品。當時自上海港出發的貿易範圍遠至日本和印度尼西亞群島。雖然元朝初年和日本發生過戰爭，元朝也因此而有禁止金銀和銅錢的「越海互市」，〔註10〕不准民間商人私販下海，但是元朝廷仍然破例允許日本商人以黃金兌換日本所急需的銅錢。〔註11〕

〔註7〕《新元史》卷72，上海古籍出版社，2012年版，第350頁。

〔註8〕《續文獻通考》卷26，浙江古籍出版社，1988年版，第2023頁。

〔註9〕範金民：《衣被天下：明清江南絲綢史研究》，江蘇人民出版社，2015年版，第16頁。

〔註10〕《元史》卷14，中華書局，1976年版，第285頁。

〔註11〕《元史》卷208，中華書局，1976年版，第4628頁。

在元代，中國商品在東南亞已經有了很大的市場，如汪大淵《島夷志略》的爪哇條記載稱在當地：「使銅錢，俗以銀、錫、鑰、銅、雜鐵如螺甲大，名為銀錢，以權銅錢使用。地產青鹽，係曬成。胡椒每歲萬斤。極細堅耐色印布、綿羊、鸚鵡之類。藥物皆自他國來也。貨用硝珠、金銀、青緞、色絹、青白花碗、鐵之屬。」〔註12〕其中青白花碗就是馳名中外的青花瓷產品，代表元代中國陶瓷生產的第一大成就。元代來上海地區的貿易交流對象依然包括日本、朝鮮、南洋和阿拉伯等各地。元代上海港出口的商品包括有周邊如蘇杭產的五色緞、綢、布（包括花布和青布）和絲等紡織品，以及瓷器、大黃、鐵器等文化用品和生活日用品，此外還有從閩浙地區通過中轉運往日本、高麗貿易的陶瓷和金銀，進口是商品則有珊瑚、瑪瑙等珠寶和犀角、象牙、香料、藥材等特產蕃貨。〔註13〕

不僅在宋代，即使到了元代，上海地區和福建龍泉窯之間的海上陶瓷中轉貿易關係依然很緊密。上海地區的元代塘郁碼頭遺址出土了包括 300 件瓷器殘件和大量殘瓷碎片，其中 90%以上為當時龍泉窯系所產的青瓷，其次則為景德鎮窯生產的瓷器，包括景德鎮樞府瓷、青白瓷、青花瓷等品種，個別瓷品為江西窯口燒製的黑釉瓷。〔註14〕其中來自龍泉窯的青瓷內容比較豐富，有碗、盤、洗、盅、爐等多種類型。這批瓷器中有 95%以上是未經使用的新瓷器的殘碎片，種類比較單一，而同類數量又比較多，同一器類往往相對集中於一個地點出土。考古研究表明，塘郁碼頭遺址出土的這批瓷器可能是從浙江龍泉、江西景德鎮等地出發運到上海地區，在部分卸貨之後，剩餘完整器物又繼續分運往其他地方，破碎者被就地丟棄。這些資料表明即使在元代上海地區依然是江西和福建名窯產品中轉貿易樞紐。元代龍泉窯和景德鎮所產陶瓷都會借上海港出口。

二、元代中後期上海港口地理條件和貿易政策的變化

在元朝，對開放貿易的態度是比較積極的，但是統治者對民間貿易的自

〔註12〕（元）汪大淵著，蘇繼廎校釋：《島夷志略校釋》，中華書局，1981 年版，第159 頁。

〔註13〕茅伯科主編：《上海港史（古、近代部分）》，人民交通出版社，1990 年版，第26 頁。

〔註14〕上海博物館考古研究部：《上海青浦區塘郁元明時期碼頭遺址》，《考古》，2002年第 10 期，第 66 頁。

由發展仍然是有一定的管制和限制，通過制度手段來實現。在元朝後期，由於水文地理條件的不利變化，上海地區的港口貿易出現了歷史上的第二輪衰落，太倉港一度取代上海港成為長江口主要出海港。但是太倉港本身的水文地理條件也不夠好，其港口貿易的衰落也很快出現。

元代中後期的上海港口因為水文地理變遷而有所衰落，吳淞江「潮水久淤」，同時太倉港口興起，分擔了一定的絲路貿易港功能，於是在「上海絲路港前期」上海港口與絲路的關係的下滑曲線開始出現。元代中期朝廷就開始撤掉上海的市舶司。大德二年（公元 1298 年），元成宗下令將上海市舶司和澉浦市舶司撤併入慶元市舶司。至正二年（公元 1342 年）元朝廷又在太倉武陵橋北設立了市舶提舉司，由脫脫擔任提舉一職。此事的意義也非常重大，說明在半個多世紀左右的時間裏太倉港口已經接近和超越上海港的官方貿易港地位，且標誌著元朝中後期長江口對外貿易口岸已經由上海港移至劉家港，同時說明南宋就已經興盛起來的寧波港口想接手長江入海口貿易口岸這個功能也確實很難，雖然寧波港口在唐宋已經成為中外之間的直發港，甚至在某些方面領先上海港，但是結果只能和劉家港暫時分擔一下，即慶元港和太倉港兩個市舶司並立。即使從考古來看，太倉也已經成為陶瓷外銷港。2016 年，在太倉城內東側的致和塘南岸，考古工作人員發現了樊村涇元代遺址，中有房屋、道路、河道等各種遺跡，出土了不少文物，還有大型倉儲遺址，倉址位置接近致和塘，存儲有大量元代瓷器，種類豐富，說明此地在元後期成為一處重要的倉儲基地和商貿場所。〔註15〕

然而，太倉港口的水文條件也不穩定，很快也走了下坡路。元明太倉的重要港口稱「瀏家港」，又稱「劉家港」。「劉家港」一詞有兩種含義，港口或河流。在元代的《大元海運記》和明初下西洋的費信所著《星槎勝覽》中提到的「劉家港」這個詞都一般是指港口，但在元人任仁發的《水利集》和明初洪武《蘇州府志》、夏原吉《蘇松水利疏》的文字中所提及的「劉家港」一詞都是指河流而不是指港口。元朝來劉家港貿易的商船以高麗、日本等國居多，其次是東南亞海船，這同樣也與市舶港口區位分布有相當關係，甚至號稱「萬艘如雲，畢集於劉家港」。看似劉家港繼承了長江口的水上丁字路口效應。劉家港遂號稱「天下第一都會」、「六國碼頭」。但是同時期的上海港也並不是完全衰落，不能通貿易。如元人許尚在《華亭百詠·蘇州洋》中所云：「已出天池外，

〔註15〕張志清：《江蘇太倉樊村涇元代遺址》，《大眾考古》，2017 年第 12 期。

狂瀾尚爾高，蠻商認吳路，歲入幾千艘。」〔註16〕詩題中的「蘇州洋」一詞是華亭以東海面的稱呼，這個稱謂其實是不太合理的，因為唐代蘇州包括華亭和青龍，而元代松江府設立之後蘇州基本成為內陸化的郡縣，上海地區也基本不歸蘇州管轄，稱這片海域為「松江洋」還差不多。在太倉市舶司設立的年代裏，上海港的對外貿易應該是以中轉貿易為主要形式。當時應當還有不少外來船隻是經過市舶後轉到上海港。上海港的相對衰落，一個重要原因是地理條件變遷，因為到元末明初吳淞江下游一度淤塞，「下流壅塞，難即濬治」。〔註17〕同治《上海縣志》卷十九則稱當時「潮汐淤塞，已成平陸。」要結合瀏家港的情況來看，應該說長江口一帶各河口可能普遍有淤積現象發生。上海港和劉家港的興衰交替還表現在明初朱元璋在其建國的 1368 年當年即在太倉和黃渡兩地設立市舶司，以及明初鄭和下西洋選定太倉劉家港而不是上海港作為出發基地。

顯然，上海港的地位在元朝中後期再次下降為二等港口。劉家港地位上升，這為明代鄭和下西洋出海活動選擇港口基地打下了基礎。但是，必須指出的是，稱為「劉家港」的河流在明代中期就漸漸發生淤塞，而且太倉港口的缺點也很明顯，就是深入內地的通道存在不足，因此無法與較廣大的腹地發生聯繫。因此在明代太倉港口很快又要重新讓位於上海港口。考慮到元朝歷時較短，跨度不足百年，太倉港和上海港地位的輪替只是反映了一種中期性而非長時段的歷史變化。

此外，政策雖然是取消了上海港口的直接外貿的權力，然而貿易發展的大勢已成，民間商業力量仍然努力突破限制，繼續發展。史書講「江南數郡頑民率皆私造大船出海，交通琉球、日本、滿刺、交趾諸蕃，往來貿易悉由上海出入，地方賴以富饒。」〔註18〕這說明通過違反朝廷的法規，江南商業力量仍然以走私等方式謀求發展，上海港口的貿易規模仍然不小。

上海地區的南蹌村在元代吳淞江與范家浜（即今黃浦江）相交之處，船舶商賈雲集，形成新的海港型市鎮，在南宋興起的慶寧寺也在大德年間（公元 1297 年～公元 1307 年）遷到當地。〔註19〕上海港的衰落不等於元朝不再

〔註16〕（元）單慶修、徐碩纂：《至元嘉禾志》卷28，《松江府題詠》，上海古籍出版社，2010 年版，第 305 頁。
〔註17〕顧祖禹：《讀史方輿紀要》卷 19，中華書局，2005 年版，冊 2，第 908 頁。
〔註18〕《崇禎松江府志》卷 19，書目文獻出版社，1990 年版，第 491 頁。
〔註19〕上海市楊浦區人民政府：《楊浦區地名志》，學林出版社，1989 年版，第 90 頁。

重視上海港。在元朝泰定、大德年間，經任仁發上書請奏後朝廷下令對黃浦江「疏導者再」，由任仁發主持治水長達二十年。任仁發主持了對吳淞江下游的疏濬，「西自上海縣界吳淞江舊江，東抵嘉定石橋洪，迤邐入海，長三十八里，深一丈五尺，闊二十五丈，役夫一萬五千，為工一百六十五萬一千六百有奇」。〔註20〕次年完工。在元朝大德八年（公元 1304 年）五月，中書省臣上書稱「吳江、松江實海口故道，潮水久淤，凡湮塞良田百有餘里，況海運亦由是而出，宜於租戶役萬五千人濬治，歲免租人十五石，仍設行都水監以董其程。」皇帝從之。〔註21〕於是，是年的正月「丙午，濬吳淞江等處漕河。」〔註22〕然而從此到明朝初年「僅通舟楫而已。」〔註23〕工程的效益很有限。

〔註20〕王為國：《吳淞江文化研究》，蘇州大學出版社，2019 年版，第 65 頁。
〔註21〕《元史》卷 21，中華書局，1976 年版，第 459 頁。
〔註22〕《元史》卷 21，中華書局，1976 年版，第 467 頁。
〔註23〕《弘治上海志》卷 2，《上海府縣舊志叢書·上海縣卷》，上海古籍出版社，2015 年版，冊 1，第 21 頁。

第九章　元代上海地區大族與外貿
活動

　　元代上海地區港口貿易與絲綢之路發展的一個特殊表現是上海地區的大
族在海上貿易中發揮了重要作用。史稱在元代「江南數郡頑民率皆私造大船出
海，交通琉球、日本、滿剌、交趾諸蕃，往來貿易悉由上海出入，地方賴以富
饒。」[註1] 所謂「江南頑民」在海上頗有作為，其中有一部分也是在上海地
區出現的。元代存在權貴海商現象，即一些「江南頑民」的上層人士兼具了權
貴和海商的雙重身份。在元代以前，這種權貴大族掌握海上貿易活動的情況沒
有出現過。

　　在這一時期，上海港在元代成為官方的大型海事基地，元代曾經把泉州作
為遠征日本的重要基地，這和當地船業中心的發達有很大關係。公元 1281 年，
元朝第二次遠征日本，十萬大軍分別從杭州和泉州出發。[註2] 公元 1292 年
元軍遠征爪哇也是以泉州為出發基地，攜帶了一年糧草和一千艘戰船。次年歸
國大軍也在泉州登陸。但是從元代海運的巨大規模來看，作為海運萬戶府駐地
和漕糧海運始發港的上海港，仍然是權貴大族開展外貿活動的基地，在絲路上
的歷史地位也不遑多讓。

一、海運權貴與海事活動：崇明朱氏、嘉定張氏和西沙殷氏

　　元代上海地區參與海上絲綢之路交流活動的一個特殊現象是出現了一些

〔註 1〕《崇禎松江府志》卷 19，書目文獻出版社，1990 年版，第 491 頁。
〔註 2〕《多桑蒙古史》，馮承鈞譯，中華書局，1962 年版，第 316 頁。

從事海洋航運和貿易活動的大族，包括在上海地區也出現了不少熱衷於海上經商的權貴大族，參與和推動了海上絲綢之路貿易的發展。其中的代表人物具有的一定的共同特徵。其一，他們多是在南宋末年即從事海事活動者，或為宋代沿海官宦，或為宋代海上亡命分子，但其都在宋亡的過程中受元朝招降，轉化為新朝的沿海海事官員。其二，這些海事大族在元代皆為海運與外貿官宦世家，其私家海上運輸力量很大，在元政府的信賴和利用下具有「承包」重要官方海事活動的能力。其三，通過利用元代海洋政策中重視和開放外貿的部分，多數海事大族的海洋貿易活動都得到了有力的發展。其四，與前代相比，在元代的上海地區首度出現了有特權庇護的海事大族興起的現象，這是元代中外海洋活動發展程度上升過程中出現的新現象。其五，這些大族在上海地區的出現或活動，證明了當地海事活動發展非常活躍，同時港口在當時中外海洋航運與貿易活動已經具有特殊地位。

來自上海地區本地的朱、張、殷三氏都係自宋末投誠元朝的大族，是其中最具代表性的幾家壟斷海運的權貴大族，也是值得一提的典型案例。

元代初年在長江口一帶活動的大海商朱清和張瑄曾奉命為元朝廷籌辦南北方之間的海上漕運，且同時藉以組織私家的海外貿易活動，成為海上絲路史上之重要事件。元代初年共設立三個海運運糧萬戶府，分別由朱清、張瑄、羅璧三人掌管，按照今天的行政區劃版圖來看其中羅璧算是鎮江人，而朱張兩人都算是上海人，張瑄是嘉定人，朱清是崇明人。元代的崇明海商家族多是在南宋末年就開始從事航海事業的，當時他們冒死遊走於南北不同政權的轄區之間以求生計：

> 攜老幼揚帆入海，南自通海，北至膠萊，往來飄忽，瀕海沙民
> 富家苦之，官吏莫如何也。〔註3〕

在元軍南下滅宋統一過程中這些海商家族多數順勢投元。

在南宋末年，年幼的崇明人朱清本以捕魚為生，而嘉定人張瑄則為乞丐。朱清殺人後流亡海上為盜。〔註4〕後來兩人相識，合夥做販私鹽的生意，然來又做了海盜。南宋的官府要緝拿他們，二人走投無路，舉家自海上逃到北方的山東半島，然後繼續在海上兼做海商與海盜，也參與走私貿易活動。元朝政府

〔註3〕 屠寄：《蒙兀兒史記》卷113《朱清張瑄列傳》，《元史二種》，上海書店出版社、上海古籍出版社，1989年版，第695頁。

〔註4〕 正德《崇明縣志》卷7《名宦》，《上海府縣舊志叢書‧崇明縣卷》（上），上海古籍出版社，2011年版，第47頁。

招降了他們，委任為軍官，又令其追隨丞相伯顏的大軍南下，參與滅亡南宋的戰役。二人還曾參與進攻日本和占城國。這大概都是因為元朝要利用他們對江南地理和海洋航運的熟悉，元朝統治者也因此也瞭解到朱張兩人在航海方面的能力和潛力，並早早加以利用。在伯顏平定江南之後，曾命張瑄、朱清等把宋朝的庫藏的國寶文物圖籍裝上船，從崇明州出發走海道運到元大都，同時還讓他們運糧背上，從浙西地區出發「涉江入淮」，再經由黃河逆水運到中灤旱站，然後陸運至淇門，進入黃河北的運河御河，最終運到大都。但是這條漕運路線太過艱難，成本太高，元朝廷又開通新的運河運路，開通濟州泗河，自淮河疏通至新開河，再由大清河運往利津。因運河入海口淤積嚴重，元朝廷又改道從東阿旱站運至臨清再插入御河，又開膠、萊河道通海，但是「勞費不貲，卒無成效。」在至元十九年，伯顏回憶朱張自海道運送宋朝文物圖籍的事蹟，認為海運是替代運河漕運的可行之法，於是向朝廷請奏，「命上海總管羅璧、朱清、張瑄等，造平底海船六十艘，運糧四萬六千餘石，從海道至京師。」但是開始運輸以後，發生了「沿山求嶼，風信失時」的事，運輸時間拖杳，至次年才運到至直沽港。元朝廷感覺不到便利，於是在「是年十二月立京畿、江淮都漕運司二，仍各置分司，以督綱運。每歲令江淮漕運司運糧至中灤，京畿漕運司自中灤運至大都。」到至元二十年（公元 1283 年）皇帝又聽從王積翁的建議，命阿八赤等廣開新河，仍然期望依靠漕運，但「新河候潮以入，船多損壞，民亦苦之。而忙兀言海運之舟悉皆至焉。」於是朝廷決定把漕運重心轉向海運，「立萬戶府二，以朱清為中萬戶，張瑄為千戶，忙兀為萬戶府達魯花赤。未幾，又分新河軍士水手及船，於揚州、平灤兩處運糧，命三省造船三千艘於濟州河運糧，猶未專於海道也。」〔註5〕

　　經此一番，朱張等人立了不少共計，得了中庸，業績拒了更大的權勢和能力。

　　到了至元二十三年（公元 1286 年）十一月元朝廷進一步提升朱張二人的職權：

　　　　遂以昭勇大將軍、沿海招討使張瑄，明威將軍、管軍萬戶兼管

　　海道運糧船朱清，並為海道運糧萬戶，仍佩虎符。〔註6〕

　　至元二十四年（公元 1287 年）元世祖增「置上海、福州兩萬戶府，以維

〔註5〕《元史》卷93，中華書局，1976 年版，第 2364 頁。
〔註6〕《元史》卷14，中華書局，1976 年版，第 293 頁。

制沙不丁、烏馬兒等海運船。戶、工兩部各增尚書二員。」〔註7〕是年成立行泉府司，專掌海運，結果海運萬戶府總為四府。〔註8〕十二月「丁丑，以朱清、張瑄海漕有勞，遙授宣慰使。」〔註9〕

元世祖專設兩個海路漕運萬戶府，只由朱張二人分掌：

> 二十八年，又用朱清、張瑄之請，並四府為都漕運萬戶府二，止令清、瑄二人掌之。其屬有千戶、百戶等官，分為各翼，以督歲運。〔註10〕

元世祖於公元 1283 年就在上海設立海運萬戶府，在 1291 年改為都漕運萬戶府，由朱張執掌。朱張二人可以說掌管了元朝的生命線命脈，而上海更成為海運中心所在。當時朱張組織的海運活動對商業的刺激很大。朱、張等人私家的「巨艘大舶，帆交番夷中」，〔註11〕還曾營建長江口以北的太倉港市作為航行和貿易的基地：

> 舟師貨殖通諸蠻，遂成萬家之邑。〔註12〕
>
> 先是劉家港漸西勢日深廣，清、瑄因導以入海，通海外番舶，蠻商夷賈雲集鱗萃，當時謂之六國碼頭。〔註13〕

元代的海運管理機構在元初經歷了多次改組，到至大四年（公元 1311 年）才基本定型，由「海道都漕運萬戶府」總領，其下設七個千戶所及鎮撫所，七個千戶所包括常熟江陰、崑山崇明、松江嘉定、杭州嘉興、慶元紹興、溫臺等六處，再加上設置於平江路的「海道香莎糯米千戶所」。元代主要的海運世官家族都分佈於這個七個千戶所的轄地之內，他們將漕糧海運作為一種家族世襲職業，壟斷繼承。

元代海上漕運活動和海上貿易的關係非常緊密。元朝海上漕運的規模很大，每年從江南地區運漕糧二三百萬石北上大都。這條海運航線即北洋航線的先驅，成為南北方之間經濟聯繫的大動脈。東南沿海各省所產的貨物及自南海而來的海外「番貨」，都彙集於朱清、張瑄開府的長江口一帶，其中有很

〔註7〕 《元史》卷 14，中華書局，1976 年版，第 298 頁。
〔註8〕 《元史》卷 93，中華書局，1976 年版，第 2365 頁。
〔註9〕 《元史》卷 14，中華書局，1976 年版，第 303 頁。
〔註10〕 《元史》卷 93，中華書局，1976 年版，第 2365 頁。
〔註11〕 陶宗儀：《輟耕錄》卷 5《朱張》，上海古籍出版社，2012 年版，第 59 頁。
〔註12〕 王祖佘等纂：《（民國）太倉州志》卷 1，1919 年（民國八年）刊本，第 11 頁。
〔註13〕 《宣統太倉州鎮洋縣志》卷 1，見《中國地方志集成》，《江蘇府縣志輯》，江蘇古籍出版社，1991 年版，第 18 冊，第 14 頁。

大一部分海運北上山東半島和渤海灣，甚至轉運到元京師大都。漕船返航時，又可以將北方的農產品和其他特產運回南方。這條海上航線當然促進了國內的南北貨物交流。同時也發生大量衍生的貿易內容，包括中轉貿易、海上走私和拉動對日本高麗的對外貿易。元代海運漕船也多在上海地區打造，都是平底沙船型海船。〔註14〕後來，上海港衰落，長江口市舶港的地位被太倉取代，而太倉港口的經營也和朱張有關。二人「自崇明徙太倉，以海運開市舶司，通日本、琉球諸島，商貨駢集，遂成東南大都會，號六國馬（史料原文如此）頭。」〔註15〕這也說明之前的崇明是朱張領管的重要海事基地。

朱張二人的子侄甥婿和左右僕從多數來自西沙崇明，從事海商貿易：

> 子侄甥婿皆大官，田陰遍天下，庫藏倉庾相望。巨艘大舶，帆交番夷中。輿騎塞隘門巷，左右僕從皆佩於菟金符，為萬戶、千戶。〔註16〕

朱張二人的結局並不好，因為被人舉報有枉法之事而在大德七年被抄家。〔註17〕次年族屬皆被禁錮，〔註18〕結束了兩家海上豪門的輝煌。

崇明西沙的殷氏一族，也是元代的海運高官世家，根據明代正德《崇明縣志》記載殷氏一族有7人擔任海運官員，約占總數的七分之一。〔註19〕情況列表如下：

姓名	殷明	殷茂	殷實	殷宗政	殷宗實	殷宗泰	殷旭
官職	授顯武將軍，領海路船戶，佩三珠虎符。	敦武校尉，管領海船千戶。	宣武將軍，海船副萬戶，佩虎符。	昭信校尉，海道千戶。	武德將軍，海道千戶，佩金符。	進義校尉，海道百戶。	進義校尉，海道百戶。

這個家族的前輩殷明本來是南宋末年的承信郎，官授至兩淮制置司統制馬步軍副總管，歸降元朝以後，於至正十三年（公元1353年）「為海漕建言，

〔註14〕辛元歐：《上海沙船》，上海書店出版社，2004年版，第58頁。

〔註15〕《雍正崇明縣志》卷18，《上海府縣舊志叢書·崇明縣卷》（上），上海古籍出版社，2011年版，第662頁。

〔註16〕陶宗儀：《南村輟耕錄》，中華書局，2004年版，第64頁。

〔註17〕《元史》卷21，中華書局，1976年版，第447頁。

〔註18〕《元史》卷21，中華書局，1976年版，第457頁。

〔註19〕正德《崇明縣志》卷7《武勳》，《上海府縣舊志叢書·崇明縣卷》（上），上海古籍出版社，2011年版，第46頁。

踏開生路」，〔註20〕開創了元代海運史上的第三條線路。

　　根據《元史》記載，海運的路線在元初是一條艱辛的路線：

　　　　　　自平江劉家港入海，經揚州路通州海門縣黃連沙頭、萬里長灘
　　　　開洋，沿山奧而行，抵淮安路鹽城縣，歷西海州、海寧府東海縣、
　　　　密州、膠州界，放靈山洋投東北，路多淺沙，行月餘始抵成山。計
　　　　其水程，自上海至楊村馬頭，凡一萬三千三百五十里。

　　朱清等就曾上書言稱路線險惡，並再開了第二條路線，有所拉直，也在一
定程度上避險：

　　　　　　自劉家港開洋，至撐腳沙轉沙觜，至三沙、洋子江，過匾擔
　　　　沙、大洪，又過萬里長灘，放大洋至青水洋，又經黑水洋至成山，
　　　　過劉島，至芝罘、沙門二島，放萊州大洋，抵界河口，其道差為徑
　　　　直。〔註21〕

　　次年身為千戶的殷明又開闢了一條新路線：

　　　　　　從劉家港入海，至崇明州三沙放洋，向東行，入黑水大洋，取
　　　　成山轉西至劉家島，又至登州沙門島，於萊州大洋入界河。當舟行
　　　　風信有時，自浙西至京師，不過旬日而已，視前二道為最便云。然
　　　　風濤不測，糧船漂溺者無歲無之，間亦有船壞而棄其米者。至元二
　　　　十三年始責償於運官，人船俱溺者乃免。然視河漕之費，則其所得
　　　　蓋多矣。〔註22〕

　　第三條路線即從劉家港開洋至崇明三沙，再避開萬里長灘直取黑水洋，然
後順風十日可到山東半島的成山，關鍵不僅在於減輕了風險，也降低了運輸成
本，「後減腳價作六兩五錢。」〔註23〕因此殷明立功，得以官封顯武將軍、海
船萬戶、汝南郡侯。

　　有史料稱這些江南「頑民」大族的海上貿易經營規模都非常大，以致「擁
有船隻多艘者，則委派船總管分赴各國。」〔註24〕朱氏、張氏、殷氏等家族都

〔註20〕正德《崇明縣志》卷7《名宦》，《上海府縣舊志叢書·崇明縣卷》（上），上海
　　　　古籍出版社，2011年版，第47頁。
〔註21〕《元史》卷93，中華書局，1976年版，第2366頁。
〔註22〕《元史》卷93，中華書局，1976年版，第2366頁。
〔註23〕雍正《崇明縣志》卷18《雜記》，《上海府縣舊志叢書·崇明縣卷》（上），上
　　　　海古籍出版社，2011年版，第662頁。
〔註24〕馬金鵬譯：《伊本·白圖泰遊記》，寧夏人民出版社，1985年版，第491頁。

借海運謀求家族的權勢，大搞航運貿易活動，相關的歷史影響一直延續到明代，因為直到明代，崇明縣仍有「鄉人多由海漕登仕」的傳統。〔註25〕

　　為何在元代而不是在其他歷史時期會出現這種獨特的歷史現象？原因可以歸結為以下幾點。一是在元朝以前，唐宋時期上海地區的城鎮發展和海上貿易發展相對於後世而言仍然較低，表現為沒有出現強大的本地海事大族勢力。二是在宋末，南宋王朝的衰弱使得一些海事家族有機可乘，實現了最初的暴利發家，並借勢元朝的政策得以壯大自己的勢力。元朝初年，上海地區的社會經濟規模發展很快，表現之一為設立了新的上海縣，同時元朝重視海上貿易和漕糧海運都達到了前所未有的程度，同時元朝通過類似「權責承包」的方式信重在海事方面有航運勢力的大族，使在上海地區活動的海事權貴大族得以興起。三是，中國海洋貿易活動的發展在宋元時期總體來看是走上坡路的，到了元代包括上海地區在內的整個江南地區對外貿易的整體狀態是處在興盛狀態中，且以上海港為重要出入門戶，整個海事進步的大環境存在推動作用。四是在元朝之後，相似的政策環境和地方社會環境再也沒有重複出現過，明清王朝多次實行海禁，抑制海上貿易的發展，也都對江南地區通海能力強的地方勢力始終保持警惕和防範，甚至壓制，使其無法抬頭。

二、市舶權貴楊氏及其他家族的海上貿易活動

　　來自浙江地區的楊氏家族是元代在上海地區世代管理市舶貿易的官宦權貴。其先人楊發也是歸降元朝的原南宋將領，在南宋時曾任「右武大夫、利州刺史、殿前司選鋒軍統制官、樞密院副都統」，而在歸降元朝後，「改授明威將軍、福建安撫使，領浙東西市舶總司事」，負責原南宋兩浙路範圍的市舶貿易管理。〔註26〕楊發的祖父楊春來自福建沿海，楊氏家族落籍在澉浦，也是沿海良港，但入元之後家族的代表人物之涉海活動多與元代上海港有關，或任職主事於上海地區，或以上海港為海事基地。

　　在至元十四年（公元 1277 年），朝廷派楊發管理包括上海市舶司在內的三處市舶司對外貿易：

> 立市舶司一於泉州，令忙古歹領之；立市舶司三於慶元、上海、

〔註25〕正德《崇明縣志》卷 7《名宦》，《上海府縣舊志叢書·崇明縣卷》（上），上海古籍出版社，2011 年版，第 48 頁。
〔註26〕陳旅：《楊國材墓誌銘》，見《安雅堂集》卷 11，《文淵閣四庫全書》影印本，臺灣商務印書館，1986 年版，第 141 頁。

澉浦，令福建安撫使楊發督之。每歲招集舶商，於蕃邦博易珠翠、
香貨等物。及次年回帆，依例抽解，然後聽其貨賣。〔註27〕

楊發之子楊梓也是元朝海事官員，曾參與元軍對爪哇的海上遠征。又如史
料記載，公元1301年元朝官員楊樞曾奉命率船從上海港出發開往「西洋」（今
印度洋一帶）進行貿易，歷時約3年之久。楊樞從上海出發下西洋，因功封授
松江、嘉定等處海運千戶，上海地區成為其海運仕途及定居安身之地。根據楊
樞的墓誌銘記載，他世居澉浦，占籍嘉興，死後追贈松江府知府。〔註28〕有些
研究直接稱此事為松江知府楊樞或是松江官員楊樞出使外洋，不免有誤，違背
了歷史事件發生的順序。楊樞曾兩次出海遠航，第一次是在元成宗大德五年
（公元1301年）前往西洋，而在大德八年回來，第二次是在元成宗大德八年
（公元1304年）再次遠達西亞波斯灣的忽魯謨斯，即今天的霍爾木茲，當時
的國際商貿中心，然後歸國。楊樞遠航行動與元朝中央政府和西亞蒙古伊利汗
國合贊汗之間的朝貢外交活動有關。伊利汗國是元代蒙古人在本土之外開拓
的四大汗國之一，其創建者旭烈兀是奉蒙古大汗蒙哥之命令西征，於公元1259
年建立這個大國。公元1298年合贊汗遣使向元成宗進貢，〔註29〕而使臣那懷
來到元朝的大都已經是大德八年（公元1304年）。〔註30〕

楊樞的第一次航行，本是從事官私合營的貿易活動，且是「致用院俾以官
本船浮海。」元朝曾實行的官本船制度是官商合營的貿易制度，即由官府請商
人代為經商出海，而官方出船出本錢，分享所得利潤：

二十一年，設市舶都轉運司於杭、泉二州，官自具船、給本，
選人入番，貿易諸貨，其所獲之息，以十分為率，官取其七，所易
人得其三。〔註31〕

這種官民合營的方法源起於元世祖的大臣盧世榮提出的建議，本義是為
了所謂「禁私泛海者。」〔註32〕即以官私合營來杜絕違法走私，而實則是為了
官府壟斷圖利。然而是年盧世榮罷官，元朝又取消這一政策，改為允許私商貿

〔註27〕《元史》卷94，中華書局，1976年版，第2401頁。
〔註28〕《金華黃先生文集》卷35《松江嘉定等處海運千戶楊君墓誌銘》，續修四庫全
書影印本，上海古籍出版社，1995年版，第1323冊，第452頁。
〔註29〕《多桑蒙古史》，中華書局，2004年版，冊下，第764頁。
〔註30〕《元史》卷21，中華書局，1976年版，第406頁。
〔註31〕《元史》卷94，中華書局，1976年版，第2402頁。
〔註32〕《元史》卷205，中華書局，1976年版，第4566頁。

易，依法交稅。〔註33〕在元成宗大德二年（公元1298年）朝廷設立致用院，恢復官本船制度。然而楊樞下西洋時只有十九歲，是因為他的家庭有海商背景，具備強大的航海能力，故為朝廷利用，出訪西洋，且途中貿易，並在中途引來了伊利汗國的使臣：

> （大德五年）遇親王合贊所遺使臣那懷等如京師，遂載之以來，那懷等朝貢事畢，請仍以君護送西還，丞相哈剌哈孫答剌軍如其請，奏授君忠顯校尉、海運副千戶，佩金符，與俱行。以八年（公元1304年）發京師，十一年（公元1307年）乃至其登陸處曰忽普模思云。是役也，君往來長風巨浪中，歷五星霜……既又用其私錢市其土物白馬、黑犬、琥珀、葡萄酒、蕃鹽之屬以進……泰定四年（公元1327年），始用薦者起家為昭信校尉，常熟江陰等處海運副千戶……天曆二年（公元1329年）部運抵直沽倉，適疾復作，在告滿百日，歸就醫於杭之私癖，疾愈劇，不可為，俄升松江嘉定等處海運千戶，命下，君已卒，至順二年（公元1331年）八月十四日其卒之日也，享年四十有九。〔註34〕

史料中有幾個重要內容，一是楊樞帶來了伊利汗國的使臣那懷，二是楊樞來回歷時五個年頭，三是楊樞在海外開展貿易活動，購買了很多當地土物，四是楊樞因功而受封為校尉和海運副千戶，因為海運活動立功在臨終前被朝廷封為松江嘉定等處海運千戶，然而命令到達的時候楊樞已經去世。此人的仕途和上海的緣分還是比較深的。

楊氏家族世居上海一帶，因其航海能力強，家有大量船舶，被視為朝廷的漕運棟樑。元武宗至大三年（公元1310年）十月，江浙的省臣曾上書稱：

> 今歲運三百萬，潛舟不足，遣人於浙東、福建等處和雇，百姓騷動。本省在丞沙不丁，言其弟合八失及馬合謀但的，澉浦楊家等皆有舟，且深知漕事，乞以為海道運糧都漕萬戶府官，各以己力輸運官糧，萬戶、千戶並如軍官例承襲，寬恤漕戶，增給顧直，庶有成效。〔註35〕

意即推薦楊氏家族承包海上漕運業務，執掌設於上海的都漕萬戶府，而元

〔註33〕《元史》卷205，中華書局，1976年版，第4570頁。

〔註34〕《金華黃先生文集》卷35《松江嘉定等處海運千戶楊君墓誌銘》，續修四庫全書影印本，上海古籍出版社，1995年版，第1323冊，第453頁。

〔註35〕《元史》卷23，中華書局，1976年版，第528頁。

朝尚書省則進一步提出：

> 請以為遙授右丞、海外諸蕃宣慰使、都元帥，領海道運糧都漕
> 運萬戶府事，設千戶所十，每所設達魯花赤一、千戶三、副千戶二、
> 百戶四。〔註36〕

上奏得到元武宗的同意。史料中提到的沙不丁也是在元世祖一朝長期管
理海運和市舶的蒙古官員，曾任江淮行省平章政事，而馬合謀但的則是泉州商
人，屬於色目人。沙不丁、合不失兄弟一家與楊家一樣，都是有大量私家船隻
的海商，應該都是有海上貿易活動的大家族。元武宗至大四年（公元1311年）
楊梓奉命「運海道，改萬戶，督糧赴都。」〔註37〕毫無疑問楊氏家族也是漕商
一體的家族，就是說同時從事海上漕運與海上貿易。楊梓經營海事多年，富可
敵國，據《海鹽縣志》卷七記載他在當地的豪宅很大：

> 延真觀，在西門內大街南，即舊志真武廟也。元土官宣慰楊梓
> 居之，建樓十楹，以貯姬妾。明初，楊氏遠徙，改為延真觀。〔註38〕

而他為海鹽的禪悅寺鑄鐘，也是極盡奢華：

> 用海外銅五千四百八十斤範鑄。建六丈樓懸之，聲聞數十里。

所謂「海外銅」應是楊氏家族通過海道貿易得來的財富。

此外，在元代嘉定地方，下海致巨富的大海商家族還有管氏，沈氏等。根
據《南村綴耕錄》記載：

> 嘉定州大場沈氏，因下蕃買賣致巨富。〔註39〕

元代的嘉定州，在今天屬上海市範圍內，也是本書考察對象的地理範圍
之內。

據明人何良俊的《四友齋叢說》所載，在元代松江一地民間還有數個海商
大族：

> 在青龍則有任水監家，小貞有曹雲西家，下沙有瞿霆發家，張
> 堰有楊竹西家，陶宅有陶與權家，呂港有呂璜溪家，祥澤有張家，
> 干港又有一侯家。〔註40〕

〔註36〕《元史》卷23，中華書局，1976年版，第529頁。
〔註37〕《天啟海鹽縣圖經》卷3《方城篇第一之三》卷6《食貨篇第二之下》，復旦大
學館藏明天啟刻本。
〔註38〕王彬修，徐用儀纂：《海鹽縣志》，見《中國方志叢書》，臺灣成文出版社，1966
年版，第207號，第3冊，第888頁。
〔註39〕陶宗儀：《南村綴耕錄》卷27，中華書局，1959年版，第342頁。
〔註40〕何良俊：《四友齋叢說》卷16，中華書局，1959年版，第136頁。

　　這些人往往都擁有自己的很多船隻和商業資本，但是上等海商一般是海運官宦世家，而中下等的海商往往因為自有船舶不多，或沒有大型可航海的船隻，打通官府關節的能力又很有限，也沒有特權庇佑，只好做大舶商的「人伴」，「結為壹甲，相互作保」，〔註41〕實際上是以合夥的方式搭船出海經商，或者在船上充任職務和負責攜貨出海貿易，對權貴海商階層完全屬於依附狀態。到元朝至正年間，上海縣的海事群體數量不小，方志中的官方統計多達「海船舶商稍水五千六百七十五人。」〔註42〕應還有少數失於統計。

〔註41〕《通制條格》卷18，《關市・市舶》，浙江古籍出版社，1986 年版，第 233 頁。
〔註42〕《正德華亭縣志》卷 4，《志賦役・戶口》，見《上海府縣舊志叢書（松江縣卷）》，上海古籍出版社，2011 年版，冊上，第 119 頁。

第十章 元代上海地區與中日佛教交流

　　古代上海地區參與海上絲綢之路經濟文化交流的歷史悠久。上海地區在古代曾是中國和日本佛教文化交流的重要樞紐，而元代表現突出。名僧清拙正澄先來上海駐錫傳法，後應日本上層邀請東渡傳法，影響深遠。這不僅是古代上海地區參與中日佛教交流並起到地理上重要橋樑的歷史見證，也反映當時上海地區的佛教發展狀態。宋元時期中日佛教宗派發展的階段性存在一定時間落差，這加強了不同時期日本佛教對中國佛教的學習的需要和可能。上海地區地處東南沿海，是經濟與文化發達的江南地區面向海上的對外交流門戶，本地經濟、交通與文化發展程度較高，吸引名僧進駐，保存大量經典，且能借江南與海絲兩端左右逢源獲得機遇。

一、清拙正澄赴日傳法事蹟考論

　　宋元時期中日之間佛教交流以上海地區為橋樑發生的一段佳話是清拙正澄赴日本傳法。元代日本臨濟宗祖師之一的中國名僧清拙禪師（公元 1274 年～公元 1329 年），諱正澄，本福建連江人，先後師從參平楚聳、谷源岳、無方了普、大歇真、虎岩淨伏、東岩淨日、愚極智慧等多位禪宗高僧，曾在雞足山修廟弘法，又在杭州淨慈寺學法十五年，最後投靠在松江府真淨寺出家的親兄月江和尚，從此駐錫松江，弘揚佛法。清拙的佛學修為極精，如《即休契了禪師拾遺集》記載稱：

> 師諱正澄。字清拙。福唐連江邑劉氏子。世業儒。母孫氏夢。
> 僧伽授以神珠。有娠。咸淳甲戌。正月十三日生。白光滿室。幼敏

不群。至元丙戌。年十三。父母知其志。送依城南之報恩。圓公月溪師。下髮。既受具。即參方。造杭之淨慈。慧公愚極師之室。語契機。俾執侍。極入寂。實公方山師補處。改典法藏。職滿巡禮。至袁之仰山陵公虛谷師。嘉其造詣。延以第一座。谷遷徑山熙公晦機師嗣席。舉以難足出世。倡極之道。立三關語。透者難之。既謝事。復吳淞。省其同母兄印公月江師於真淨。因留以養高。〔註1〕

事實上清拙禪師本來是準備在華亭興教寺終老和修行到底的，可當時有不少來華日本僧人集於他的座前，於是他的名聲因此傳到日本。在元朝泰定三年（公元 1326 年）日本當政者北條氏招聘清拙去日本傳法。

據《日本古先原公傳》記載日本名僧印原為解答佛學困惑來華，後來隨清拙正澄赴日本弘揚佛教，相助之，多有建樹：

> 徧歷諸師戶庭，咸無所證入，乃嘅然歎曰：「中夏乃佛法淵藪。盍往求之乎。」於是，絕鯨波之險，奮然南遊（中國）……復見諸大老，皆無異詞。會清拙澄公，將入日本建立法幢。師送至四明，澄公曰：「子能同歸，以輔成我乎？」師曰：「雲水之蹤，無住無心，何不可之有？」即攝衣升舟。其後澄公能化行於遐邇者，皆師之力也。然瓣香酧法乳，的歸之中峰。師化大行，專以流通大法，建立梵宮為事，若丹州之願勝，津州之保壽，江州之普門，信州之盛典，房州之天寧，皆郁然成大蘭若。而建長之西，復創廣德庵，命其徒守之。如慧林、等持、真如、萬壽、淨智，皆師受請弘化之剎，勞績之見不與焉。年度比丘千餘人，非所度而受法稱弟子者不與焉。〔註2〕

正澄和尚到日本後，深受幕府首領北條高時及後醍醐天皇的敬重，先後住持日本的建長、淨智、圓覺、建仁、南禪諸大寺，且應信濃守護小笠原貞宗的邀請，前往信濃地方開創開善寺。在當時的日本名僧轉遷寺院是一種擴大交流面的傳統方式，考慮到來異國傳法的需要，清拙在多座寺廟之間轉遷也有助於佛法的傳播。當在一個寺廟按照中華佛教宗旨規矩進行建樹，取得初步成果後，即可前去下一個寺廟再行交流甚至整頓，這就可以擴大文化傳播面。

〔註1〕 《即休契了禪師拾遺集》，《卍新續藏》第 71 冊，東京株式會社國書刊行會，1967 年，第 104 頁。

〔註2〕 明河：《補續高僧傳》卷一三，《卍新續藏》第 77 冊，第 465 頁。

清拙禪師在日本開創了「清拙派」，成為日本禪宗的二十四宗派之一。他精通禪宗禮法規矩，推行中國禪門的《百丈清規》，釐定《大鑒清規》，以肅正佛門規制，使日本的禪宗發生了全新的變革。小笠原貞宗本人信仰禪宗，在他制定小笠原家武士禮法的時候，曾向清拙禪師請教，結果吸取了禪宗的清規，形成小笠原派禮法，被後世日本武士奉為武士禮法的正宗，對日本各個階層的禮法都有很大影響。在清拙正澄主持日本建長寺的時候，後醍醐天皇又請他去主持建仁寺，不久又請他主持另一個大寺南禪寺，最終於歷應二年圓寂於建仁寺。〔註3〕清拙禪師圓寂後獲得日本天皇贈諡號為「大鑒禪師」。清拙禪師留世的著作有《大鑒禪師語錄》二卷、《禪居集》一卷、《雜著》一卷、《大鑒清規》一卷等。

二、清拙傳法與文化交流成功之原因分析

在宋朝和元朝，有二十六位中國禪宗名僧前往日本交流。清拙正澄自松江去日本傳法獲得成功，這件事的成就也是有幾方面原因決定的。試分析之。

首先，中日佛教發展大勢的階段性在元代再次出現了新的互補性，其發展狀態的階段性特徵存在一定的時間落差，中國禪宗在江南地區自唐宋以來呈長足的向上發展，而日本的禪宗則逐漸出現了頹勢，需要吸收新的營養。

在元代，佛教極受上層推崇，故《元史·釋老傳》稱：「元興，崇尚釋氏。」《佛祖統紀》的卷四十九則稱元世祖忽必烈在「萬機之暇，自持數珠，課誦、施事。」〔註4〕元代的皇帝比較關心佛教，曾發起多次佛道大辯論，結果使道教用來壓制佛教的《老子化胡經》被官方正式證偽。元代歷朝皇帝舉辦的佛事活動規模都很大，無論漢傳還是藏傳的佛教派系都得到良好的發展環境。元朝初年的中日關係不睦，元世祖曾發兵跨海討伐日本，但未能成功。元世祖和元成宗都知道日本上層多信仰自南宋傳來的禪宗佛教，故此為了修復中日的政治關係都曾派遣禪僧加入使團前往日本。元世祖的使團未能成行。到了大德三年（公元1299年）三月，元成宗命「江浙釋教總統補陀僧一山齎詔使日本」，詔書中稱「蓋欲成先帝遺意耳。」〔註5〕一山禪師（公元1247年～公元1317年）於大德三年（公元1299年）得元成宗賜號稱「妙慈弘濟大師」，並得朝廷賞賜的金襴僧伽梨，與去過日本的西澗子曇禪師一起東渡日本。日方當政者北

〔註3〕　（日）村上專精：《日本佛教史綱》，商務印書館，1992年版，第177頁。
〔註4〕　《佛祖統紀校注》，上海古籍出版社，2012年版，冊下，第1155頁。
〔註5〕　《元史》卷20，中華書局，1976年版，冊2，第426～427頁。

條貞時把他們迎至鎌倉，以師禮相待，使其先後住持建長寺、圓覺寺、建長寺、淨智寺等寺廟。元仁宗皇慶二年（公元 1313 年），日本的後宇多上皇下詔請一山住持京都大寺南禪寺。一山和尚在日本傳播禪宗，使日本禪宗的中心因此移至他所在的京都。日本僧人虎關師煉記載，一山和尚抵達京城時，可謂盛況空前：

> 京之士庶，奔波瞻禮，騰沓係途，惟恐其後。公卿大臣，未必悉傾於禪學，逮聞之西來，皆曰大元名衲過於都下，我輩盍一偷眼其德貌乎？花軒玉驄，嘶鶱輻馳，盡出於城郊，見者如堵，京洛一時之壯觀也。某時懷一香，隨眾伍而展拜，當時人甚多矣。〔註6〕

一山和尚去世之後，日本上皇追贈其為「佛光國師」，並親製畫像和贊文，稱之：「宋地萬人傑，本朝一國師。」〔註7〕

日本方面佛教禪宗的發展有曲折的一面。由於日本佛教主要傳自中國，因此宗派發展的興衰曲線有時呈一個時代的落差。中國禪宗大興於唐代，而傳入日本的時間也比較早，至遲在宋代已經有禪僧自華來日，但當時禪宗在日本尚不算流行，遠不及天台宗影響大。日本自身的禪宗產生於公元 12 世紀的晚期，當時榮西禪師從南宋中國求學歸來，〔註8〕開創了臨濟宗。其再傳弟子道元和尚入華學禪，於公元 1227 年歸國創立曹洞宗。在南宋王朝的後期，特別在宋理宗時期以後，不少日僧來中華學禪，引起日本禪宗立派的高潮出現，但是日本寺廟內的佛門儀軌規制仍屬落後。南宋理宗淳祐六年（公元 1246 年）中國臨濟宗高僧道隆來到日本，得到當政者北條時賴的召見，為之建寺，又曾為日本上皇說法，對日本臨濟宗發展的影響很大，但其推行的山門儀軌僅僅能在其主持的寺廟能夠嚴格執行，對其他日本佛寺和整個宗派而言其實影響甚微。宋朝中國禪宗繼續盛行，日本僧眾來華交流受到的影響很大，這種影響漸漸超過了天台宗的影響。宋朝亡國之後也有不少禪僧避亂逃往日本。傳入日本的禪宗當時號稱「二十四派」，且有不少宋元時期的日本禪僧還都是顯密雙修，實行跨宗派兼容式的修行。從 12 世紀晚期到 14 世紀前期，日本屬於鎌倉幕府的統治時期。北條氏主掌著日本鎌倉幕府的大權，其治下武士階層存在不小的內爭，而寺廟內部也有不小的矛盾。有些佛寺則通過佔有大地產和組織武裝僧

〔註6〕 （日）木宮泰彥：《日中文化交流史》，商務印書館，1980 年版，第 411 頁。
〔註7〕 釋東初：《宋僧東渡與日本武士道精神》，見張曼濤主編《中日佛教關係研究》，大乘文化出版社，1978 年版，第 254 頁。
〔註8〕 （日）村上專精：《日本佛教史綱》，商務印書館，1992 年版，第 172 頁。

兵而形成了政治和經濟的雙重勢力，竟成為與政治統治階層中的公家、武家可以並列的所謂「寺家」。寺廟之間的鬥爭也很激烈，以致再度存在僧人武鬥現象。可以說僧人的清修呈現出墮落的一面，這和日本禪林缺乏嚴肅的規制不無關係。雖然元初的中日關係沒有能夠在政治上得以理順，但文化往來仍然具備一定程度。不僅元朝皇帝派僧人去日本交流，北條氏也曾多次派人來華聘請有道高僧，包括迎請過無學禪師和同船的鏡堂覺圓禪師等人，以及清拙正澄，而正澄和尚在日本整頓禪宗叢林，樹立佛門儀軌的努力也正合日本禪宗發展的需要，再加上正澄協助制定的武士禮法，符合了北條氏通過整頓寺廟與武士秩序來整頓社會與政治秩序的需要。

其次，元代福建本地的佛教禪宗發展呈衰落趨勢，名僧和佛學著作的地域分布都很有局限性，可是包括上海地區在內的江南地域佛教興盛，禪宗發達，社會經濟條件佳好，而古代上海地區在元代更是一禪宗中心，吸引名僧進駐求學及交流，保存大量佛教學術經典，便於中外交流。因此清拙正澄等有發展潛力的高僧來滬是自然的，其個人的人際關係是一方面的原因，而地域文化氛圍對僧人包括對正澄兄弟的吸引也是重要因素。

江南佛教自唐代開始就不斷有新的發展。有學者統計唐代前期北方佛教寺廟的數量多於南方，而到了唐朝後期已經是南方多於北方。〔註9〕如前期蘇州有寺廟 19 座，而後期蘇州有寺 31 座，〔註10〕唐代的上海地區就主要是受蘇州的管轄。禪宗的重要支脈曹洞宗在唐代的江浙地域很發達，在五代戰亂時期卻呈衰落趨勢，但到宋代隨著社會經濟形勢好轉也得以重興。元代上海地區也有不少禪寺，比如文獻記載「松江府南禪寺為在城諸禪冠。」〔註11〕普照寺本來是在唐朝乾元年間（公元 758 年～公元 760 年）興建的，號稱「松江普照寺有千僧堂」，經唐宋以後經歷了數次毀滅，而於公元 1303 年重建，仍然是「千僧齊唱」和「千口萬聲」的場面。〔註12〕重要佛教史籍《佛祖歷代通載》的作者華亭念常法師即為元代華亭縣人，係至元壬午年（公元 1282 年）出生，曾入京城繕經，並與公卿大臣往來，為其傳作序的還有松江佘山招慶

〔註 9〕　李映輝：《唐代佛教地理研究》，湖南大學出版社，2004 年版，第 87～88 頁。
〔註 10〕　李映輝：《唐代佛教地理研究》，湖南大學出版社，2004 年版，第 91 頁。
〔註 11〕　《南禪寺南山勝地記略碑》，見柴志光、潘明權主編《上海佛教碑刻文獻集》，上海古籍出版社，2004 年版，第 68 頁。
〔註 12〕　《普照講寺重建千僧堂記碑》，見柴志光、潘明權主編《上海佛教碑刻文獻集》，上海古籍出版社，2004 年版，第 75～76 頁。

寺住持覺岸。〔註13〕據學者統計元代上海地區興修的大小寺廟多達 107 座之多，〔註14〕超過南宋和北宋兩個時期的寺廟數量總和。

再次，上海地區成為中日交流樞紐港口，故此清拙正澄之盛名易為傳播，故被日人瞭解和邀請。

元代江南地區對外交流的開放港口主要有二，上海與寧波。兩地都是江南及其周邊，在中日之間東北亞絲綢之路上發揮作用的樞紐港口，且相鄰較近，無論僧人交往、信息流通還是海陸旅行都存在密切聯繫。元朝起初在泉州、慶元（寧波）、上海、澉浦、杭州、溫州、廣州七個主要港口設立市舶司，〔註15〕後又在雷州半島設立。八大港口的位置分布都在南方，其中最北邊的一個是上海，其南即寧波，應該是由上海和寧波兩處港口充當和日本交通的主要交流門戶。從宋到元，上海地區的港口和城市保持快速發展。元至元十四年（公元 1277年），華亭縣被升級為松江府，「（至元）二十七年（公元 1290 年），以戶口繁多，更置上海縣。」〔註16〕元代的江南土豪多「私造大船出海」，交通日本、琉球、滿剌、交趾各地，「外來貿易悉由上海出入，地方賴以富饒。」〔註17〕朱清張瑄等人奉命籌辦海上漕運，同時組織私人的海外貿易，「巨艘大舶，帆交番夷中」。當時自上海港出發的貿易範圍遠至日本和印度尼西亞群島。元朝曾禁止對日金銀和銅錢的越海互市，〔註18〕但是後來仍破例允許日商用黃金兌換日本急需的銅錢。〔註19〕元代上海港出口的商品包括有從閩浙地區轉運往日本、高麗貿易的陶瓷和金銀。進口商品則有珠寶、犀象、香料、藥材等蕃貨。經由上海港口的元代中日交通發達，中日佛門信息傳遞也有通暢的渠道。元朝大德二年（公元 1298 年）上海市舶司和澉浦市舶司撤併入慶元市舶司，因此從上海港直發日本的航運受限，清拙正誠禪師自寧波港口中轉登船去日

〔註13〕《佛祖歷代通載》卷 1，見《中華大藏經》，中華書局，1994 年版，第 82 冊，第 807 頁。

〔註14〕阮仁澤、高振農主編：《上海宗教史》，上海人民出版社，1992 年版，第 117～119 頁。

〔註15〕《元史》卷 17，中華書局，1976 年版，第 372 頁。

〔註16〕《乾隆重修青浦縣志》卷 1，見上海市地方志辦公室、上海市松江區地方志辦公室編《上海府縣舊志叢書》，《青浦縣卷》冊上，上海古籍出版社，2014 年版，第 434 頁。

〔註17〕崇禎《松江府志》卷 1，書目文獻出版社，1990 年版。

〔註18〕《元史》卷 14，中華書局，1976 年版，第 285 頁。

〔註19〕《元史》卷 208，中華書局，1976 年版，第 4628 頁。

本可以理解，但這不等於說上海地區和出海的對外貿易與航運沒有關係，因為日僧間的信息交流和人際交往，雖然須經過寧波中介，但上海與日本之間的佛教交流依然可以通暢。

元代上海地區地處東南沿海，作為經濟與文化發達的江南地區面向海上的對外交流門戶，本地之交通條件與文化發展程度均較高，且能借江南文化與海絲貿易兩端左右逢源獲得機遇，中國江南佛教宗派在元代出現的重要發展與東北亞各國在唐宋元時期開展的豐富佛教文化交流得以借地開展，證明古代上海地區與海上絲綢之路文化交流的不解之緣。

第三編　上海絲路港後期

　　本編各章研究的是「上海絲路港後期」的歷史現象，即明清時期的上海地區與絲綢之路的關係。「上海絲路港後期」始於明初，結束於 1840 年以前。在這個時期上海港口的地理條件日益穩定下來，不僅絲路活動的發展走出之前的短暫衰落期，而上海港的地位也因此日益穩定。在這一時期，古代上海地區的發展與海上絲綢之路貿易交流繼續存在相當密切的關係，雖然經歷了一些禁海的政策干擾，上海地區參與海上絲綢之路交流活動的支點始終是上海港為主，對外交流發展的曲線狀態在明初和清初兩度從小的低谷狀態中重新上揚的活力，同時上海港在全國的經濟地位總體上也比前代日益鞏固。

第十一章　明代上海地區與海上絲綢之路

　　明代的上海地區對外貿易仍然處於市舶貿易時期。大體來講，明代上海地區與絲綢之路相關的歷史事蹟主要是兩個方面的重要表現。

　　一是，在明朝前期，明朝的上海地區港口貿易發展狀態是逐漸走出了元代後期的衰落週期，雖然上海港在元代後期出現衰落，劉家港成為鄭和下西洋活動的出發基地，但下西洋活動與上海地區仍然存在一定的關係。明初上海港的發展，但與唐宋和清代相比，基本上還是處在發展的低谷，為後來的「中興」做準備，並借助江南水利活動的再度成功而重新擁有好的港口條件。明代上海港也是海上絲綢之路的眾多的絲綢之路貿易的起點港和中轉港之一。明代初年的鄭和下西洋活動雖然以太倉劉家港為出發港，但曾數次在上海地區海域集結和停泊。

　　二是自明朝中葉以後，伴隨著海禁政策的變化，上海地區港口貿易出現了新的發展，因為伴隨著明中葉開始的生產進步，形成了絲路上的生產中心，絲路貿易也得到新的發展刺激。上海地區不但對絲綢之路活動的參與也經歷了曲折的興衰歷程，走出自元末到明初的低谷期，由衰轉盛，而且展現出手工製造業的優勢，成為一個始發港。歷史上的海上絲綢之路有中國與東北亞地區之間的東方海上絲綢之路，以及通過南海出印度洋的南方海上絲綢之路兩條重要分支，明代上海地區的對外貿易繼續與這兩條路線都發生了聯繫。再次在海上絲綢之路上借助國際貿易而繁榮。雖然面臨明代禁海政策的反覆限制，但既然沒有完全禁停對外貿易活動，而地理條件也沒有發生衰變，上海地區的對外貿易仍然曲折地向上發展著。

一、明初上海地區與官方海事活動

在元代後期，上海港由於水文地理條件變遷而出現港口貿易發展的低谷期。上海港口的地位在元朝後期再次下降為二等港口，同時劉家港地位上升，這影響了明代下西洋出海活動對基地和始發港的選擇。太倉港口暫時取代了上海港在元代前期所承擔的很大一部分重要功能。但是，在明朝初期，借助水利改善工程，上海港的復興逐漸展開，上海港再次成為直接開放的市舶貿易港，而官方的海事活動仍然和上海地區發生重要的關係。從明前期開始，上海港口開始逐漸走出元朝後期港口發展的低谷期，鄭和下西洋數次選擇上海地區作為船隊的集結地和停泊點，水利建設的成果使港口條件優化，為港口長期發展打下新的基礎。明初上海港與海上絲路之聯繫主要在於以下幾點。

其一，在明朝初年開國者朱元璋就曾在上海附近的太倉州黃渡鎮（今嘉定黃渡）設立市舶司，管理進出劉家港的海外貿易船舶，這當然反映了長江口外貿港的重心自太倉再次向上海轉移。但因「海夷狡詐無常，迫近京師，或行窺伺，隨罷不設」，〔註1〕不及二三年這個市舶司即遭罷廢。

公元 1356 年朱元璋在江南地區首先建立吳政權，稱吳國公，1364 年稱吳王，當時就實行了海禁。但朱元璋其實並非不知道海洋貿易的重要性，相反從他稱帝後的政策來看其實他非常瞭解海外貿易的戰略意義，實行海禁主要是政治鬥爭的需要，即其對手張士誠和方國珍的「通海」活動都很活躍，因此造成朱元璋要對濱海地區加強管制。在建立吳政權的元年（公元 1367 年），朱元璋就下令在上海地區的黃渡港口設立市舶提舉司，主管外貿活動，包括徵稅，為新生的政權籌集財政收入服務，至明初洪武三年（公元 1370 年）二月罷之。〔註2〕後來明太祖又在廣州、泉州、寧波三地也都設立過市舶司。明太祖建立新王朝後一直力圖通過必經朝貢體制和限制私人貿易來對中外往來加以統制，如洪武十四年（公元 1381 年）明太祖下令「禁瀕海民私通海外諸國」。〔註3〕這也成為影響明代一代的對外戰略，使民間貿易受到一定的壓制。

其二，鄭和下西洋活動的首次和第六次都曾在崇明集結和停泊。

必須指出的是，明朝對外貿活動的限制很大，遠超以前的朝代，但並非禁

〔註1〕（明）沈德符：《萬曆野獲編》卷 12《戶部，海上市舶司》，中華書局，2012年版，第 266 頁。

〔註2〕《明實錄類纂：經濟史料卷》，武漢出版社，1993 年版，第 944 頁。

〔註3〕《明太祖實錄》卷 139，洪武十四年十月己巳條，上海古籍出版社，1983 年影印本，第 2197 頁。

絕對外貿易活動。明成祖好大喜功，熱衷於對外擴大交往。他發動的鄭和下西洋活動是海上絲綢之路歷史上的大事。鄭和船隊主要是自太倉劉家港出長江入海，但是下西洋活動與明代上海地區仍然存在一定的關係。學者蘇月秋曾專門著文研究，〔註4〕此處再做論述。鄭和船隊曾經經過上海地區並停泊、集合數次。如康熙《崇明縣志》記載：

> 明永樂三年（公元 1405 年），太監鄭和下西洋，海船二百八艘集崇明。二十二年（公元 1424 年）八月，詔下西洋諸船悉停止。船大難進瀏河，復泊崇明。〔註5〕

雍正《崇明縣志》的記載文字與之基本相同。〔註6〕這說明鄭和首次下西洋即在崇明附近水面集結，而下西洋活動結束後鄭和船隊返回國內，因太倉瀏河港的水文條件變差，無法容納這麼大型的船隊，故只好停泊於崇明島。這在一方面說明元代後期崛起的劉家港水文條件不利或者說開始發生衰變，而另一方面這也說明朝初年崇明島海岸的港灣停泊條件並不是太差，可以容下鄭和船隊的大型寶船。此外，光緒《崇明縣志》也記載了在永樂七年（公元 1409年）鄭和第二次奉旨下西洋，經過崇明出海：

> 費信《星槎勝覽》云：永樂七年，太監鄭和、王景宏、侯顯等統官兵二萬七千八百餘人，駕大海舶修四十四丈、廣十八丈者凡六十二號，由劉家河口過崇明出海，往西南諸番國宣示天子威靈，世所謂三保太監下西洋是也。崇明師船之盛莫過於此。〔註7〕

光緒年間的志書出現雖然較晚，但經蘇月秋考證，此段文字記載並未見於鄭和助手費信所著《星槎勝覽》的現存本，應為原書佚失的文字。若說清代地方志的編寫距離鄭和出海的年代已經很久遠，那麼明朝正德《崇明縣志》的記

〔註4〕 蘇月秋：《上海與鄭和下西洋關係考》，《傳統中國研究集刊》第 15 輯，上海社會科學院出版社，2016 年版。

〔註5〕 （清）朱衣點修，（清）吳標等纂，杜東嫣點校：康熙《崇明縣志》卷 14《逸事志》，見《上海府縣舊志叢書·崇明縣卷》（上冊），上海古籍出版社，2011年版，第 340 頁。

〔註6〕 （清）張文英修，（清）沈龍翔、葉長揚纂，郭時羽點校：雍正《崇明縣志》卷 18《雜記》，見《上海府縣舊志叢書·崇明縣卷》（上冊），上海古籍出版社，2011 年版，第 660 頁。

〔註7〕 （清）林達泉等主修，（清）李聯琇等纂修，馬顥點校：光緒《崇明縣志》卷 17《雜誌》，見《上海府縣舊志叢書·崇明縣卷》（中冊），上海古籍出版社，2011 年版，第 1546 頁。

載中另有旁證，其中記載：「天妃宮，昔在寶船港口，後遷於後州南。」〔註8〕這說明明初上海地區的崇明島存在一個鄭和船隊的停泊港，該港口還建有航海者所信仰的媽祖廟。「寶船」一詞在明代曾作為鄭和艦隊船隻的專門代稱。寶船港的具體位置缺乏資料來供考證，但有崇明學者章天根指出崇明西沙臨近劉家港，推測寶船港的地點應在崇明西沙，推斷明初的寶船港天妃宮即後來的崇明西沙靈慈宮，〔註9〕舊址尚存。

　　崇明島是在長江口不斷通過淤積出現的島嶼，最初在唐代僅僅是幾個沙洲。在唐初武德年間（公元 618 年至公元 626 年），在長江口胡逗洲的東南方漲出了兩個沙洲，相隔約 70 餘里，分別被稱為西沙和東沙。地方志相傳女皇武則天治下的萬歲通天年間（公元 696 年至公元 697 年）才開始有漁民和樵夫在西沙群島定居。到五代時期，十國中的楊吳政權與錢氏吳越政權在長江口一帶開戰，吳國將領、靜海（今南通）鎮都鎮遏使姚彥洪於楊吳天祚三年（公元 937 年）在西沙地方設立了崇明鎮，這個軍事行政建置也就是崇明歷史上最早的行政區劃設置。吳國為南唐所取代。到了南唐君主李璟繼位稱帝後，崇明鎮就歸南唐靜海制置院管轄。後周顯德五年（公元 958 年），周軍攻下南唐江北土地，佔領並廢除崇明鎮，但仍是由靜海軍政區轄制西沙、東沙。北宋初年朝廷恢復崇明鎮建置，歸通州（今南通）海門縣管轄。元朝至元十四年（公元 1277 年），崇明升為州，隸屬揚州路，元朝初年還設過西沙巡檢司。明朝洪武二年（公元 1369 年），崇明又降州為縣。洪武八年（公元 1375 年），崇明縣改隸蘇州府管轄。但是作為習慣沿用的地名，即使在崇明島連洲成島後，「西沙」的地名一直都存在著。

　　章天根的推測仍然需要去進一步找到更多文獻資料來考實。鄭和下西洋活動的記錄中曾表現出明朝官方非常重視和航海活動密切相關的媽祖信仰，常修天妃宮，鄭和船隊在國內的停泊港口必有天妃宮的情況也是完全合理的，而崇明明代天妃宮存在的事實也可加強停泊港存在的可能性。

　　永樂二十二年（公元 1424 年）鄭和船隊完成第六次下西洋歸國，再次停

〔註8〕　（明）陳文修、黃章等纂，許兵、郭焰點校：正德《崇明縣志》卷 9《古蹟》，見《上海府縣舊志叢書‧崇明縣卷》（上冊），上海古籍出版社，2011 年版，第 55 頁。

〔註9〕　章天根：《崇明島上天妃宮及其民間信仰》，中國人民政治協商會議上海市崇明縣委員會網站文史資料部分，http://zhengxie.shcm.gov.cn/cmzx_wszl/List/list_11.htm。

泊在崇明，史料適逢當年八月十二日明成祖朱棣病逝，其子明仁宗朱高熾已經即位。新皇帝考慮到國庫空虛，下詔停止下西洋活動。鄭和下西洋活動共有七次，第七次是在宣宗宣德年間，已經是財力勉強的強弩之末。如果鄭和下西洋活動在仁宗和其子宣宗統治期間繼續維持永樂時期的投入力度和活動規模，上海地區特別是崇明島港口是否會興起成為下西洋的出發港？或是重要必經港口？歷史不能假設，故此不得而知，但筆者也認為從三次下西洋都曾在崇明泊集的事實來看是確實完全存在這種可能性，上海地區的港口發展正在因水文條件改善而復興，發展方向是向上的無疑。

其三，鄭和下西洋船隊當中還有來自上海地區的隨員。

經蘇月秋考證，《瀛涯勝覽》一書中記載鄭和船隊配有「醫官、醫士一百八十名」。〔註10〕其中可考的來自上海地區的大夫有三人，一為陳常，字用恒，是明朝上海縣人，〔註11〕於永樂十五年（公元1417年）隨鄭和下西洋，「歷洪熙、宣德間，凡三往返」，「計所涉歷，自占城至忽魯謨斯，凡三十國」。〔註12〕即陳常去了三次，到過三十個國家和地區。第二個為陳以誠，上海楓涇人，在永樂年間，「以能醫薦入太醫院，累從中使鄭和往西洋諸國」。〔註13〕就是說他跟隨船隊去過多次。陳以誠回國後因功被提升為太醫院院判，臨終曾作詩云「九重每進千金劑，四海曾乘萬斛船」，以詠誦自己的經歷。〔註14〕第三個是華亭縣人吳仲德，在入太醫院前此人已是本地名醫，史料稱其「得家傳之秘，不惟精丸散之方，復工燒煉之法」。〔註15〕明永樂五年（公元1407年）吳仲德入太醫院任事，醫術高明，「達官貴人，以及閭閻士庶，求治病者，往往著奇

〔註10〕　（明）馬歡原著，萬明校注：《明鈔本〈瀛涯勝覽〉校注》，海洋出版社，2005年版，第6頁。

〔註11〕　（明）陳威主修、顧清總纂，祝伊湄點校：正德《松江府志》卷30《人物七》，見《上海府縣舊志叢書（松江府卷）》冊1，上海古籍出版社，2011年版，第462頁。

〔註12〕　（清）郭廷弼修、周建鼎纂，余璐、吳長青標點：康熙《松江府志》卷46《藝術》，見《上海府縣舊志叢書（松江府卷）》冊5，上海古籍出版社，2011年版，第892頁。

〔註13〕　（清）許光墉、葉世雄、費沄修輯，江漢椿、江漢森標點：《重輯楓涇小志》卷6《志人物》，見《上海鄉鎮舊志叢書》，上海社會科學院出版社，2005年版，第188頁。

〔註14〕　（清）陳夢雷主編：《古今圖書集成醫部全錄》卷511《醫術名流列傳》，人民衛生出版社，1988年版。

〔註15〕　（明）陳璉：《琴軒集》卷15《赤松丹房記》，康熙六十年刻本，轉引自李慶新《〈琴軒集〉與鄭和下西洋》，《廣東社會科學》，2003年第4期。

效」，〔註16〕「嘗三次從諸太監往西洋爪哇、柯枝、錫蘭、阿丹等國、經歷海洋，往回數萬里」。〔註17〕就是說吳仲德去過西洋三次。這些醫生在下西洋過程中發揮了重要作用，不僅為船隊人員提供了必要的醫療服務，也為在海外傳播醫學做出了貢獻。

其四，還有有椿絲路佳話，即松江人沈度繪名作《瑞應麒麟圖》頌讚鄭和下西洋活動。

自永樂三年（公元 1405 年）至宣德五年（公元 1430 年），鄭和船隊總共七次下西洋，帶回許多東南亞、西亞、非洲各國的物產，其中長頸鹿曾以麒麟之名被作為貢品來華共七次。〔註18〕此物稀見，被視為祥瑞。永樂十二年（公元 1414 年），榜葛剌（今孟加拉國）國進貢「麒麟」。〔註19〕明成祖拿出謙虛姿態，拒絕群臣進表祝賀，〔註20〕但翰林院學士沈度在九月仍撰寫《瑞應麒麟頌》來恭維。沈度是明代書法家，係松江華亭人，在永樂帝即位不久後進入的翰林院，「遂由翰林典籍擢檢討，歷修撰，遷侍講學士。」〔註21〕沈度並無繪畫作品傳世，寫有他頌文的著名畫作《瑞應麒麟圖》可能是他請畫師繪製而後再題寫頌詞。〔註22〕

其五，無論如何，上海地區港口畢竟沒有承擔鄭和船隊主要始發港的重任，這說明自元代後期以來上海港口水文條件發生的衰落尚未完全結束，但是自明代前期開始到明中葉出現了一些積極的變化，為明代後期上海地區絲路貿易的新發展打下積極的基礎，特別是明初江南水利治理為上海港帶來長期的地理條件紅利，長江口出海港的角色開始回歸。

與鄭和下西洋同時代，明朝初年由戶部尚書夏元吉主持的治水活動取得了良好進展，吳淞江得到了很好的疏濬，大大改善了上海海岸線的航行條件。

〔註16〕（明）陳璉：《琴軒集》卷 15《赤松丹房記》，轉引自李慶新《〈琴軒集〉與鄭和下西洋》，《廣東社會科學》，2003 年第 4 期。

〔註17〕（明）陳璉：《琴軒集》卷 15《赤松丹房記》冊 2，上海古籍出版社，2011 年版，第 771 頁。

〔註18〕許秀娟：《麒麟形象的變遷與中外文化交流的發展》，《海交史研究》，2002 年第 1 期。

〔註19〕《明史》卷 326《榜葛剌》，中華書局，1984 年版，第 8446 頁。

〔註20〕（明）嚴從簡著，余思黎點校：《殊域周諮錄》卷 11《榜葛剌》，中華書局，2000 年版，第 386 頁。

〔註21〕《明史》卷 286《文苑二》，中華書局，1984 年版，第 7339 頁。

〔註22〕李若晴：《麒麟入貢——〈瑞應麒麟圖〉考析》，《中國花鳥畫》，2007 年第 4 期。

鄭和下西洋的過程中，太倉港口就開始快速衰落，同時上海港口環境條件開始
再次優化。永樂十三年（公元 1415 年）明朝停止了海上漕運活動，於是太倉
劉家港所承擔的官方職能就只剩下為下西洋活動服務。宣德年間下西洋活動
完全停止以後，明朝中央官方對劉家港的重大利用就算是基本結束，而當地的
河道疏濬維護工作也結束了，導致河道、河口逐漸進一步淤積而不利於航運，
因下西洋活動而建築的港區設施也開始被廢棄。明正統七年（公元 1442 年），
太倉地方的半涇、吳塘、古塘三關都被廢棄，〔註23〕而太倉的海運倉也改為便
民倉，並於正德十年（公元 1515 年）被移至城西門外，其為漕運活動服務的
職能被基本取消。原來設在太倉當地的海運總兵衙門、甲仗庫、軍儲倉庫、兩
淮都轉運鹽使司衙門、蘇州府造船場等設施也都很快都廢棄。在明中後期，太
倉和上海兩地之港口地位對比，可以說是一降一升，效果清晰。

其六，明代初期由領導漕運的平江伯陳瑄主持修築了上海地區寶山烽堠，
成為上海對外航運的重要航標：

> 平江伯（陳）瑄上書，言嘉定之南百里而遙，其海多沮洳，不
> 利漕艘，宜裒土若山者以識之。詔曰可。俾以漕卒築，其高為丈者
> 三十，其方為丈者百。天子至，勒碑以紀之，而中貴人（鄭）和等
> 海舶之收啟亦取標焉。〔註24〕

平江伯陳瑄在永樂元年（公元 1403 年）開始受命總督海運，於長江口堆
土為山，修築寶山烽堠，本來的目的是為漕糧海運服務，是中國歷史上第一座
大型行船燈塔，然而在客觀上成為鄭和下西洋活動，甚至包括明代對外航海
貿易活動在長江口所可以利用的重要航標，其作用非常積極，以致上海地區出
發的船商可以「其膏腴富庶與華亭同，而加之以魚鹽蜃蜃之利，乘潮汐上下浦
射，貴賤貿易，駛疾數十里如反掌，又多能客販湖、襄、趙、齊、魯之區，不
數年可致巨產。服食侈靡，華亭殆不及焉。」〔註25〕這當然也為海上絲綢之路
貿易活動提供了便利。

至萬曆十年（公元 1582 年）這座人工土山被海潮淹沒，但是所幸當時黃

〔註23〕（明）李端修、桑悅纂：《太倉州志》卷 2，見《日本藏中國罕見地方志叢刊
　　　　續編》，北京圖書館出版社，2003 年版，冊 3，第 41 頁。

〔註24〕王世貞：《寶山堡記》，載康熙《嘉定縣志》卷 22《藝文五》，見《上海府縣舊
　　　　志叢書·嘉定縣卷》，上海古籍出版社，2012 年版，冊 1，第 805 頁。

〔註25〕弘治《上海志》卷 2，見《上海府縣舊志叢書·上海縣卷》，上海古籍出版社，
　　　　2015 年版，冊 1，第 92 頁。

浦江的出海口已經變遷到今天的吳淞口，也就不再需要寶山烽堠繼續充當航標了。

後來，在天順四年「有司以都御史崔恭之命相度之，謂故道雖淤必合，乃鑿新地，利薄而力亦倍焉。」至成化年間，水利部門繼續施工，改善淤積，「又日深廣，與浦爭雄矣。」〔註26〕

在歷史上有些時刻，地理條件的變遷會體現為「雙刃劍」式的效果，長江口淤積的現象在元明之交不僅造成上海港的衰落，也曾造成崇明海岸線的有利的進步。這不僅導致了鄭和下西洋利用崇明來停泊集結，而此後直到清代崇明的海運業逐漸崛起，也與淤積成陸導致的積極效果不無關係。

總的看，從明朝中期開始，明代長江口一帶的水文條件變化有助於上海的港口發展。

二、明代上海地區出口生產基地的形成與本地絲路貿易的復興

明朝中葉以降，江南生產進步，棉布和其他優質商品開始在絲路貿易中佔據更重要的地位。地方居民多有參與出海貿易甚至移民者。即使明代後期存在斷續而嚴苛的海禁政策，絲路貿易的勢頭依然蓬勃向上，經由上海的絲路貿易遠達東北亞和東南亞。

自公元15世紀開始，西方人的所謂「地理大發現」帶來了新航路的開闢，中國生產的絲綢開始大量流入歐洲和美洲，海上絲路貿易依然充滿著各種機會，上海地區也不例外。棉布幾乎是明代上海地區主要的外銷商品，其實鄭和下西洋船隊所載貨物也包括不少上海所產的土布。在手工製造業發展的推動下，明朝後期上海地區對外貿易出現了新的發展。

首先，在明朝，上海地區形成了新的絲路商品生產中心。

明朝正德時期（公元1506年～公元1521年）以後，上海地區城區水系的格局有了新的定型，大型船舶可以溯江直到上海縣城之下，上海縣城的十六鋪沿岸碼頭區形成了一個天然良港，非常有利於航運貿易，從這時候起到清朝，上海地區的海港水文再也沒有發生大的不利於航行的波動。因此，像南宋時期發生的青龍鎮港和江灣鎮港、黃姚鎮港那樣的短時期的興衰波動在上海地區再也沒有出現過，上海港口貿易基本上形成了穩定發展的曲線。港口的穩

〔註26〕弘治《上海志》後序，見《上海府縣舊志叢書·上海縣卷》，上海古籍出版社，2015年版，冊1，第21頁。

定給商業流通帶來穩定的環境條件，促進城市和港口貿易的穩定的上升型發展。除了港口條件的改善，手工業生產的進步是推動上海地區絲路貿易的一大動力。

在明清時期，絲綢之路上不同商品所佔比例結構與唐宋時期相比有很大的變化。如陶瓷外銷總數仍然在上升，但其在外銷商品中所佔的份份額髮生了相對下降，特別是在自明萬曆末年至清朝初年，因為明朝後期的江南地區官窯被大量廢止，葡萄牙等歐洲國家的商人曾一度只好轉向日本，進口其肥前地區有田窯燒製的青花瓷和五彩瓷。〔註27〕此外，在傳統名品絲綢、陶瓷之外，布匹、貴重金屬、文化用品、藥品等及其他社會日用品在貿易額中所佔比例都在大大上升，這使得絲路商品的種類範圍變得更廣。在 16 世紀，中國國內經濟總體進步很大，農業生產也保持了長期的穩定，棉布、絲綢和陶瓷等多種產品的全國性市場開始形成，推動了各地區生產的專業化。公元 1540 年以後，更多白銀從日本和西屬美洲殖民地流入到中國，而在公元 1567 年明朝曾迫於多種因素廢除海禁，因此在明中後期，上海港口真正成為了絲綢之路大宗商品的始發港，而非僅僅是唐宋時期那樣的中轉港為主的特色，外銷貨物中本地產商品的比例也大大增加。

古代上海地區的棉花種植歷史非常悠久，如《資治通鑒》胡三省注中提到「木棉，江南多有之」。〔註28〕到了元朝末年，黃道婆把海南一帶的棉種和紡織技術傳入上海的烏泥涇，〔註29〕加快了本地棉布紡織業的大進步。美國學者黃宗智稱在此之後發生的相關經濟變革現象為「棉花革命」。〔註30〕明代上海、嘉定、太倉三個縣的耕地半數以上都種植棉花，如上海「官民軍灶墾田幾二百萬畝，大半植棉，當不止百萬畝。」〔註31〕明朝太倉縣也是出現了「耕地宜稻者十之六七皆棄稻栽花」，〔註32〕棉田的獲利比稻田的要高，當時嘉定縣

〔註27〕（日）愛宕松男：《東西交涉史における中國陶瓷、特にその輸送についての一考察》（《東西交流史中的中國瓷器、特別是對其運輸的考察》），收于氏著《東洋史學論集》第 1 卷《中國陶磁產業史》，東京：三一書房，1987 年。
〔註28〕《資治通鑒》卷 159，中華書局，1956 年，第 4934 頁。
〔註29〕陶宗儀：《南村綴耕錄》卷 24，中華書局，1959 年版，另見王逢：《梧溪集》卷 3《黃道婆祠並序》，《景印文淵閣四庫全書》第 1218 冊，臺北商務印書館，1986 年版。
〔註30〕黃宗智：《長江三角洲小農家庭與鄉村發展》，中華書局，1992 年版，第 4 頁。
〔註31〕徐光啟：《農政全書》卷 35《木棉》，嶽麓書社，2002 年版，冊下，第 562 頁。
〔註32〕崇禎《太倉州志》卷 15《災祥》，廣陵書社，2010 年版。

統計土地則有「其宜種稻禾田地止一千三百一十一頃六十餘畝，堪種花豆田地一萬三百七十二頃五十餘畝。」〔註33〕清初的詩人吳偉業在《木棉吟》的序中稱：「隆（慶）萬（曆）中，閩商大至，州賴以饒」。〔註34〕這是因為福建商人是採購江南棉花的主力。

明代中國江南地區絲織業生產有了新的發展，而同時絲路貿易依然充滿了機遇。明代的蘇州，紡織業非常發達，號稱「東北半城，皆居機戶」，到萬曆年間，城中機戶所雇傭之織工人數已達數千。〔註35〕以往的研究中曾有人認為資本主義萌芽在當時當地已經發生。在 13 世紀，棉紡織生產和棉花栽種在中國農村是普遍存在的，成為農村社會的重要產業，而到 14 世紀元朝政府在一年裏徵收的作為賦稅的棉布就超過 50 萬匹。在公元 1365 年元朝廷曾下令凡有地超過五畝的農戶必須種植棉花。公元 15 世紀，絲綢製造的一些先進的技術也被轉移到棉紡織業中應用，加快了棉紡織業生產進步，使松江府成為新的棉布生產中心。棉花種植、軋花、紡織、織造等各種相關生產活動在當時農村中變得更加普遍，而印染和壓延等各種工藝在城市中也形成產業。在明清時期，江南地區的棉花紡織領先全國，且以松江府與太倉州兩地最為發達，絲路交易商品有了新的貨源品種，而且是以本地生產為主，而不是源自外地的中轉貿易。

其次，當時的全球化貿易活動發展形勢對商品輸出非常有利，絲綢之路貿易活動獲得了突飛猛進的發展機遇，上海地區的生產受益其中並提供了重要的前提條件。

快速進步的生產當然需要充足的市場，絲綢之路沿線廣大地域提供了巨大的銷路空間。自 15 世紀末到 16 世紀初是所謂「地理大發現」時代，也就是西方人所稱的「大航海時代」。在這一歷史階段裏，葡萄牙人首先繞過非洲好望角，穿越馬六甲海峽，遠來中國東南沿海開展貿易，西班牙人則從拉美殖民地出發穿越太平洋，先把菲律賓群島變成殖民地，再來中國沿海貿易，購買大量生絲、絲綢、棉布、瓷器等貨物。在明朝萬曆年間，松江特產的三梭細布、

〔註33〕萬曆《嘉定縣志》卷 7《田賦考下》，見上海市地方志辦公室、上海市嘉定區地方志辦公室編《上海府縣舊志叢書（嘉定縣卷）》，冊 1，上海古籍出版社，2012 年版，第 224 頁。

〔註34〕吳偉業：《吳梅村全集》卷 10，上海古籍出版社，1990 年版，第 278 頁。

〔註35〕《明神宗實錄》卷 361，萬曆二十九年七月丁未條，臺北「中央研究院」歷史語言所校印，冊 59，第 6742 頁。

飛花布（亦稱丁娘子布）等產品行銷海內外，因為生產規模巨大，原料消耗也很大，本地所產的原棉不能滿足，江南的商人便到華北和廣東去大量買棉。有學者指出「儘管國內市場銷售占其產量的大部分，但就消費潛力而言，絲綢的國內市場消費潛力沒有棉布市場大，從購買力的角度言之，江南絲綢的最大潛在市場當是在海外。」〔註36〕另有研究者指出在公元1573年中國紡織品已經進入拉美的墨西哥市場，當時的拉美殖民地上層人士以穿著中國絲綢為榮，包括教堂的飾物也多使用絲綢，而在十六世紀末期即使中國所產的棉布也因為價廉物美而成為墨西哥地區印第安人和黑人歡迎的貨物。〔註37〕即使有著跨洋遠運的高昂成本，在拉美殖民地市場上中國生絲的銷售價格比墨西哥和秘魯當地生產的生絲要便宜，因此也暢銷，因此西班牙殖民者為了保護本國產品，反而曾經一度下令限制和禁止中國生絲進口。在明代，中國的優質紡織品出口遍布亞洲和美洲，而海上絲綢之路貿易航線也開始和西歐人的跨太平洋殖民貿易網發生聯繫和聯結。

　　伴隨著「大航海時代」的展開，西歐人因為垂涎絲綢之路沿線的各種物產而來到東方。對於所謂「新航線」的開闢原因，學術上有不同觀點，以往有學者指出並非是西歐人最先開闢了那些所謂的新的海上航線，之前阿拉伯人和中國人已經作出了不少貢獻，筆者認同這一點。但是通過各條新貿易航線的開闢和對傳統貿易航線主導權的接管，在相當於明朝的時期內，西歐人已經開始跨各大洋構建自己的殖民地體系和殖民貿易網絡，不僅沿著海上絲綢之路構建自己的殖民貿易網絡，甚至侵蝕海上絲綢之路貿易網絡，使整個世界貿易體系發生了根本變化。一方面，絲綢之路沿海沿線各國的出口有增無減，繼續擴大，另一方面西歐殖民者和從印度洋和太平洋兩方向跨洋而來中國，大量收購商品。

　　毫無疑問，棉佈在明代成為上海地區可以引以為豪的絲路貿易暢銷產品，作為外銷大宗商品，其歷史地位絕不亞於過去已經出現的絲綢和陶瓷。明代江南的棉佈在17世紀初經由葡萄牙佔據的澳門向東南亞望加錫和越南、日本等地出口，在公元1600年左右，從澳門開往長崎的一艘葡萄牙商船上曾搭載多達3000匹左右的中國棉布，這是文獻中可見最早的有關棉布外銷日本的記

〔註36〕張海英：《明清江南商品流通與市場體系》，華東師範大學出版社，2002年版，第154頁。
〔註37〕陳高華、吳泰、郭松義著：《海上絲綢之路》，海洋出版社，1991年版，第115頁。

錄。〔註38〕明代重要文獻《籌海圖編》則記載稱賣到日本的中國商品，數量最多的是絲，其次為絲綿，然後為布，因為「布為常服，無棉花故也。」〔註39〕因為在 16 世紀中期的時候日本還不能生產棉花，更不用說織布。

再次，明代的海商也積極參與絲路貿易活動中，長年行商於周邊各國，其中也包括了很多江南地區，甚至上海地區的商人，甚至有很多實現了商業移民。

明代海商範圍遍及朝鮮、琉球、菲律賓和越南、印度尼西亞、泰國，而去日本的最多：

> 海上操舟者，初不過取捷徑，往來貿易耳。久之漸習，遂之夷國。東則朝鮮，東南則琉球、呂宋，南則安南占城，西南則滿剌加、暹羅，彼此互市，若比鄰然。又久之，遂至日本矣。夏去秋來，率以為常。所得不貲，什九起家。於是射利愚民，輻輳競趨，以為奇貨。〔註40〕

正德《松江府志》稱：

> 諸州外縣多樸質，附郭多繁華。吾松則凡是。蓋東北五鄉，故為海商馳騖之地，而其南純事耕織，故習所不同如此。〔註41〕

這是說松江的東北部分，也是靠海和靠長江口的部分是海上積極活動的據點，商業對社會影響較大，與松江南部重視農業耕織的社會風習有很大不同。

明人李紹文在《雲間雜識》卷中中記載萬曆時期上海居民也在其中被巨利吸引，在廣泛參與出海貿易：

> 中國人從海外商販至呂宋地方，獲利不貲，松（江）人亦往往從之。

但是，明代政府卻在這個全球歷史發展的重要變革期數次實行海禁，限制對外貿易，總的看「禁」是多於「開」的：

> 商貨之不通者，海寇之所以不息者，宜其數犯沿海及浙東西，而循至內訌也。何也？自嘉靖乙酉（四年，公元 1525 年），傅憲副

〔註38〕樊樹志：《江南市鎮：傳統的變革》，復旦大學出版社，2005 年版，第 367 頁。
〔註39〕鄭若曾：《籌海圖編》卷 2《倭國事略》，中華書局，2007 年版，第 198 頁。
〔註40〕謝肇淛：《五雜組》卷 4，上海書店出版社，2009 年版，第 80 頁。
〔註41〕正德《松江府志》卷 4，見上海市地方志辦公室，上海市松江區地方志辦公室編：《上海府縣舊志叢書（松江府卷）》，上海古籍出版社，2011 年版，冊 1，第 61 頁。

鑰禁不通商始也。伊昔寧波、廣東、福建各有市舶司，前元則澉浦
有宣慰司，錢清上海皆通海舶，今盡革之。貨販無路，終歲海中為
寇，曷能已也？〔註42〕

　　再加上後來清代更加嚴密的海禁與外貿統制，使得元朝之後中國的海上
外貿基本陷入國家政策消極影響下的不正常狀態朝廷推行禁海政策。明朝江
南生產的富餘總要通過外貿來消化，於是走私活動一直存在：

私通濫出，斷不能絕。雖有明禁，而利之所在，民不畏死，每
犯法而罪之，又再犯者。〔註43〕

　　問題的關鍵是生產的進步仍在不斷發生，對貿易的推力日益增加，即使海
禁開放，豪門巨室除了可以造大船開展規模化的貿易，還可以設法規避官府約
制，朝廷難以與之爭利：

成弘之際，豪門巨室，間有乘巨艦，貿易海外者，奸人陰開其
利竇，而官府不得顯收其利權。〔註44〕

　　到明嘉靖年以後上海地區棉紡織業出口能力日益增強，即使再次遭遇海
禁後，對日本的民間貿易還有不少借助地下形式進行，這就屬於本書「緒論」
中提到過的絲綢之路三種貿易之一的走私貿易類型。〔註45〕明朝一度立法嚴
禁民間與日本等國發生貿易往來。明律明確規定：

凡將馬、牛、軍需、鐵貨、銅錢、段匹、綢絹、絲綿私出外境
貨賣及下海者，杖一百。〔註46〕

　　隆慶元年（公元1567年）朝廷順應形勢，實行部分開海，但仍然禁止與
日本貿易。而徐光啟稱日本「百貨取資於我，最多者無若絲，次則瓷」，〔註47〕
姚叔祥所著《貝只編》則說經他詢問去日本的中國商人後得知：

〔註42〕（明）王文祿：《策樞》卷1，中華書局，1985年版，第11頁。
〔註43〕《續文獻通考》卷26《市糴考二》《市舶互市》，浙江古籍出版社，1988年版，
　　　第3027頁。
〔註44〕張燮：《東西洋考》卷7《餉稅考》，中華書局，2000年版，第131頁。
〔註45〕三種絲綢之路貿易分類見拙作：《略論唐宋元時期的上海地區與海上絲綢之
　　　路交流活動》，《傳統中國研究集刊》第12輯，上海社會科學院出版社，2015
　　　年版。
〔註46〕《大明律》卷15《兵律三、關津》「私出外境及違禁下海」條，法律出版社，
　　　1999年版，第119頁。
〔註47〕（明）徐光啟：《海防迂說》，見《明經世文編》卷491，中華書局，1962年影
　　　印本，第5442～5443頁。

> 大抵日本所須（需），皆產自中國，如室必布席，杭之長安織也；
> 婦女必須（需）脂粉，漆扇諸工必須（需）金銀箔，悉武林造也；他
> 如饒（州）之瓷器，湖（州）之絲棉，漳（州）之紗絹，松（江）之
> 棉布，尤為彼國所重。〔註48〕

因此，日本的貨物需求很大：「夷利其貨，惟怨商船之不至」。〔註49〕而從國人利益的角度看，「販日之利，倍於呂宋。」結果經商者是趨之若鶩。饒州的瓷器從今天的江西出發，沿著長江走到上海然後中轉出海。從交通地理上看，湖州屬江南內陸地區，所產絲綿應當還是需要走上海口岸出海較近便。且明代湖絲出口有南洋航線，也多數是經過上海一帶，如顧炎武《天下郡國利病書》卷九十六引《請開洋禁疏》云：「湖絲百斤，價值百兩者，至彼（南洋各國）得價二倍」，〔註50〕利潤很高。正德年間張弼說過在嶺南地方：「蓋北貨過南者，悉皆金帛輕細之物；南貨過北者，悉皆鹽鐵粗重之類。」〔註51〕這是指的商人把大量江南紡織品等重量輕而價值高的商品流入廣東及通過廣東出口的，並購買當地的農產品和金屬製品等重量大而價格相對較低的商品北上江南，當地上海港必然是其門戶之一。

明代上海地區的商人同時積極參與了東方海上絲綢之路和南方海上絲綢之路兩條路線的貿易活動，並不一定是僅僅販運松江府本地產品，把松江棉布大量出口日本，同時也會如前代一般從事中轉貿易，而走私者中也多有加入「倭寇」行列者：

> 今吳之蘇、松，浙之寧、紹、溫、臺，閩之福、興、泉、漳，
> 廣之惠、潮、瓊、崖，狙儈之徒，冒險射利，視海如陸，視日本如鄰
> 室耳，往來貿易，彼此無間。〔註52〕

除了從事跨國貿易活動，應有不少中國人定居日本，甚至形成了移民聚居的大型街坊，這在明朝廷看來當然都是「非法」的，如《日本考》卷2記載：

> 國有三津，皆通海之江，集聚商船貨物。

〔註48〕 （明）李言恭、郝傑著，汪向榮、嚴大中校注：《日本考》，中華書局，2000年，第88～89頁。
〔註49〕 姚士麟：《貝只編》卷上，鹽邑志林本。
〔註50〕 顧炎武：《天下郡國利病書》卷96，上海古籍出版社，2012年版，第2997頁。
〔註51〕 張弼：《張東海集》卷2《梅嶺均利記》，《四庫全書存目叢書》集部第39冊，第452頁。
〔註52〕 （明）謝肇淛《五雜組》卷4，上海書店出版社，2009年版，第80頁。

> 三津（日文中的津指的是港口）乃人煙輳集之地，皆集各處通
> 番商貨，我國（中國）海商聚住花旭塔津者多。此地有松林，方長
> 十里，即我國（中國）百里之狀，名曰十里松，土名法哥煞機，乃
> 廟先是也。有一街名大唐街，而有唐人留戀於彼，生男育女者有之，
> 昔雖唐人，今為倭也。〔註53〕

福建巡撫南居益題本上也稱：

> 閩闈、越、三吳之人住於倭島者，不知幾千百家，與倭婚媾，
> 長子孫，名曰唐市。此數千百家之宗族姻識，潛與之通者，實繁有
> 徒。〔註54〕

此處的「三吳」應指的是明代的江南一帶，這些旅日商居移民中或應也包
括有松江府人。

需要指出的是，倭寇其實也包括海上絲綢之路上的海盜和武裝走私者，
也有傷害平民的罪行發生，上海地區在明代也飽受其害，因此，明嘉靖三十二
年（公元1553年）上海縣修築了城牆來加強對倭寇的防禦。以往對於倭寇問
題特別是地方所受危害和地方官民對策都有相當專門研究，是一個很大的專
門問題，此處不展開詳細論述。但在明代經常進入海禁執行狀態，中日之間
民間貿易多是不合法的，即使是在如「隆慶開海」（始於公元1567年）期間明
朝仍不對日本開放貿易，禁止海商私自前往日本，包括嚴禁日本樂於購買的
硝黃、銅、鐵等貨物裝船出海，因此當時的對日貿易以走私為主，且是暴發巨
富的途徑：

> 先朝禁通日本，然東之利倍蓰於西，海舶出海時，先向西洋
> 行。行既遠，乃復折而入東洋。嗜利走死，習以為常，以是富甲天
> 下。〔註55〕

最後，作為明代上海地區參與絲路交流活動值得一提的重要事蹟，還有
舶來物產番薯傳入中國後，農學家徐光啟於萬曆三十六年（公元1608年）在
松江開展了三次試種，並促進了推廣，而這也有助於農民騰出地畝生產棉花，

〔註53〕（明）李言恭、郝傑著，汪向榮、嚴大中校注：《日本考》卷2，中華書局，
　　　　2000年版，第89頁。
〔註54〕《明熹宗實錄》卷58，「四月戊寅朔孟夏」條，上海古籍出版社，1983年版，
　　　　第2661頁。
〔註55〕（清）王沄：《漫遊紀略》，見《筆記小說大觀》，江蘇廣陵古籍刻印社，1983
　　　　年版，第17冊，第4頁。

以至於增加出口。

至崇禎時期，在東南多省各地已經有大量番薯種植。明代的松江一帶產糧豐富，根據有的資料記錄松江府剩餘糧食尚有 750 萬石左右，按人口數每人有糧食 4.5 石以上，而江南地區的糧食消費水準每人每年 3 石糧食左右，因此松江的糧食不僅可以自給自足，還有不少剩餘。〔註56〕因此，可以說明代後期的松江府不存在所謂的人口壓力，棉花種植和棉紡織業發展也絕非人口壓力的產物。有學者指出棉花種植發展的根本原因是自然生態環境的重大變化。〔註57〕而直到清代雖然水稻單產提高不是很大，糧食生產也可以足夠供應本地需求。〔註58〕但是無論如何，筆者想指出的是，糧食充足提供了剩餘生產能力向貿易商品生產轉移，這也是外貿發達的重要原因。明代江南的經濟鏈中棉布生產和銷售是重要的一環，如在嘉定，「以花織布，以布貿銀，以銀糴米，以米兌軍，運他邑之粟充本縣之糧。」〔註59〕正因如此，大量棉布不是國內市場可以消化的，要轉向海上絲綢之路貿易出口，所以，國內生產和海外貿易存在著相當的依存關係。

當時，不僅在海上絲路，在中原與草原之間的陸上絲綢之路上，江南產布也是重要的大宗商品。明代的北方茶馬互市也是一種重要的貿易形式，江南梭布更是其互市的主要物品。早在隆慶五年（公元 1571 年），明朝政府開設宣府馬市貿易，山西商人就經常往張家口與蒙古人、女真人進行「茶馬互市」的交換貿易。梭佈在馬市交易中占首位。隆慶五年初開市，大同馬市梭布銷售量每年約達 10.37 萬餘匹。萬曆六年，宣府馬市梭布銷售是大同鎮的二倍，達 20.7 萬餘匹。山西、寧夏、陝西、甘肅、固原諸鎮，梭布總銷售量達 10 萬匹左右，總計七鎮馬市僅官市每年梭布銷售量即達 40 萬匹。如果加上民間交易量，則每年梭布銷售量近 50 萬匹。萬曆十年前後，七鎮馬市梭布銷售量每年在百萬匹左右。〔註60〕大部分梭布來自江南，「松民善織，故布為易辦，……況今北

〔註56〕李伏明：《制度、倫理與經濟發展——明清上海地區社會經濟研究（1500～1840）》，中國文史出版社，2005 年版，第 46～47 頁。

〔註57〕李伏明：《制度、倫理與經濟發展——明清上海地區社會經濟研究（1500～1840）》，中國文史出版社，2005 年版，第 46～47 頁。

〔註58〕李伏明：《制度、倫理與經濟發展——明清上海地區社會經濟研究（1500～1840）》，中國文史出版社，2005 年版，第 46～47 頁。

〔註59〕萬曆《嘉定縣志》卷 7《田賦考下》，明萬曆刻本，第 96 頁。

〔註60〕李澍雲：《從馬市中幾類商品看明中期江南與塞北的經濟聯繫及其作用》，《內蒙古師大學報》，1984 年第 4 期。

邊每歲賞軍市虜，合用布匹無慮數萬，朝廷以帑藏赴督撫，督撫以帑藏發邊
官，邊官以帑藏賫至松郡，而牙行輩皆指為奇貨，置酒邀請邊官，然後分領其
銀，貿易上海、平湖希布，染各樣顏色，搪塞官府。」〔註61〕山東臨清因此成
為松江梭佈在北方的最大集散地。

〔註61〕（明）范濂：《雲間據目抄》卷4，上海市松江區地方史志編委會，1997年，
　　　　第5頁。

第十二章 清代上海地區與東、南海上絲綢之路貿易

　　清朝是古代上海地區參與海上絲綢之路交流活動所經歷的最後一個朝代。清代上海地區港口既是國內大港，又是絲路重鎮，其在貿易網中的地位已經日益穩定，有希望實現長足發展，當地對海外交流活動的參與有著積極的表現，甚至在海外名譽遠播，但在當時要面臨海洋政策空前的約束限制與海上絲路活動整體衰落的背景。清代上海地區港口貿易的發展規模達到鼎盛，表現也很豐富，清代上海地區與東方海上絲綢之路、南方海上絲綢之路都在發生著新的密切的貿易關係，同時中歐貿易進步很大，棉布生產與出口出現穩定的上升。

一、清代上海港口貿易與東方海上絲綢之路

　　清代自上海港口出發的對外絲路航線大體有兩條，一是東線至日本、朝鮮，仍屬「東方海上絲綢之路」的範疇，二是南線至南洋列國，算是「南方海上絲綢之路」上的路線。到乾隆和嘉慶年間，上海已有「江海通津，東南都會」之稱，仍然是「間有東洋，南洋商船來泊，海外百貨俱集」的重要港口。本節文字主要論述上海港口和東北亞之間的貿易。

　　首先，官方的絲銅貿易成為清初開禁後中日貿易的重要拉動，上海地區也深深地捲入其中。

　　在這條航路上，官商貿易曾經成為海禁結束後的中日貿易發展的重要動力，當時日方記錄中的「南京船」基本上都是來自江南，其實很多就是從上海港出發的，因為上海港是當時江南主要的對外口岸，商品交易的內容從最初

的以官商的購銅貿易逐步重新擴大到民間貿易。

在明代的中外貿易中，大量白銀流入中國，以致銀和銅的比價變化很快，銅錢的流通因此出現了相對匱乏，於是銅價不斷上升。等到清朝建立之後，中日之間的貿易產品首要是清廷希望引進的大量「洋銅」，用來鑄錢。銅的進口是特准的，每年大約進口 500 噸，價值白銀 200 萬兩，同時清朝向日本出口相當價值的絲綢、大米等產品來做交換。自明中葉以後，有大量來自美洲殖民地的白銀經由馬尼拉持續流入中國，〔註1〕日本也曾將本國所產大量白銀輸入中國，但在康熙七年（公元 1668 年）日本當局卻開始禁止銅的出口貿易。日本幕府當局早在崇禎十年（公元 1637 年）對出口銅就加以禁止，在順治二年（公元 1645 年）予以恢復。〔註2〕在公元 17 世紀，日本雖然已經存在多處絲織業生產中心，但原料生絲的產量卻嚴重不足，當時日本生絲需求量常年為三四十萬斤，要依靠葡萄牙商人從中國運來。〔註3〕清朝建立後就把絲綢作為交易銅的重要籌碼。

在清初推行禁海的四十年間，銀和銅的進口甚少，通貨緊縮現象不散，也因此出現經濟不景氣。對於缺少白銀而造成的消極影響，康熙年間的名臣慕天顏在奏開海禁的奏摺中指出缺銀所導致的穀賤傷農現象很嚴重：

> 且開採既停而坑冶不當復問矣；自邊海既嚴，而片帆不許出洋矣。生銀之兩途並絕，則今直省之所流轉者止有現在之銀兩。凡，官司所支計、商賈所買市、人民所恃以變通，總不出此。而且消耗者去其一、湮沒者去其一、埋藏製造者又去其一。銀日用而日虧，則無補益之路。用既虧而愈急，終無生息之期。由今天下之勢，即使歲歲順成，在在豐稔，猶苦穀賤傷農，點金無術。何況流亡迭見，災歉頻仍？〔註4〕

同時代的王士禛也作出了類似的觀察：

> 近且洋銅不至，各布政司皆停鼓鑄。錢日益貴，銀日益賤。今

〔註1〕 全漢昇：《明清間美洲白銀的輸入中國》，收入其《中國經濟史論叢》，香港新亞研究所 1972 年版，上冊。

〔註2〕 （日）山本悌二郎，《近世日中貿易史の研究》，東京：吉川弘文館，1960 年版，第 66 頁。

〔註3〕 （日）大隅晶子：《十六、十七世紀的中日葡貿易》，《東京國立博物館紀要》，1998 年第 23 期。

〔註4〕 《皇朝政典類纂》，臺北文海出版社，1982 年版，第 3746 頁。

歲屢經條奏，九卿雜議，究無良策。即每銀一兩抵錢一千之令，戶
部再三申傷，亦不能行，官民皆病。〔註5〕

　　故清朝利用官督商辦的方式來為從日本購買銅錢原料服務。清朝中國和
日本的航船往來，始於公元 1685 年 7 月清朝官船 13 艘前去日本，此後兩國
往來漸漸密切。當時的上海與寧波都是對日貿易的港口。公元 1688 年到達日
本的 70 艘清朝商船中，由上海港出發的「南京船」有 10 艘，這些多是由駐南
京的官府當局，比如兩江總督及設於南京的其他官府衙署派出的。當時前往日
本的中國商船，凡「來自蘇州、松江、揚州、常州、淮安、鎮江諸港者，亦名
南京船」。〔註6〕日本學者松浦章曾指出日本貿易管理條例反映出「正德新例
實施後，前往長崎的「唐船」逐漸固定在了江南地區」，並引用日本史籍《長
崎實錄大成》記錄：「當今上海、乍浦兩地乃便利之處，各唐船往來共聚此地
相互交易。兩地不僅交易買賣各地所產之織物、藥材及各類雜貨，亦有數百貨
行聚集於此。江南、浙江、福建等地商民買賣調配銀兩，從兩地出海交易。亦
有來自寧波、舟山、普陀山、福州、廈門、廣東等地船隻，但赴日商船隻從上
海、乍浦出港。」〔註7〕從地理位置看，上海的位置在乍浦以北，因此，有理
由認為上述「南京省」出口商品有相當部分是自上海啟航的為主。日本學者大
庭修則指出來自中國到達日本的口船中「來自上海及長江口的船稱南京船，來
自寧波的稱寧波船。」如公元 1688 年有 23 艘南京船入港。〔註8〕公元 1689
年後，日本官方把外來船隻進入長崎港的數量限定為 70 艘，其中春（季來）
船 20 艘，包括南京船 5 艘，寧波船 7 艘，而秋船 20 艘，其中南京船占 2 艘。
〔註9〕公元 1715 年日本官方限定入港船數為 30 艘，其中南京船占 10 艘，寧
波船 11 艘。〔註10〕事實說明，上海港和寧波港的出船量比較接近。

　　根據日本學者的統計，康熙五年（公元 1666 年），中國駛往日本的商船總
數有 35 艘，到了康熙九年（公元 1670 年）則變為 36 艘。康熙平定臺灣後重

〔註5〕 王士禎：《居易錄》卷 9，文淵閣四庫全書本。
〔註6〕 （日）木宮泰彥：《中日交通史》，商務印書館，1935 年版，萬有文庫本，第
　　　　764 頁。
〔註7〕 《長崎文獻叢書》第 1 集第 2 卷《長崎實錄大成．正編》，長崎文獻社，1973
　　　　年，第 241 頁，見（日）松浦章：《清代帆船與中日文化交流》，上海科學技術
　　　　出版社，2012 年版，第 6 頁。
〔註8〕 （日）大庭修：《江戶時代日中秘話》，中華書局，1997 年版，第 24 頁。
〔註9〕 （日）大庭修：《江戶時代日中秘話》，中華書局，1997 年版，第 25 頁。
〔註10〕 （日）大庭修：《江戶時代日中秘話》，中華書局，1997 年版，第 25 頁。

新開海貿易，清日間通商進入了正式貿易階段，前往日本去貿易的中國商船數量大增。從康熙二十四年（公元 1685 年）到康熙二十七年（公元 1688 年），乘船到日本貿易的中國商人多達 9128 人次，而從康熙二十三年（公元 1684 年）到乾隆二十二年（公元 1757 年）的 67 年之間，自中國去日本貿易的商船總數達到 3017 艘，平均每年 41.4 艘，商船噸位也很大，一般的小船載重約在 100 噸左右，中等船隻可載重 150 噸左右，大船約可載重約 250 到 300 噸，最大的船可載重 600 到 1000 噸，而在宋代的赴日本商船載重量一般則只有 110 噸左右。〔註 11〕又如古代朝鮮李氏王朝的《備邊司謄錄》史料中記載，在康熙二十六年（公元 1687 年），「濟州漂到人六十五名，」「素無身役，以商賈為業耳。」當時係蘇州三船同發，自上海港出發，「將向日本長崎島矣。」船商「自乙丑至丁卯，三遭往來矣。」〔註 12〕自上海出發的中日貿易活動非常頻繁。

其次，當時中日間絲路貿易內容非常豐富，絲是其中的大項，但其他產品也很多。

如日本正德元年（公元 1506 年），一艘進入長崎港的南京船（編號為卯十五號）所載物品清單如下：

> 白絲 720 斤，大飛紋紗綾 1057 端，中飛紋紗綾 180 端，並綾紗線 291 端，緋並紗綾 154 端，鵭紗綾 106 端，大白縐綢 165 端，尺長中白縐綢 110 端，中自縐綢 71 端，紋縐綢 40 端，尺長中緋縐綢 23 端，中卷綾子 30 端，黃綾子 2 端，素緞 22 端，色緞 59 端，色錦 26 端，色紋茶緞 32 端，拜羅海德安 4 端，黑羅紗 1 端，平紋花格布 1 端，棉毛織品 19 端，黑羽 2 端，座禪墊 1300 個，絲綿 43 斤，毛氈 1642 張，色毛氈 2 張，人參 70 斤，小人參 317 斤，麝香 40 斤，丁香籽 150 斤，丹砂 2 斤，各類藥種 24600 斤，白砂糖 760 斤，龍眼肉 1400 斤，果脯 100 斤，鉎釩 9600 斤，白檀 1040 斤，唐紙 1300 束，水銀 50 斤，光明朱 7000 斤，丹 300 斤，蠟燭 320 斤，牛角 20 個，牛角尖 150 斤，書籍 93 箱，沉香口斤，似沉香 15 斤半，化妝盒 5 個，堆朱繪箱 11 個，堆朱茶點盒 2 個，堆朱角箱 4 個，

〔註 11〕董書城：《中國商品經濟史》，安徽教育出版社，1990 年版，第 288～290 頁。
〔註 12〕大韓國史編纂委員會：《備邊司謄錄東國文化社》，1959 年版，第 4 冊，第 32～36 頁。

塗紅紙籠 1 個，塗黑青貝果盒 11 個，塗黑青貝提箱 1 個，青貝骨扇
子 1 把，塗薰平香箱 1 個，錦手大茶碗 4 個，錦手酒盅 1 個，描金
紋酒盅 2 個，硯盒 1 個，二折墊物 1 個，四折墊物 4 個，是墨 3 個，
盒墨 82 個，飾墨 4 個，蛇骨 1 對，佛珠 115 掛。〔註 13〕

而另一艘所載貨物清單則是：

　　白絲 6480 斤，大白紗綾 800 端，尺長中百縮棉 729 端，中白紗
綾 740 端，小白紗綾 800 端，色緞 500 端，白紋羅紗 1 端，各類藥
種 380 斤，丹 450 斤，唐紙 2 束，書籍 40 箱。〔註 14〕

　　除絲綢之外，其他經上海經銷的絲路商品門類也非常豐富，數量也很巨
大。比如日本學者木宮泰彥曾考證了清代所謂「南京省」輸往日本的貨物包
括書籍、白絲、綾子、紗綾、縐綢、綾襪、羅、紗、□〔註 15〕、閃緞、南京
緞子、錦、南京絹、金緞、五絲、柳條、襪褐、撚線綢、金線棉布、綢紬、棉
布、斜紋棉布、絲棉。皮棉布、絲絨、紙、信紙、墨、筆、扇子、箔、硯石、
線香、針、櫛篦、香袋、人造花、茶、茶瓶、瓷器、鑄器、錫器、鑲嵌金銀的
刀護手、漆器、堆朱（螺鈿）、青貝描金、朱漆、屈輪、沈金、光明朱、綠青、
明礬、綠礬、何首烏，白術、石斛、甘草、海螵蛸、紫金錠，蠟藥、花石、紙
製偶人、角製工藝品、草製文卷匣（即拜匣）、刺繡、書畫、古董、化妝用具，
藥種等，〔註 16〕可以說內容繁多。

　　所謂「南京省」是指兩江總督轄區，包括上海地區，「南京省」主要的對
外口岸就是上海。但是上述商品應是江南製造，再從上海運出，包括了一部分
松江府產品。中國學者唐振常曾考證當時上海港到日本的沙船，指出大的可載
運達五六十萬斤，中等的二、三十萬斤，小型船也可以搭載萬斤，自日本長崎
運來銀、銅、海產、漆器、珍珠等特產。〔註 17〕就江南地區而言，在清代輸往
日本的主要是生絲、絲織品、棉布、書畫、文房用具、染料、各種工藝品和藥
品、書籍等。木宮泰彥的《日中文化交流史》中所考證，江蘇輸日商品種類 71

〔註 13〕（日）大庭修著，徐世虹譯：《江戶時代日中秘話》，中華書局，1997 年版，
　　　　第 64 頁。
〔註 14〕（日）大庭修著，徐世虹譯：《江戶時代日中秘話》，中華書局，1997 年版，
　　　　第 65 頁。
〔註 15〕此處原書用字為一個絞絲旁一個「巴」，應為紡織品的一種。
〔註 16〕（日）木宮泰彥：《中日文化交流史》，商務印書館，1980 年版，第 673 頁。
〔註 17〕唐振常主編：《上海史》，上海人民出版社，1989 年版，第 96 頁。

種，浙江 35 種。〔註18〕前述江蘇的特產商品應是從上海港口出發的。

在康熙四十年（公元 1701 年）李煦曾上摺給康熙，即《莫爾森已從上海出洋摺》內稱「臣煦等恐從寧波出海，商船頗多，似有招搖，議從上海出去，隱僻為便」，〔註19〕結果杭州織造莫爾森等改扮成商人從上海去日本探視，以完成官方使命。

莫爾森一行人赴日本公幹事件的具體背景尚需考證。清代江浙官員一直負責分擔朝廷對中日關係中的安全因素的擔憂，搜集日本的情報，如雍正朝浙江總督李衛曾上書彙報自己的各種「風聞」，包括稱有華人被招赴日本教武，而雍正答稱「聖祖亦曾風聞此事，特遣織造烏林達莫爾森假辦商人，往日本探聽……」〔註20〕可以看出自康熙年間已經有很多華人前去日本教授武藝。

顯然，莫爾森此行一則說明上海港與日本商船貿易正在開展，二則說明上海港與日本的航運貿易規模在當時不及寧波。當時上海港不及寧波港熱鬧或者說繁華，要相對「隱僻」一些，出海商船不及寧波多，而其實上海去日本的航運甚至貿易也是仍然很便利的。康熙朝中國開往日本的船舶一年已經逐步上升，到康熙晚期，日本方面出臺新政策：「是歲定清舶之允許貿易船數為八十艘」，〔註21〕這些商船主要是從上海、寧波兩處港口出海和返程的。其中被日本稱作「口船」或「南京船」的沙船則多來自上海港，故可理解在《閱世編》中所記載：「邑（上海）商船有願行貨海外者，較遠人頗便，大概商於浙、閩及日本居多。」〔註22〕等到了乾隆年間，上海港再度繁華起來，可以說某種程度上實現了自元朝晚期以來的「中興」：「凡遠近貿遷皆由吳淞口進泊黃浦，城東門外舳艫相接，帆檣比櫛」，〔註23〕當時人稱「海外百貨俱集。」〔註24〕

當時中日貿易中最馳名的商品依然是中國產優質絲綢，足以證明經典的

〔註18〕（日）木宮泰彥第：《中日文化交流史》，商務印書館，1980 年版，第 627～641、649、681 頁。

〔註19〕《李煦奏摺》，中華書局，1976 年版，第 7 頁。

〔註20〕《宮中檔雍正朝奏摺》第 11 輯，臺北故宮博物院 1978 年版影印本，第 54 頁。轉引自（日）松浦章著，徐純均譯，曹婷、劉麗婷校譯《清「展海令」的實施與長崎唐館設置的關係》，《海交史研究》，2020 年第 1 期。

〔註21〕（日）木宮泰彥：《中日交通史》，商務印書館，1935 年版，萬有文庫本，第 758 頁。

〔註22〕（明）葉夢珠：《閱世篇》卷 3，上海古籍出版社，1981 年版，第 82 頁。

〔註23〕（清）同治《上海縣志》序，轉引自唐振常主編《上海史》，上海人民出版社，1989 年版，第 96 頁。

〔註24〕（明）葉夢珠《閱世篇》卷 3，上海古籍出版社，1981 年版，第 82 頁。

絲路貿易形式仍在繼續。如《倭好》記載：

> 絲，所以為織絹紵之用也。蓋彼國自有成式花樣，朝會宴享，
> 必自織而後用之。中國絹紵，但充裏衣而已，若番舶不通，則無絲
> 可織，每百斤直銀五六十兩，取去者其價十倍。〔註25〕

《倭好》中還記錄中國產絲綿被很多下層日本人生活所依賴：

> 絲棉，髡首裸裎不能耐寒，冬月非此不煖，常因匱乏，每百斤
> 價銀至二百兩。〔註26〕

這也說明當時絲、棉在日本呈現供應緊張、價格昂貴的情況。

絲綢是中國官方從日本進口銅錢原料的重要兌換商品。據《大清會典·兵部海禁》記載，在乾隆二十五年（公元1760年）清朝廷議定，因每年需要去日本買銅花費本銀三十八萬四千餘兩，故特許禁止出口的生絲綢緞經由乍浦和上海出口以作為交換，但是對出口船載量有一定限制：

> 每船配搭綢緞三十三卷，……每卷照向例計重一百二十斤。……
> 計額船十六隻，應攜帶五百二十百卷。〔註27〕

以此數量來看每年售往日本的絲總數在六萬斤左右。日本文獻《浮塵錄》則記載在日本寶曆年間自長崎港運往中國的銅每年多達300萬斤。〔註28〕這樣就有效緩解了錢荒。

再次，在清代，在絲路航線的日本目的地繼續出現了商業移民，上海商人也在其中，比明代只多不少。

上海地區的重要鄉土史料《閱世編》記載，上海地區商人出海經商者多去浙江、福建和日本長崎：

> 邑商有願行貨海外者，較遠人頗便，大概商於浙、閩及日本者
> 居多。據歸商述日本有長耆（崎）島者，去其國都尚二千餘里，諸
> 番國貨舶俱在此貿易，不得入其都。〔註29〕

在清末，有人發現在日本從事商業的中國移民已經很多：

〔註25〕汪向榮、嚴大中校注，李言恭、郝傑編撰：《日本考》（《中外交通史籍叢刊》，中華書局，2000年版，第30頁。
〔註26〕汪向榮、嚴大中校注，李言恭、郝傑編撰：《日本考》（《中外交通史籍叢刊》，中華書局，2000年版，第30頁。
〔註27〕《清朝文獻通考》卷33，浙江古籍出版社，2000年版，冊1，第5154頁。
〔註28〕茅伯科主編：《上海港史（古、近代部分）》，人民交通出版社，1990年版，第80頁。
〔註29〕（明）葉夢珠：《閱世編》，中華書局，2007年版，第93頁。

中土商此者，已數百年，畫地以居，名唐館。估貨大者糖棉，

小則擇其所無者；反，購海物，間以木板歸，無他產也。〔註30〕

　　這肯定是長期發展的結果。當時前往日本的中國商人當中也包括不少上海籍的商人。有日本學者考證了中國商人前往日本的具體情況，發現關於長崎中國商人籍貫方面的資料非常稀少，甚至出現根本無法判斷某些人籍貫的情況，但其中有少量有關上海商人的資料。〔註31〕如在木村蒹葭堂保留的資料中，顯示出在一段時期內往來長崎的一些中國商人的籍貫資料，其中顯示出在一封感謝回函中有署名的中國商人十四人，其中有「松江程劍南」、「雲間顧舒長」的人名，顯然籍屬上海地區，而為首的代表是「蘇州程赤城」。〔註32〕另據日本學者松浦章考證《元明清書畫人名錄》的《清人來舶》中記載著關於程劍南的情況，「又號雲間申江人。」雲間是松江府古稱。〔註33〕

二、清代南方海上絲綢之路上的上海地區與東南亞貿易

　　在清代通往南海甚或印度洋方向的南方海上絲綢之路上，上海地區與東南亞地區間的貿易往來，記載相對較少，然其貿易內容也相當豐富。

　　在18世紀早期中國對外貿易的主要對象就已經是東南亞地區。清代的馬六甲、檳榔嶼、爪哇、蘇門答臘等東南亞的地區，也都有中國商船前去交易，並將當地特產返銷上海。〔註34〕有學者統計在18世紀上半葉，每年自中國運往東南亞的貨物價值估計在600萬到1400萬兩之間。〔註35〕以往有學者指出清代上海從南洋輸入糖，蘇木、檳榔、樟腦、檀香、海參、燕窩，魚翅、象牙、藤條、藤器等特產。〔註36〕此外其實還有烏木、麝香和其他海味等產品。上海出口去南洋的商品主要是絲綢、棉布、瓷器、茶葉等。故此在《松江樂府》中

〔註30〕（清）何如璋：《使東述略》，載王錫祺《小方壺齋輿地叢鈔》第10帙。

〔註31〕汪向榮、嚴大中校注，李言恭、郝傑編撰：《日本考》（《中外交通史籍叢刊》，中華書局，2000年版，第130頁。

〔註32〕《日本隨筆大成》第1期第14卷，吉川弘文館，1975年12月，第19頁。

〔註33〕汪向榮、嚴大中校注，李言恭、郝傑編撰：《日本考》（《中外交通史籍叢刊》，中華書局，2000年版，第131頁。

〔註34〕（英）胡夏米著，張忠民譯：《阿美士德號1832年上海之行記事》，《上海研究論叢（第2輯）》，第286頁。

〔註35〕萬志英著，崔傳剛譯：《劍橋中國經濟史：古代到19世紀》，中國人民出版社，2018年版，第273頁。

〔註36〕茅伯科主編：《上海港史（古、近代部分）》，人民交通出版社，1990年版，第80頁。

收有「日本花布胸沃雪，暹羅籐管口噴煙」的詩句，說明上海地區市場上可見
自日本進口的花布和自泰國進口的籐製煙管。《嘉慶上海縣志序》中也寫道「遠
及西洋暹羅之舟，歲亦間至。」〔註37〕

　　清代中國對東南亞開展貿易活動的重要對象為泰國。泰國在當時稱為暹
羅，和當時的琉球一樣，對中國開展朝貢活動，目的都主要在於開展朝貢貿
易，而與同時期朝鮮對清朝貢活動存在「全面向化」的態度不同。荷蘭人從葡
萄牙人手中奪取馬六甲以後，在當地推行壟斷貿易，使南洋的商業中心移到了
荷屬爪哇殖民地，放棄了以北大年為中心開展的貿易，因此泰國本來呈多向的
對外貿易活動受到不利影響。於是，泰國人轉為向北集中開展貿易，包括到中
國和日本。〔註38〕公元1639年日本幕府開始推行鎖國政策，只對來自中國與
荷蘭的商人開放長崎一港貿易，這樣一來泰國人就只好把中國作為主要的貿
易對象。康熙開海禁之後，暹羅不再僅僅依靠中泰兩國之間規模有限的朝貢貿
易，而是看重兩國民間的貿易往來，因為那貿易額更大。

　　在清代中國和暹羅的貿易中大米貿易佔據了重要地位，主要是進口，以滿
足地狹人稠的東南沿海的需要。清廷嚴厲控制糧米出口，但是對於進口糧食的
態度比較鬆弛。當時每年有數十艘「洋船」開往安南、暹羅等南洋國，比國內北
洋航線的沙船運載量相對要大，也更堅固，大船可運載量八十萬到九十萬斤，一
般的商船也可搭載六十萬斤左右。〔註39〕清代上海商人也要下南洋貿易，如嘉
慶十一年（公元1806年）中國商人徐茂和陳金，代駕林永發貨船1艘，從暹羅
至上海售賣。〔註40〕依此來看南方海上絲路的商船運輸量較東方絲路為多。

　　19世紀30年代，在道光年間，暹羅出產的蔗糖、海參、魚翅等，吸引不
少中國商人前去採購，「他們的帆船每年在二三月及四月，從海南、廣州、汕
頭、廈門、寧波、上海等地開來」。如在道光九年（公元1829年），駛抵新加坡
的中國商船有8艘，1830年10艘，次年又增至18艘，其中除閩、廣外，「來
自上海及浙江省寧波附近者2艘，一艘載500噸，另一艘175噸」。〔註41〕

〔註37〕嘉慶《上海縣志》序，上海市地方志辦公室、上海市閔行區地方志辦公室編
　　　　《上海府縣舊志叢書（上海縣卷）》，上海古籍出版社，2015年版，冊2。
〔註38〕石元蒙：《明清朝貢體制的兩種實踐》，知識產權出版社，2015年版，第57頁。
〔註39〕唐振常主編：《上海史》，上海人民出版社，1989年版，第96頁。
〔註40〕《清代外交史料》嘉慶朝四，《兩廣總督蔣攸銛奏摺》，故宮博物院編，1933年
　　　　版，第31～32頁。
〔註41〕聶寶璋編：《中國近代航運史資料（第1輯）》，上海人民出版社，1983年版，
　　　　第53～56頁。

　　雖說乾隆以後中國對外開放以廣州為主，但是上海港仍然參與對外貿易，並有積極的表現。如大量的生絲及絲織品的南運，也成為廣州轉口貿易的重要內容。清朝前期，每年從廣州出口的商品中，茶葉、生絲及絲織品占廣州口岸出口商品總值的 60%到 80%。〔註42〕這些絲與絲織品南下廣東，對廣州港對外貿易增添了巨大的活力。反過來也促進了江南包括松江和上海當地的紡織品生產，並刺激了上海港港口中轉貿易進步。

　　公元 1840 年以前，公元 1757 年以後，清代曾實行廣州一口通商為主的政策，結果形成了上海港到廣東後出口的中轉貿易路線，即把大量原料和產品運輸到廣州，經加工後或不經加工中轉出口。乾隆年間，澄海商船販運黃、白糖至松江、蘇州等地銷售後，即「販棉花、色布回邑。下通雷瓊等府，一往一來，獲息幾倍，以此起家者甚多」。〔註43〕

　　棉布同樣大量向南出口，特別是在中歐貿易的刺激下。青藍棉布既有直接從上海販運出洋的，也有經福建、廣東商人收購以後再轉口到海外的。在乾隆元年（公元 1736 年），經福建、廣東商人轉銷給英國東印度公司的棉布就有萬餘匹。此後三四十年間，每年運往英國的上海地區所產南京布約 2 萬匹，美國購買的南京布等棉紡織品約 140 萬匹。

　　商人若以空船返滬，未免太虧，故此閩越地區向北的海上貿易也很發達，如廣東潮州府潮陽縣，海上貿易也延伸到江浙一帶，當地的主要商品如黃糖、白糖等都由「商船裝往嘉、松、蘇，易布及棉花。」〔註44〕又如黃渡鎮商人孫時傑曾在道光年間開闢了販運上海土布前往福建的一條海上貿易線：

> 孫時傑，字安卿，居鎮北，業布商。道光之季，里中所產土布，衣被七閩者，皆由閩商在上海收買，未嘗自行運送，價之高下，聽客（商）所為，不足以操勝算。時傑患之，因創議自收自運。顧陸運取道於浙，有仙霞嶺之阻，勞費且倍，計莫便於航海，同業均有難色。時傑慨然乘帆船往，以導先路，備歷風濤之險，數月返里，贏金累萬。嗣是土布自運福建之路以通。〔註45〕

〔註42〕姚賢鎬：《中國近代對外貿易史資料》第 1 冊，中華書局，1962 年版，第 254～255 頁。

〔註43〕羅一星：《清代前期嶺南市場的商品流通》，《學術研究》，1991 年第 2 期。

〔註44〕嘉慶《潮陽縣志》卷 11，成文出版社，1966 年版，第 156 頁。

〔註45〕宣統《黃渡鎮志》卷 5，1932 年鉛印本。

三、清代上海地區棉布生產進步和中西貿易的發展

　　清代上海地區所面臨的絲路貿易形勢有很多新的變化。即使在清代，絲綢始終仍是大宗的出口貿易商品，此外還有各種其他商品，上海地區仍然積極參與對外貿易。上海地區與南方海上絲綢之路交流的方向上存在重要的貿易活動延伸，那就是在 18 世紀中國和歐洲的貿易初次實現了快速穩步增長，上海的棉佈在其中扮演了重要角色。

　　18 世紀中國的產品市場屬於市場經濟的範疇，曾有學者指出這具有「小生產，大流通」的特點。〔註46〕清代從松江府的各縣至蘇州府屬嘉定（今屬上海直轄市）、太倉、常熟等地，都是「三分宜稻，七分宜木棉。」〔註47〕而整個江南地區棉布業市鎮都很多。松江臨近的蘇州為江南最大的棉布集散地。

　　清代松江府的紡織業發展比明代的規模要大得多，雖然棉花種植在全國範圍內大大擴展，但是松江的棉布質量是全國最高的，因此始終暢銷在南北方各地：

> 　　近世秦、隴、幽、并，轉傳治法，悉產棉布。然松太所產卒為天下甲，而吾滬所產，又甲於松太。山梯海航，貿遷南北。〔註48〕

清朝的松江府民間廣泛從事棉布生產，農村家庭婦女是重要勞動力：

> 　　農家胼胝稼穡，出自天性。居廛市則服勤工賈，故游民鮮少。凡事必務舒整，都無陋儇。惟飲食多遇腆者，是以積聚衰焉。女子莊潔自好，無登山入廟等事；井臼之餘，刺繡旨蓄，靡不精好。至於鄉村紡織，尤尚精敏。農暇之時，所出布疋，日以萬計，以織助耕，紅女有力焉。〔註49〕

　　此外，清代中國棉布輸出，有很大一部分是以東南亞的群島，特別是西班牙佔領的殖民地為目的地，而英國東印度公司也大量採購這些商品。有西方學者指出：「上海可以被看作是一個『捆客城市』，主要是指在江南內陸水

〔註46〕張忠民：《「小生產，大流通」——前近代中國社會再生產的基本模式》，《中國經濟史研究》，1996 年第 2 期。
〔註47〕吳偉業：《吳梅村全集》卷 10，上海古籍出版社，1990 年版，第 278 頁。
〔註48〕《齊民四術》卷 5，《包世臣全集》，黃山書社，1993 年版，第 328 頁。
〔註49〕《重修華亭縣志》卷 23《風俗》，見上海市地方志辦公室、上海市松江區地方志辦公室編《上海府縣舊志叢書（松江縣卷）》冊中，上海古籍出版社，2011 年版，第 1155 頁。

運的河船與吃水較深的遠洋商船之間的轉運。」〔註50〕此話不假，但這並非歷史的全部，因為上海港發生的對外貿易並非僅是中轉貿易，比如所謂「南京布」是「在18世紀和19世紀早期是英國和美國貴族做褲子的主要材料。大部分的南京布的原棉是在松江府的農民家庭種植和紡線的，然後送到松江、上海或者蘇州染色並最終完成。」〔註51〕著名學者全漢昇認為當時松江所產的藍色棉布就是所謂「南京布」。〔註52〕彭澤益則認為後來的發展甚至使廣東佛山在市場需求刺激下成為仿製「南京布」的生產基地。〔註53〕英國東印度公司也曾經把大量「南京布」帶回英國。〔註54〕因此松江府不僅是清代的絲路貿易中轉樞紐，也是重要商品的生產中心。吳承明、徐新吾提出明代晚期的松江棉布產量為二千萬匹左右，而清代乾嘉時期的松江棉布運銷量為三千萬匹左右。〔註55〕

自乾隆元年（公元1736年）開始，上海地區生產的土布以「南京布」之名開始向英國出口。據統計在乾隆十四年（公元1750年），中國出口到英國的綢緞有5640匹，土布有5740匹。到了18世紀末，中國向東印度公司出口的土布，一年的貿易額有8萬兩白銀之多，到19世紀初葉，這個數字則上升到12萬兩白銀。從公元1827年到公元1828年，東印度公司所經銷的江浙地區所產土布價值多達64.9萬兩白銀。〔註56〕自公元1804年到公元1829年，美國

〔註50〕（美）林達‧約翰遜：《上海：一個正在崛起的江南港口城市，1683～1840》，見林達‧約翰遜主編，成一農譯《帝國晚期的江南城市》，上海人民出版社，2005年版，第226頁。

〔註51〕（美）林達‧約翰遜：《上海：一個正在崛起的江南港口城市，1683～1840》，見林達‧約翰遜主編，成一農譯：《帝國晚期的江南城市》，上海人民出版社，2005年版，第227頁。

〔註52〕全漢昇：《鴉片戰爭以前江蘇的棉紡織業》，《清華學報》新1卷，1958年第5期。

〔註53〕彭澤益：《鴉片戰爭前廣州新興的輕紡工業》，《歷史研究》，1983年第3期。

〔註54〕（美）林達‧約翰遜：《上海：一個正在崛起的江南港口城市，1683～1840》，見林達‧約翰遜主編，成一農譯：《帝國晚期的江南城市》，上海人民出版社，2005年版，第230頁。

〔註55〕吳承明：《論明代國內市場和商人資本》，見吳承明《中國的現代化：市場與社會》，北京三聯書店出版社，2001年版，第111～143頁；徐新吾：《鴉片戰爭前中國棉紡織手工業的商品生產與資本主義萌芽問題》，江蘇人民出版社，1981年版。

〔註56〕沈光耀：《中國古代對外貿易史》，廣東人民出版社，1985年版，第173～174頁。

船隻從廣州運出的貨物總價值為 1.21 億美元，其中絲織品與「南京布」占比二分之一至三分之二以上。〔註 57〕曾有一位英國植物學者來到上海考察後說：「在上海附近種植的棉花，名曰南京棉花，用它紡織成的棉布，叫作南京棉布。」〔註 58〕19 世紀法國有市民發明了用嘉定和寶山所產「紫花布」裁成的象腿形狀的長褲，這種褲子也在 1830 年代受到英國紳士階層的廣泛愛好。

　　有一個有意義的現象是在清代江南和松江不僅出現了棉布大量出口，也出現了棉花原料進口的現象。許地山所編《達衷集》下卷載《廣州海防同知禁止棉花人口下洋商諭》云：「（乾隆四十二年，公元 1777 年）五月十六日奉廣東巡撫部院李憲渝云：『……至棉花一項，本無庸外洋載運帶來。近來各國夷船見外洋棉花價值便宜，希圖充賺。……乃由順道重載棉花，海運來廣，以至內地棉花壅塞不通。」〔註 59〕這些棉花中是由海外地區出發海運到廣東再轉銷上海的，很大的原因當然是上海本地的棉布生產規模太大，以至於本地原料生產跟不上。此外，嘉慶《上海縣志・風俗志》引陳金浩《松江衢歌》：「出洋古舶候風還，載得洋花入海關。」〔註 60〕應該就是描述的相關事實。

　　清代湖州特產「湖絲」的出口有兩條路線，一是經上海港出口日本，二是經廣州，走南洋航線進入南方海上絲綢之路，銷往東南亞。從交通地理上看，湖州屬內陸，絲綿出口日本應當還是走上海口岸出海，且當時湖絲出口有南洋航線，恐怕也多數是經過上海地區一帶中轉，當時江南外貿規模甚大，如乾隆二十四年（1759 年）李侍堯在《奏請將本年洋商已買絲貨准其出口摺》所稱：「惟外洋各國夷船，到粵販運出口貨物，均以絲貨為重，每年販鬻湖絲並綢緞等項貨，自二十餘萬斤至三十二三萬斤不等。統計所買絲貨，一歲之中價值七八十萬兩或百餘萬兩，至少之年亦買價至三十餘萬兩之多；其貨均係江浙等省居民販運來粵，賣與各行商，轉售外夷，載運回國。」〔註 61〕到了道光年間根據《南京條約》開埠以後，湖絲出洋，「其始運至廣東，其繼運之上海銷售，

〔註 57〕（美）馬士（H. B. Morse）著，區宗華譯：《東印度公司對華貿易編年史》第 4 卷，中山大學出版社，1991 年版，第 404～405 頁。

〔註 58〕全漢昇：《鴉片戰爭前江蘇的棉紡織業》，見全氏《中國經濟史論叢》第 2 冊，香港新亞研究所 1972 年，第 638～639 頁。

〔註 59〕許地山編：《達衷集》，卷下，文物出版社，2002 年版，第 169 頁。

〔註 60〕嘉慶《上海縣志》，見《上海府縣舊志叢書（上海縣卷）》卷 1，上海古籍出版社，2015 年版，第 842 頁。

〔註 61〕李侍堯：《奏請將本年洋商已買絲貨准其出口摺》，見《粵海關志》卷 25《行商》，廣東人民出版社，2002 年版，第 282 頁。

南潯七里所產之絲尤著名，出產既富，經商上海者乃日眾。」〔註62〕

清代江南的對外貿易規模甚大，如乾隆二十四年（公元1759年）兩廣總督李侍堯在任上奏請准許本年洋商將已購買的絲貨出口，奏摺中提到了當時湖州絲綢外銷的巨大數額：

> 惟外洋各國夷船，到粵販運出口貨物，均以絲貨為重，每年販
> 鬻湖絲並綢緞等項貨，自二十餘萬斤至三十二三萬斤不等。統計所
> 買絲貨，一歲之中價值七八十萬兩或百餘萬兩，至少之年亦買價至
> 三十餘萬兩之多；其貨均係江浙等省居民販運來粵，賣與各行商，
> 轉售外夷，載運回國。〔註63〕

湖絲經江浙商人自海上販運到廣東出口，松江府的商賈和口岸應也多從中受益。

但因為不能與歐美國家直接通商，上海周邊地區的絲、茶等出口商品均不得不長途輾轉運往廣州，因此成本也不易降低。因此過去曾有學者估計，就總體而言，對外貿易在上海港貿易總量中的比例不大，約僅占3%至4%。〔註64〕

無論如何，通過絲路貿易，在清代大量美洲白銀再次流入中國，包括松江府，甚至導致從公元1737年到公元1911年之間，松江府米價從每石110兩白銀上漲到每石460兩白銀，漲幅很大。〔註65〕從18世紀到19世紀，由於中國和歐美之間層保持了長期的貿易順差，吸入大量美洲白銀，提高了國內商業化和市場化的水平，抬高了糧食市場的價格。〔註66〕

四、清代絲路貿易與上海沙船業的興起

清朝初年在統一臺灣以後開放海禁，使對外貿易迅速恢復，上海地區的沙船商業也發展迅速：

> 沙船聚於上海，約三千五六百號。其船大者載官斛三千石，小
> 者千五六百石。船主皆崇明、通州、海門、南匯、寶山、上海土著

〔註62〕民國《南潯志》卷33《風俗》，1928年刻本。

〔註63〕李侍堯：《奏請將本年洋商已買絲貨准其出口摺》，見《粵海關志》卷25《行商》，廣東人民出版社，2002年版，第282頁。

〔註64〕《上海港史話》編寫組：《上海港史話》，上海人民出版社，1979年版，第20頁。

〔註65〕趙紅軍、陸佳杭、汪竹：《美洲白銀輸入是否抬升了江南的米價？——來自清代松江府的經驗證據》，《中國經濟史研究》，2017年第4期。

〔註66〕同上。

之富民。每造一船須銀七八千兩，其多者至一主有船四、五十號，
故名曰船商。〔註67〕

在此等貿易繁榮的背景下，清代上海本地商人多有赴海上絲綢之路從事
出國貿易活動者。長江口以北沿海岸線連接北方的航線史稱「北洋航線」，清
代的北洋航線和東方海上絲綢之路的共同點不僅在於部分航線的共享和交
叉，也在於航運業同屬沙船業的特色。清代上海地區港口貿易和遠洋販運刺激
當地沙船業和從業豪富的崛起。

清代沙船在航海業中的作用巨大。沙船「以出崇明沙而得名。太倉、松江、
通州、海門皆有。」〔註68〕嘉慶初年包世臣記述過北洋航線上的沙船業盛況概
貌：「凡客商在關東立莊者，上海皆有店。上海有保載牙人，在上海店內寫載，
先給水腳，合官斛每石不過三百四文」。〔註69〕

航運貿易使得沿海地區有相當一部分人成為新的暴發戶：「其船戶俱土著
之人，身家殷富」。如康熙年間的著名船商張元隆「廣置洋船，海上行走」，擁
有數十艘海船，每年出洋船隻雇傭的舵手、水手及商夥人數眾多，同時販運的
貨物量巨大，每艘船所載出口到東西洋地區，包括日本關東等地的「南京布」
與其他商品價值數萬金之多。清朝的崇明海商湯源興、沙益、張元利等都是
遠近聞名。康乾時期先後出現巨富的海商張家和朱家，而到嘉慶、道光年間，
則是郁、王，孫三個海商大家族富甲一方。其中郁家的代表郁潤桂能夠經營
超過七十艘的沙船，手下雇傭 2000 多人，綽號為「郁半天」，而王家則以王文
源、王文瑞兄弟為代表，建立王利川字號商行，擁有上百艘沙船組成的大型船
隊，在上海、南京等各地擁有自己的專營碼頭。有文獻記載稱：「沙船十一幫
俱以該商本貫為名，以崇明、通州、海門為大，尤多大戶，立別宅於上海。」
〔註70〕這些船幫多依託上海港，船主則多為崇明、南通、海門、南匯、寶山、
上海各地的土著富有海商，沙船數量多而資金雄厚，其中也多有參與對外貿易
者。在當時的沿海商界形成所謂「北五幫」和「南五幫」，前者主要來自關外

〔註67〕《包世臣全集》，黃山書社，1993 年版，第 11～12 頁。
〔註68〕乾隆《崇明縣志》卷 19，見《上海府縣舊志叢書（崇明縣卷）》，上海古籍出
　　　　版社，2011 年版，第 1097 頁。
〔註69〕（清）包世臣：《安吳四種・中衢一勺》卷 1《海運南漕議》，見《近代中國史
　　　　料叢刊》第 20 輯，文海出版社，1968 年版，第 43 頁。
〔註70〕（清）包世臣：《安吳四種・中衢一勺》卷 2《海運十宜》，見《近代中國史料
　　　　叢刊》第 20 輯，文海出版社，1968 年版，第 219 頁。

和山東半島的港口城市，後者則主要來自江浙沿海地區。造船業、航運業、漁業、貿易、加工業等都已成為上海地區的重要產業。自嘉慶二十二年（公元1817年）到道光七年（公元1827年）之間，棉布、絲類、茶葉成為中國出口的三大商品，行銷歐洲、美洲和亞洲的市場，其中不少是從上海港出口的。隨著船商群體的不斷發展，商船會館出現，如赫赫有名的上海商船會館始建不晚於康熙五十四年（公元1715年），距離江海關之設立時間（公元1685年）僅三十年，是由上海商船運輸業中的沙船業主們集資共建，目的是「敦鄉誼，輯同幫」，是中國最早建立的行業性會館。參與者主要是上海地區本地的上海、崇明、南匯、寶山等地和周邊的通州、海門等地的船商，也有來自寧波的、山東的和直隸的船商，這個會館經歷了乾隆、嘉慶年間的重修擴建，也算是外貿海商參與的會館。很多富有的外地籍船商因此立別宅於上海。此外，在乾隆年間上海的錢莊業也受到刺激而興起。〔註71〕

當時，這些沙船主往來南北之間販運貿易：

> 由南載往花布之類曰南貨，由北載來餅豆之類，曰北貨，率以番銀當交會，利遇倍蓰，轉昫可致富。道光中，行海運，歲漕百萬，由滬至津，上供天庾。邇年浙運亦藉沙船，官商皆稱便。〔註72〕

其中也有不少從事對外貿易，特別是對日貿易，具體也可見下一章的論述。

〔註71〕《錢業承辦祭業各莊名單碑》，見上海博物館圖書資料室編《上海碑刻資料選輯》，上海人民出版社，1980年6月，第254～255頁。《最早的錢莊》，據葉亞廉、夏林根主編《上海的發端》，上海翻譯出版公司，1992年，第107頁。乾隆元年（1736）上海錢莊業創始。

〔註72〕同治《上海縣志》卷1，見《上海府縣舊志叢書・上海縣卷》，上海古籍出版社，2015年版，冊3，第1407頁。

第十三章　《備邊司謄錄》中清代上海社會與海上貿易的資料考察

　　在明清時期，眾多中國商船行駛在中國和東北亞之間的海洋航線上，有不少因遭遇風浪漂流到朝鮮，朝鮮國李朝政權根據當時東亞地區朝貢圈相互開展海上救助的關係原則給予友好安置，並將漂流的船商送回中國。朝鮮備邊司官員對海難獲救者進行了詳細的詢問，以獲得對方的身份信息和對華情報，在朝鮮李朝的官方文獻《備邊司謄錄》〔註1〕中保留了不少詳細的問答交談記錄。對《備邊司謄錄》的學術研究始於20世紀30年代，中日韓三國的學者都有所探索，〔註2〕對其中的海洋貿易史面貌作了不少探索。其中有不少關於古

〔註1〕　《備邊司謄錄》為朝鮮李朝負責邊疆管理的備邊司的官方記錄，記錄的歷史時間段上起自朝光海君八年（1616），下至高宗二十九年（1892），現存為謄錄本273冊，包括長達276年的記錄，缺載54年。該書被當代韓國出版數次，由大韓民國文教部國史編纂委員會整理編纂，在1959年4月到1960年10月由東國文化社出版28冊本，1982年10月再次出版28冊本，出版商為民族文化社，自1989年至2007年間出版30冊本，定名為《國譯備邊司謄錄》。本文史料來源為最早在1959年到1960年間整理的《備邊司謄錄》謄寫影印本，其中1～15冊為1959年出版，16～28冊為1960年出版。

〔註2〕　（日）重吉萬次：《關於備邊司的設置》，《青丘學叢》，1936年第23期。（韓）申奭鎬：《備邊司與謄錄》（《韓國史料解說集》，韓國國史編纂委員會，1964年）。日本關西大學松浦章教授做出的貢獻較大，由他編著，卞鳳奎編譯的《清代帆船東亞航運史料彙編》（臺北：樂學書局，2007年版。）學術價值較大。中國學者也有利用《備邊司謄錄》史料開展研究，主要成果如袁曉春《海上絲綢之路朝鮮史料中的寧波海商》（《民族史研究》第14輯，中央民族大學出版社，2018年），袁曉春：《〈備邊司謄錄〉中的山東海商與海船》（《國家航海》第17輯，上海古籍出版社，2016年），袁曉春、張俊傑：《海上絲綢之路朝鮮

代上海的史料，也有一些關於海上絲綢之路活動的史料，未見於中國國內的史籍方志記載，但也是反映古代上海海洋活動史的珍貴史料，故作一專門分析整理。從以往來看，利用《備邊司謄錄》進行涉及古代上海地區人員和船隻、貨物所參與的海洋貿易活動研究，國內專門研究尚少，相關問題需要集中解決。

從《備邊司謄錄》的「官民問答」中可以看出不同航行的路程信息。李氏朝鮮備邊司對漂流遇難者有時候會提供經濟形式的撫恤，構成特殊的貿易形式。

古代上海地區在海上絲綢之路上之重要地位，在以往研究中被相對輕視。《備邊司謄錄》所收錄的豐富史料使人可以從一個側面看到清代上海地區在當時海上貿易活動中所扮演重要角色，也再次證實了古代上海地區是中國沿海南北間海上貿易的中轉樞紐，大量南北產品通過中轉貿易活動在上海交流，不僅上海港口，上海地區從商居民和商船也是積極參與其中，忙碌於南北之間。上海地區和南北洋航線各地間存在著不同形式的多角貿易。史料中記錄的貿易活動信息有關多條不同貿易路線，包括自長江口直發日本長崎的航線、北洋航線、跨南北洋的多角貿易航線等等上的活動信息。以清代中日之間絲路貿易而論，再結合上以前出現的研究和資料，上海地區的船商、水手也曾是積極的海上絲路商業力量，自上海地區出發的航運貿易力量應算得上重要力量。此外，崇明是清代北洋航線重要的航運貿易要地，當地商人與船隻都對南北貿易作出較大貢獻。

以《備邊司謄錄》總體而論，所包含的史料信息豐富，涉及可以深入的問題方面很多，本章研究深度較淺，限於課題方向的容量及筆者目下深入的程度，僅能整理相關史料面貌，得出初步粗淺觀點，寶貴史料所反映之豐富信息，仍待未來筆者與同仁繼續深入努力，將來提出和解決更多的問題。

史料中的山東海商》（《朝鮮・韓國歷史研究》，延邊大學出版社，2016 年），袁曉春：《朝鮮李朝《備邊司謄錄》中的廣東商人》（《海洋史研究》第 6 輯，海洋出版社，2014 年）範金民的論文《清代前期福建商人的沿海北艚貿易》（《閩臺文化研究》，2013 年第 2 期），此外還有費馳的論文《17 世紀末 18 世紀初的東亞商路及其影響》（《中國邊疆史研究》，2011 年第 4 期），鄒然的論文《〈備邊司謄錄〉與中國漂流民——以「問情別單」為主要史料》（浙江工商大學，碩士論文，2015 年），論文《從〈備邊司謄錄〉「問情別單」看朝鮮王朝對海禁令的認識》（《黑龍江史志》，2014 年第 15 期），宋先超的碩士論文《〈備邊司謄錄〉史料價值初探》（東北師範大學碩士論文，2011 年）。

一、以《備邊司謄錄》所見涉及古代上海地區參與國際貿易的史料

　　本節首先以筆者所見李氏朝鮮《備邊司謄錄》涉及古代上海地區的海上航行與貿易活動的史料製成表格，作為本章討論的基礎，以便研究分析的展開。史料錄入的原則為有關古代上海地區的人員信息和航行經過、貨物上下地點的信息出現為標準。日本學者松浦章在其著作《清代上海沙船航運業史研究》中對清代江南商船漂流到朝鮮、日本和琉球的數據做過統計，羅列了地域、乘員數和船主姓名、停靠地等信息，並對不同州縣所佔比例做了分析。〔註3〕其中第 1 編的第三章內容是以江南船商和中國沿海貿易的整體面貌為角度展開研究，包括經濟規模、經營內容等問題為主，資料圍繞漂流到日韓兩國的江南商船展開，並非對上海部分的資料和問題作集中或單獨的分析，因此其結論的宏觀色彩更強一些，第 2 編的第 4 章內容則以江南商船漂流到李氏朝鮮的資料整理為主，分析相對少一些且簡略，對涉及上海等地緣特徵未與注意，該書其後的部分則集中於中國近代歷史階段的現象。筆者本文則是針對上海歷史角度研究的需要，在對相對微觀的資料和問題做範圍集中的專門分析，以圖有助於看清上海在海上貿易和海上絲路中的地位。如松浦章曾指出上海是江南船商沿海航運業的中心，但是上海人在其中扮演的角色，上海在海內外貿易網絡中的節點作用等問題仍需具體分析。本章節不能完全解決所有相關問題，但是力圖把《備邊司謄錄》中有限的相關資料反映的面貌集中整理出來和加以分析。

史料出處及排序	年　代	幸存船上人的人數、地域和職業	航行起止	販運貨物內容及載卸記錄
史料 1 濟州漂漢問情別單〔註4〕	肅宗十三年丁卯（康熙二十六年，公元1687 年）	「濟州漂到人六十五名，」「素無身役，以商賈為業耳。」二十二人來自上海地區，包括松江府上海縣、松江府華亭縣、蘇州崇明縣、蘇州嘉定縣之居民。排名為	「十七日乘船，十八日由吳松江，仍向大洋，二十二日晚夕，卒遇東南風，是夜三更，量到濟州族義界，敗船升陸，而同船者七十人，淹死四名，其餘則僅得生活，而	「白絲、杭綾、走紗、人參、麝香、藥材,而所貿者銀、銅、蘇木、海參、卜魚、胡椒等物矣。」

〔註3〕（日）松浦章：《清代上海沙船航運業史研究》，江蘇人民出版社，2012 年版，第 41～47 頁。

〔註4〕大韓國史編纂委員會：《備邊司謄錄》〔M〕，首爾：東國文化社，1959 年，第 4 冊，第 32～36 頁。

| | | 首的為蘇州吳縣人。「而同船者七十人，淹死四名，其餘則僅得生活，而又一人病死矣。」〔註5〕 | 又一人病死矣。」「俺等蘇州三船同發，而卒遇狂風，船行如飛，故二隻則不知去向矣。」「將向日本長崎島矣。」「（自吳鬆口發船）俺等若遇西 |

〔註5〕史料中詳細羅列獲救的人名和籍貫、年齡等信息，原文過長，故引用於此，以免影響正文行文，內容如下：

「顧如商年四十七，住蘇州府吳縣人。張文達年四十四，住蘇州府嘉定縣人。王俊侯年六十，住江西省撫州府樂安縣人。沈從先年五十七，住蘇州府崇明縣人。李得南年四十三，住蘇州府長州縣人。許明義年六十四，住松江府華亭縣人。李秉公年三十八，住松江府華亭縣人。沈肇光年四十九，住浙江省湖州府烏程縣人。襲威之年四十一，住江寧府江寧縣人。朱仁字年三十二，蘇州府吳縣人。洪瑞圖年四十三，住江寧府溧水縣人。姜靈升年四十六，住江西省州撫府臨川縣人。陶子禪年三十七，住浙江省紹興府山陰縣人。周體乾年五十，住寧國府寧國縣人。陳心嘉年三十，住蘇州府長州縣人。劉雲召年二十一，住蘇州府吳縣人。王天武年四十，住蘇州府常熟縣人。曾象功年三十二，住蘇州府常熟縣人。楊茂生年四十，住揚州府江都縣人。樊義年三十五，住蘇州府崇明縣人。曾大年五十五，住湖廣省溪陽府溪陽縣人。郭瑞年四十三，住長（常）州府江陰縣人。吳林年三十九，住蘇州府吳縣人。劉山年四十六，住蘇州府吳縣人。王潮年五十五，住蘇州府崇明縣人。蔡先年二十六，住蘇州府崇明縣人。李道年三十七，住松江府上海縣人。陳敬年四十一，住蘇州府常熟縣人。林大年四十，住長州府靖江縣人。王麻年二十七，住長州府江陰縣人。吳三年三十，住蘇州府崇明縣人。李二年二十七，住松江府上海縣人。姜太年三十，住蘇州府崇明縣人。季四年二十四，住蘇州府崇明縣人。樊三年二十八，住蘇州府崇明縣人。寶乙年四十三，住蘇州府吳縣人。王選年三十三，住蘇州府長州縣人。王文年四十四，歲住蘇州府嘉定縣人。仲二年二十九，住蘇州府長州縣人。李桂年二十九，住蘇州府長州縣人。陳壽年三十四，住蘇州府吳縣人。周勝年五十，住淮安撫山揚縣人。蔡二年三十五，住松江府上海縣人。陶二年二十九，住蘇州府崇明縣人。吳聖年四十三，住徽州府休寧縣人。李寧年四十二，住蘇州府長州縣人。許彈年二十五，住蘇州府長州縣人。李龍年二十五，住蘇州府長州縣人。翁八年五十六，住福建省福州府閩縣人。翁耐年三十，住福建省福州府閩縣人。翁五年三十六，住福建省福州府閩縣人。江捷年三十八，住福建省福州府侯官縣人。鄭章年四十六，住福建省福州府侯官縣人。陳壽年四十八，住福建省福州府侯官縣人。江五年三十六，住福建省福州府侯官縣人。江三年三十六，住福建省福州府侯官縣人。徐元年二十三，住松江府華亭縣人。朱明年二十八，住蘇州府崇明縣人。吳義年二十六，住長（常）州府無錫縣人。石明年二十五，住蘇州府崇明縣人。朱華年二十一，住蘇州府吳縣人。朱二年十五，住蘇州府吳縣人。許元年十六，住松江府華亭縣人。李福年十八，住松江府華亭縣人。楊寶年二十五，住松江府嘉定縣人。」

			南風。則四晝夜可到矣。」「俺等自乙丑至丁卯，三遭往來矣。」	
史料2 濟州漂到人問情別單〔註6〕	肅宗三十二年丙戌（康熙四十五年，公元1706年）四月十三日	史料見十三人姓名與地域來源。以山東登州人一人為首管賬，山東登州人又一人管買柴米，舵手是住在蘇州城的山東登州人，水手兩人來自松江府華亭縣和上海縣人，其他包括浙江水手一名，登州水手兩名，船客登州人三名。自稱「俺們素無身役，只以農商為業耳。」〔註7〕	「俺們今正月初二日開船，於山東萊陽縣，初四日大洋中，猝遇惡風，失舵折檣，幾乎沉沒，倉惶中遠見山色，疑有人家，俺等十三人，持牌標急下，汲水小船，欲為救護大船之際，又遭東北風，俺等十一日，漂到貴國，其餘二十一人，在大船，不知去處耳。」「別無他國行商之事，而只於浙江、福建、江西、湖廣、潘（鄱）陽等處行商耳。」	「俺們持黃豆、紫草、杏仁、防風、白蠟、豬等物，往蘇州貿來青藍、各色布、瓷器、棉花物耳。」「黃豆二百四十擔，白蠟二百四十斤，紅花二百四十斤，紫草三百九十八包，防風一包，杏仁一小包，豬十二口耳。」
史料3 古群山漂海人問情別單〔註8〕	英祖三十八年壬午（乾隆二十七年，公元1762年）	「俺等俱是浙江省寧波府鄞縣人，共是二十二人，而內中二人，江南省蘇州人，一人杭州紹	「而今年六月二十四日，自家離發，七月初二日，在上海縣裝貨物，九月二十五日，至山東	在上海縣裝茶葉貨物

〔註6〕 大韓國史編纂委員會：《備邊司謄錄》，東國文化社，1959年版，第5冊，第538～540頁。

〔註7〕 為不妨礙表格行文，在此處羅列史料原文如下：「俺們十三人姓名。管賬車琯年三十九歲、山東省登州府萊陽縣人。管買賣柴米崔凌雲，年五十二歲，山東省登州府文登縣人。扶舵韓永甫，年五十歲，山東省登州府萊陽縣人，蘇州府城裏住。水手陳五，年三十七歲，江南省松江府華亭縣人。小水手袁六官，年二十七歲，江南省松江府上海縣人。小水手王三，年二十四歲，浙江省紹興府山陰縣人。小水手王五，年二十六歲，山東省萊州府即墨縣人。小水手劉及成，年三十五歲，山東省登州府萊陽縣人。小水手程元，年二十七歲，山東省登州府萊陽縣人。客人宋宗德，年五十五歲，山東省登州府萊陽縣人。客人梁已美，年二十四歲，山東省登州府萊陽縣人。客人蔣彥盛，年四十二歲，山東省登州府萊陽縣人。俺們素無身役，只以農商為業耳。」

〔註8〕 大韓國史編纂委員會：《備邊司謄錄》，東國文化社，1959年版，第13冊，第819～821頁。

		興府人。」	石島，猝遇狂風，晝夜漂蕩，十月初二日，漂到貴地方。」	
史料4 濟州漂人問情別單〔註9〕	英祖五十一年乙未（乾隆三十九年，公元1774年）	「小的兩人，都是蘇州府太倉崇明縣人。」	「年八月二十七日，持錢三千弔，自本縣發船，十月初一日，到關東海州地方，換買黃豆，同月十四日，回到定山地方，大洋中猝遇西北風，十一月初五日，漂到貴國地方，而船隻則破碎矣。」	「船中只載黃豆二百擔，更無他物。」
史料5 靈光漂人問情別單〔註10〕	正祖元年丁酉（乾隆四十二年，公元1777年）十一月二十五日	「俺們，十三人皆在江南省蘇州府太倉州崇明縣。」「客人唐友凡年六十，朱於龍年二十七，此二人，住在江南省蘇州府。」	「俺們，本以船商，今年七月初六日，自崇明縣開船，往天津府買棗子與鯉魚，收載船上，十月十八日還向本鄉，二十二日夜到成山下，忽值西北風大作，中桅既失，大桅亦折，隨風簸揚，飄入於貴國海中，至二十七日，開東時風勢越作，大船破碎……」	「當初裝載棗子一千石、鯉魚千餘擔，漂散於大船破碎時，而棗子之收拾取於浦邊者，特蒙貴國之恩典，換給棉布，至於六十五匹之多」。
史料6 濟州涯月鎮嚴莊浦漂到大國人問情別單〔註11〕	純祖六年丙寅（嘉慶十一年，公元1806年）	「共為二十二名，而二十一人，是江南省太倉州寶山縣的，即同省松江府上海縣的，幸賴天佑，盡保殘命。」	「昨年閏月十六日，逢江南徽州受雇府茶商馮有達於上海縣吳淞口，裝載其茶葉八百三十五包，於八月初一	

〔註9〕 大韓國史編纂委員會：《備邊司謄錄》，東國文化社，1959年版，第15冊，第311～313頁。

〔註10〕 大韓國史編纂委員會：《備邊司謄錄》，東國文化社，1959年版，第15冊，第270～272頁。

〔註11〕 大韓國史編纂委員會：《備邊司謄錄》，東國文化社，1960年版，第19冊，第818～821頁。

		為首「船戶傅鑒周，年四十一」。其中「客商王培照，年四十三，江南省松江府上海縣人。」	日，止泊天津府，卸其茶包。有達，則仍留其地。而俺們，因約載王培照之紅棗，轉向山東省武定府海豐縣，待其貿棗載二百六十擔，於十月二十一日回船，要往本鄉……初七日猝遇颶風，漂流東西，船具破裂，幾乎沒者，屢矣。」	
史料7全羅道靈光郡小落月島漂到大國人問情別單〔註12〕	純祖九年己巳（嘉慶十四年，公元1809年）	「都是江南省太倉州鎮洋縣人。」	「去年十月初五日，自江南往關東金州，十一月初七日，載黃豆還向江南，當日半夜遭風，十二日漂到貴國。」攜帶有「一張是鎮洋縣票文，一張是蘇松道票文，又有上海縣出洋人名小票二張。」	「船中所載黃豆之外，又有海參四百斤，秫米十石，錢七十八兩五口，而黃豆及海參二百斤、林米十石，則遭風之際漂失無餘……」
史料8濟州大靜縣西林前洋漂到大國人問情別單〔註13〕	純祖九年己巳（嘉慶十四年，公元1809年）	「都是江南省人，而十二人，蘇州府所屬南通洲人，二人太倉州所屬寶山縣（人），一人崇明縣人，一人鎮洋縣人。」「各自為商，同往一處。」	「去年九月十二日自上海縣，載篁竹發船，同月十八日到南通洲（州），十月初三日自南通洲（州）呂四海口，復發船轉向山東膠州，初五日遇西北大風，十一月初五日漂到貴國。」	「問：你們所載篁竹，欲賣於何處，一千二百介價銀，為幾何，而此外更有何物。答：欲往山東，傳致書信後，裝載黃豆青豆等谷，而若論竹價，則銀可為三百五十兩矣，其外更無他物。問：篁竹是誰之物，而價銀不過為

〔註12〕大韓國史編纂委員會：《備邊司謄錄》，東國文化社，1960年版，第20冊，第13～15頁。

〔註13〕大韓國史編纂委員會：《備邊司謄錄》，東國文化社，1960年版，第20冊，第28～30頁。

				三百餘兩，則你們十六個人，有何利錢，而犯此風壽（濤）耶。答：龔鳳來一人之物，欲為換買他物，而專為傳致書信故也。
史料9 全羅道靈光郡荏子島三頭裏漂到大國人問情別單〔註14〕	純祖十三年癸酉（嘉慶十八年，公元1813年）十二月二十三日	「俺們是福建省泉州府同安縣、南安縣及漳州府海澄縣人氏。」 「俺們船戶共三十六人，並客商載者十一人，合為四十七人，而幸免淹死，客商李助，自在錦州，染病沉重，去月十三日不幸身死」。	「俺們本年四月初七日，自同安縣往臺灣府裝載糖屬，五月十五日，往江南省松江府上海縣交易茶葉，七月十六日，又自上海縣往奉天省西錦州交易後，」販運貨物南下回上海縣，「十月二十七日，發船至洋中，去月初三夜，猝遇西北大風，船幾覆沒，故收拾如干對象，跳下小艘，得保醒命。」	回滬「販載黃豆一千石，白米十二包，鹿肉餅八包，牛筋五包，木耳七包，遠志十包，甘草十五包，丹篆五包，赤芍藥七包，瓜子三十包，柴胡四包，防風六包，要回本縣。」
史料10 全羅道羅牧紅衣島漂到大國人問情別單〔註15〕	純祖二十五年乙酉（道光四年，公元1824年）	「問：你們那一省那一府那一縣的人呵。答：江南省鎮江府丹陽縣人。都住丹陽縣。」	「去年正月二十日，贛榆縣青口浦，買豆。二月二十四日，往上海縣，發賣豆餅。八月初十，往關東大莊河，收買青豆。十月初九日，要回上海縣，不想撐到大洋，遭大風。十一月初一日，漂到貴國地方。問：你們在上海縣	「問：你們本船，裝多少豆子。答：裝九百七十五個包子。」 「問：這一封書信是誰的。答：這是船主王明遠，託潘明顯，傳餽蔣聖佐的。問：蔣聖佐何處人。答：山東省登州府人。」

〔註14〕 大韓國史編纂委員會：《備邊司謄錄》，東國文化社，1960年版，第20冊，第743～747頁。

〔註15〕 大韓國史編纂委員會：《備邊司謄錄》，東國文化社，1960年版，第21冊，第634～635頁。

			六個月的工夫，做甚麼勾當。答：在那裏做買賣。」	
史料 11 忠清道泰安安興鎮，漂到大國人，問情別單〔註16〕	哲宗三年壬子（咸豐二年，公元1852年）十二月二十五日	「十名江南省松江府上海縣人，一名山東省登州府福山縣人，而俱是行商漂到者。」	「而俱是行商漂到者。」	無相關信息
史料 12 全羅道珍島郡南桃浦漂到大國人問情別單附單〔註17〕	哲宗六年乙卯（咸豐五年，公元1855年）	「問：你們是那里人？答：大清國江南省蘇州府崑山縣人。」 「你們三十一個人姓甚名誰，年紀多少？」 答：「以上十五個人，都住崇明縣，烏棗客。」「其中的「耆民沈載賡，年三十二。」「錢和尚、毛全郎兩人，是水手加來，山東貿棗客八人，都是無公文隨船。」「以上八個人，都住山東省東昌府聊城縣。」 「船主龔潤甫，在家不來。」〔註18〕	「去年六月，裝皇糧到天津，交卸回到山東煙台鎮，裝烏棗客八人，去年十二月初一日，開船入洋，被西北風，刮到外山，正月初十日開船，又遭大風漂蕩到此。」 「裝運皇糧回來，從便貿易為商。有四張公文在此，江蘇省糧道執照票一張，崑山縣發給執照票一張，江蘇太倉府護照票一張，天津府完照票一張。」	「烏棗一千四百零一包，杏仁五十包，香千（注：干）八十五包，梨二十五包，槐花四包，紅小豆二十石，豆餅八十三片，粉條三包。」 「烏棗、杏仁、香干、梨、槐花五種，是烏棗客八人貨物，紅豆、豆餅、粉條，是沈載賡貨物。」

〔註16〕大韓國史編纂委員會：《備邊司謄錄》，東國文化社，1960 年版，第 24 冊，第504～506 頁，《備邊司謄錄》，《全羅道珍島郡南桃浦漂到大國人問情別單》附有第二條問情單：「又所啟，即見全羅監司鄭□朝狀啟則以為，羅州牧黑山島，漂到大國人，十一名問情。」表中本列史料來源於此附單。

〔註17〕大韓國史編纂委員會：《備邊司謄錄》，東國文化社，1960 年版，第 24 冊，第785～787 頁。

〔註18〕史料有關人名與地域信息的原文較長，引用於此：「舵工馬得華，年六十三，水手全元，年三十五，陸廷春，年五十九，陸秀安，年三十八，徐天寶，年三十七，陳聚金，年二十八，錢和尚，年二十八，錢漲發，年三十九，以上八個人，都住上海縣。朱茂和，年三十四，曹□叔，年三十五，郭和尚，年三十二，

史料 13 蟻項裏漂到大國人問情〔註19〕	哲宗九年戊午（咸豐八年，公元1858年）十二月二十九日	「俺們都是江南省松江府上海縣民家。」「二十一個。」	「俺們往奉天府裝穀，轉回江南，十月二十三日到山東後山，忽遭大風，失了帆舵，不能使船，隨風漂蕩，十一月初九日到了貴國地方。「遭風的時候，有別船三十餘隻呢，俺們失了帆舵，漂蕩東來，他船不知那裏去了。」	「問：裝船的穀是甚麼穀。答：黃豆、小米、芝麻、瓜子、豬肉、牛油、胡桃油等物。問：各樣東西共幾擔，價錢多少。答：擔數寫在票上，價銀為數千兩，便是王子歡、周萃濤兩人所管。」
史料 14 全羅道珍島郡南桃浦漂到大國人問情別單〔註20〕	哲宗十一年庚申（咸豐九年，公元1895年）三月十二日	「俱是山東省榮城縣人。」	「去年九月初二日，由榮成佴島口，裝鹽魚，到海上（案：上海）縣發賣，候風留住，十月初七日，往江北營船港，」裝棉花、桐油，「初八日發船回家」	「由榮成佴島口，裝鹽魚，到海上（案：上海）縣發賣，」「往江北營船港，裝棉花一百八十二包，桐油二簍。」

二、史料所見古代上海地區海上航行人員的地域和職業信息

上節表中史料內有船商和水手來源地與職業資料等相關信息，可見上海地區的船商水手和來自山東、福建、江蘇、浙江的同行一樣，活躍在清代的北洋航線上，包括崇明和寶山、華亭、上海（縣）等地的水手有受雇於山東船商和蘇州船商者，在山東商船和蘇州商船上活動，包括崇明船商、寶山船商、上海縣船商和上海縣客商、徽州茶商、鎮江商人都是在自上海地區出發的航線上

卞順郎，年三十三，莊網網，年三十五，黃昇郎，年二十六，黃正發，年二十五，耆民沈載康，年三十二，副舵錢春春，年二十九，水手董永全，年三十四，陳和尚，年三十八，施師太，年三十九，施順發，年二十九，陳景和，年五十二，毛全郎，年二十七，以上十五個人，都住崇明縣，烏棄客。郭德章，年三十七，杜佩珍，年三十八，楊秀東，年四十，李鏡，年五十四，李梅年，年五十七，張炎茂，年五十三，王兆嵐，年二十五，孫承緒，年三十一，以上八個人，都住山東省東昌府聊城縣。」

〔註19〕大韓國史編纂委員會：《備邊司謄錄》，東國文化社，1960年版，第25冊，第313～314頁。

〔註20〕大韓國史編纂委員會：《備邊司謄錄》，東國文化社，1960年版，第25冊，第489～490頁。

積極活動的商業力量，於中國沿海南北間穿梭。其中來自松江府的船商有的可以擁有多達五十隻商船，經營規模可謂龐大。在史料中出現的嘉定人的角色是船商還是客商？抑或水手？信息不詳，很難考證。在以上編號的 14 條史料中崇明人出現的頻率比較高，且在烏棗貿易而言或許還是重要的商業力量，崇明人應當是借助本地的長江口有利地理條件和可就近借用上海港的優勢，而有不少積極參與海上貿易的行為。不僅《備邊司謄錄》，日本方面保存的航運史資料也表現出崇明船商北上山東經營的一些表現，〔註21〕這與清人包世臣在《海運十宜》中所稱「沙船十一幫」「以崇明、通州、海門三幫為大」〔註22〕的判斷接近。

借助這種船運業的發展，清代上海地區的商人和來自「北五幫」的山東商人都忙碌於南北之間，並可能出現較多的合作互動，且形式不拘於往返式單線貿易，存在跨多省的三角貿易，福建商人和寧波商人則能借助上海轉口貿易活動而形成南北洋間的多角貿易。以下據上文史料逐條辨析之。

史料 1 中記載船上有六十五人，其中有二十二人來自華亭縣和上海縣，但是排名為首的是蘇州吳縣人，同行者則來自江西和福建、浙江、徽州、常州、湖廣、淮安等地，來源地包括長江中游的省份和下游江南地區的都有，船主似應為蘇州吳縣人，可能反映出有上海地區居民在蘇州人船上工作與合作，應該有一個以蘇州人為首團結包括松江人和周邊人的船商小團體存在，也搭載其他地方的商人前往日本，船主與其他人的關係可能包括雇傭、合夥和搭載幾種關係。這說明上海地區就是江南周邊的海上門戶，即使是周邊江南地區的商人也多選擇上海地區航運北上。

史料 2 中所見的船上人是以山東登州人一人為首負責管賬，另一個山東登州人管買柴米，而舵手是住在蘇州城的山東登州人，水手兩人則為松江府的華亭縣人和上海縣人，其他人包括來自浙江的水手一名，山東登州的水手兩名，船客山東登州人三名。管賬的登州人可能是船主或者是他的代理人，反映存在在松江和山東登州之間來往貿易的山東登州船商，反映上海地區本地水手在山東人的商船上受傭謀生。舵手雖然籍在山東，人卻居住蘇州，是常年奔波來往於南北間或是在江南地區長期活動的表現。船主在家鄉和江南之間來

〔註21〕（日）松浦章：《清代上海沙船航運業史研究》，江蘇人民出版社，2012 年版，第 49 頁。
〔註22〕（清）包世臣：《中衢一勺》卷 3《海運十宜》，見《包世臣全集》，黃山書社，1993 年版，第 82 頁。

回航運交易，在上海地區雇傭水手，其手下人在蘇州有住所，則可能蘇州和上海都是其活動據點。

史料4中船上共十人，八人遇難，其中兩名幸免者是崇明人，身份應為持錢北上購買黃豆的客商，是否是船主無法判斷，但至少是搭載船隻的商人。

史料5中共十三個崇明人，搭載了兩名蘇州府人，北上貿易，應當是反映崇明船商為主的經營活動。

史料6中船上二十二人，其中二十一人是寶山縣人，還有一名上海縣客商名叫王培照。商船的活動目的首先是運茶北上貿易。史料中記錄上海縣客商王培照是北方紅棗南下貿易的從業者，他為了去北方買棗子而雇搭寶山縣人的船，回鄉南下販賣。史料中記錄朝鮮官吏曾詢問時船上人生意收穫，回答稱：「俺等幼時未受學，亦未習字，一無能之者。而其中王培照一人，略記姓名。」顯然這批寶山人不通文墨，從事運輸業為主，主要是受雇於人的水手，而唯王培照有讀寫能力，是職業商人必備的基本素質。

史料7中記載船上乘客都是江蘇省太倉州鎮洋縣人。但持有「上海縣出洋人名小票兩張」，應為上海江海關簽發，允許出國貿易。

史料8中記載的船上人包括十二個南通人，另有二人是太倉州寶山縣人，還有一個崇明人。似乎這艘船是以南通人為商船船主，而崇明人僅僅是水手，故稱：「各自為商，同住一處」，即說他們之間存在租船經商關係。船中的篁竹乃是舵工龔鳳來一人之物，價值大約三百四五十兩。「欲為換買他物，而專為傳致書信故也。」就是說這名舵工自己還借船運貨貿易，自上海運竹北上山東，出售後購買黃豆青豆等穀物南回，這也是個有趣的商業現象。看來，在同一條船上，船主東家、管賬（船）人、借船人、搭船人、船上傭工等人都會從事商業活動，結果是船上「全民經商」。很可能龔鳳來是利用北上購買豆子的空船在去程中運竹。

史料9中記載的船戶客商共四十七人。這些幸存者稱自己都是福建省泉州府同安縣、南安縣及漳州府海澄縣人氏，這條船是自同安出發的商船，船商是福建泉州府同安縣人、南安縣人和漳州府海澄縣人，航行與貿易路線經過上海兩次，其中發生中轉貿易。

史料10中記載的是鎮江丹陽人自海州（今江蘇省連雲港市）贛榆縣購買豆餅，前來上海縣發賣，做買賣半年之久後再北上關東地區收買青豆，然後準備回上海。估計他們在江蘇海州買到的豆餅來源於北洋航線，是北方特別是關外

所產，即從北方運到海州，再向江南轉運，其在上海逗留期間的活動不詳。

史料 11 中包括十名江南省松江府上海縣人，一名山東省登州府福山縣人，而俱是行商漂到者，筆者懷疑其人際關係為山東商人或雇或搭上海船出海運輸。

史料 12 中船主龔潤甫「在家不來」而漂流者包括 8 個上海縣水手，和十五個來自崇明的烏棗客，都是運皇糧到天津後在回途中賣棗子的人，回途中增加了兩名水手上船，還有八個來自山東聊城的貿棗客。反映崇明人和山東人都在積極從事上海地區和山東的海運烏棗貿易。

史料 13 是上海縣民二十一人，北上獲取奉天省的農產品。「船主再有五十餘船，不能出海。」〔註23〕

史料 14 是山東榮城縣人，運鹽魚去上海賣，再從南通營船港運棉花、桐油北上。

最後，作為補充，需要指出以下幾點。

一是，以往的研究指出在清代的沿海沙船業商界形成了所謂的「北五幫」和「南五幫」的現象，〔註24〕前者主要來自關外和山東半島的港口城市，後者則主要來自江浙沿海地區，此外還有「十一幫」的說法，但是從以上《備邊司謄錄》中出現的有關海上合作的信息來看，這些「船幫」的分類說法其實只是一個大體的面貌形容，或是對實力較大的船幫的情況描述，實際中很多小經營者並沒有特別嚴格的籍貫和船幫分野，沿海各地的船商、水手、搭船商販都可能在同一條船上發生合作關係，小船商和大船主的合作關係也非常普遍和緊密。上海地區的從業人員也是以各種形式參與其中。

二是，日本學者松浦章曾總結清代江南船商的經營內容包括有償載貨型、交易型兩種，前者是指船主受雇於商人，為之載貨，後者是指搭載貨物船主自身直接從事貿易，〔註25〕但是很顯然，從《備邊司謄錄》所記載情況看，搭船的船商和船主之間的關係更為具體多樣，絕不止上述兩種關係。根據記載，當時的商船確實也是「每造一船，須銀七八千兩。」〔註26〕有些小商人沒

〔註23〕大韓國史編纂委員會：《備邊司謄錄》，東國文化社，1960 年版，第 25 冊，第 313～314 頁。

〔註24〕辛元歐：《上海沙船》，上海書店出版社，2004 年版，第 82 頁。

〔註25〕（日）松浦章：《清代上海沙船業航運史研究》，江蘇人民出版社，2012 年版，第 52～54 頁。

〔註26〕（清）包世臣：《安吳四種‧中衢一勺》卷 1《海運南漕議》，見《近代中國史料叢刊》第 20 輯，文海出版社，1968 年版，第 43 頁。

有足夠資本承擔成本和風險，只能搭船出海。

三是，崇明縣在清代有很長時間是不屬松江府管轄的，而是屬蘇州府和太倉州管轄，是蘇州府重要的通海門戶。因此我們可以看到史料中蘇州人和崇明人的經營合作關係比較密切。其實崇明在清代是沿海地區一個不小的航運業中心，當地的商業活動和航運能力都很強，儘管當地沒有好的口岸。崇明人行商到江南很多地方，如嘉慶《松江府志》記載：「邑之販戶，皆自崇明、海門、兩沙來，土人惟碾去其子賣於諸處。」〔註27〕又如《民國崇明縣志附錄》卷一《交通》中稱「邑環境皆水，非舟楫莫能往來。舊時江海津渡帆船，須候風順潮。」〔註28〕則崇明航運業之發展也是當地百姓適應與利用島嶼地理環境的天然後果，結合上文所論述原帶的情況，可以說崇明一直有航海傳統。

三、史料所見涉及古代上海地區的航行線路與商品信息

上文表中收錄的《備邊司謄錄》史料中反映出有關貿易航線與商品貨物的信息記錄涉及了好幾條貿易路線，一是自上海長江口直發日本長崎港的國際航線，二是國內北洋航線上的貿易活動，三是跨南北洋之間的航線。從細節可以發現在以往學術研究中缺乏關注的一些內容。

第一，這批史料中有一條的內容有關自上海長江口直發日本長崎港的貿易路線，反映出上海港口貿易充當了清初海禁解除後中日貿易之先鋒。

史料1中所記於公元1687年漂流到李氏朝鮮的商人自稱自吳淞江口出發去長崎港貿易，已歷三次。

中日貿易歷史悠久，而上海地區參與東北亞國際交流，充當絲路樞紐也非至一日。早在唐代就有唐人、新羅人同行去日本，被日本人以文獻記錄。〔註29〕宋元明歷代上海地區的港口都積極參與了中日之間的經濟乃至文化的交流，充當了重要的樞紐。〔註30〕清朝初年，在康熙時期一開始繼續推行順治年間實行的「海禁」政策，是為了繼續封鎖臺灣鄭成功集團，切斷其利用

〔註27〕（清）嘉慶《松江府志》卷6，見《上海府縣舊志叢書（松江府卷）》冊6，第203頁。

〔註28〕轉引自（日）松浦章：《清代上海沙船業航運史研究》，江蘇人民出版社，2012年版，第100頁。

〔註29〕張曉東：《略論唐宋元時期的上海地區與海上絲綢之路交流活動》，《傳統中國研究集刊》第12輯，上海社會科學院出版社，2015年版。

〔註30〕張曉東：《歷史時期上海地區的地理特徵與絲路地位》，《海洋文明研究》第3輯，中西書局，2018年版。

海上貿易獲取軍需的途徑，因此待討伐鄭氏集團勝利後，中日之間的海上交通才重新恢復正常。自公元 1655 年至公元 1683 年之間，清朝為對付臺灣鄭氏集團而進行了 20 多年海禁，這當然對中國沿海的商貿經濟和對外交流都產生了不小的消極影響，然而至公元 1683 年鄭克塽歸降之後，清朝於公元 1684 年開海禁，很快在粵江浙閩四處分別成立四大海關，開放對外貿易，就連曾一度被明朝禁止的對日本貿易也包括在內。江海關設在上海，因此當時上海存在參與東方海上絲綢之路和南方海上絲綢之路的兩條航線，〔註31〕自長江口出發去日本的航線發展很快。康熙五年（公元 1666 年），中國駛往日本的商船有 35 艘，到康熙九年（公元 1670 年）增加至 36 艘。開海貿易後，中日通商進入了正式的貿易時期，到日本貿易的中國商船大增。從康熙二十四年（公元 1685 年）到康熙二十七年（公元 1688 年），隨船到日本貿易的中國商人多達 9128 人次。從康熙二十三年（公元 1684 年）到乾隆二十二年（公元 1757 年）之間的 67 年間，中國開往日本的商船總數達到 3017 艘，平均每年 41.4 艘，商船的噸位也都不小，一般的小船載重在 100 噸左右，中等船隻也能載重 150 噸左右，大船約可載重約 250 到 300 噸，最大的船可載重 600 到 1000 噸，而宋代赴日本的商船載重量一般則為 110 噸左右。〔註32〕

　　史料 1 中所云已經「三遭往來」，估計海禁一開，這條商船的主人就自吳淞口出發，每年一次地往返於中日之間，接連三年，同時應該還有其他商船前往。清初的日本仍處在德川幕府的「鎖國」政策下，僅有長崎一港對中國和荷蘭船隻開放經商。康熙開海禁之後，中日貿易恢復往來，東北亞的國際航路一定是有一個上升期出現，誠如史料中船商所稱「癸亥以前，則鄭克爽、吳三桂、尚可喜等，不歸順，故海防極嚴矣，今則天下太平，海路洞然矣。」上海發長崎的貿易路線因開禁而興盛只是時間問題。這條航線若遇上順風，那經歷四晝夜時間即可以抵達。史料稱船上運輸的貨物包括「白絲、杭綾、走紗、人參、麝香、藥材，而所貿者銀、銅、蘇木、海參、卜魚、胡椒等物矣。」其中人參、麝香兩種，在上文木宮泰彥考證羅列出清代「南京省」輸往日本的貨物種類目錄中所未見，〔註33〕未知其商品原產地。商人是以江南絲織品、藥材等物換取日本市場上的香料、海產和貴金屬，其中的香料並非日本土產

〔註31〕張曉東：《明清時期的上海地區與海上絲綢之路貿易活動》，《史林》，2016 年第 2 期。
〔註32〕董書城：《中國商品經濟史》，安徽教育出版社，1990 年版，第 288～290 頁。
〔註33〕（日）木宮泰彥：《中日文化交流史》，商務印書館，1980 年版，第 673 頁。

品，應是自東南亞及周邊來到日本港口的，反映環中國海域國際三角貿易的存在信息。清初實行海禁之後，東南亞香料無法進入中國市場，但仍可轉售日本市場，故此中國船商在開海禁初期可以在日本港口見到及購買。隨著時間的延長，或者伴隨清朝對東南亞的貿易限制被擴大開放，當也可以下南洋直接購買。

清朝初年曾經出現了錢荒，朝廷對進口銅持支持態度，清初鑄錢的原料很多來自日本所產的銅，故自順治二年（公元1645年）到康熙三十八年（公元1699年）間，戶部工部鑄造銅錢用銅224.6萬斤，多數來自日本。〔註34〕順治三年（公元1646年）清廷發布敕令凡是商人願意渡海買銅的「官給符為信，聽其出洋，往市於東南、日本諸夷。司官者按時值收之，以供官用。」〔註35〕此外如朝鮮古籍《同文匯考原編》也記錄了乾隆四十四年（公元1779年）中國山西省汾州汾陽縣人前往日本長崎貿易，「載紗緞藥材白糖等貨，為因採辦鼓鑄官銅」，〔註36〕而《同文匯考原續‧漂民》則記載道光年間江南蘇州人去長崎，「官銅辦貿次，裝載綾羅、紗緞、藥材、糖貨。」〔註37〕這兩條記載中的貿易貨物內容與本條史料比較相似，都是帶去紡織品和藥材，交易的對象則為官方鑄幣所用的銅。此外，據《大清會典‧兵部海禁》記載，在乾隆二十五年（公元1760年）清朝廷議定，因為每年都要去日本辦銅本銀三十八萬四千餘兩，故此特許禁止出口的生絲綢緞經由乍浦、上海兩港口出口日本作為交換，但對出口數量有一定限制，「每船配搭綢緞三十三卷，……每卷照向例計重一百二十斤。……計額船十六隻，應攜帶五百二十百卷」。〔註38〕以此交易數量來看當時每年售往日本的絲總數在六萬斤左右。日本史書《浮塵錄》則記載日本在寶曆年間自長崎港運往中國的銅每年多達300萬斤。〔註39〕這種貿易活動一定是從清初開始，延續到以後，甚至直到道光年間。但是《同文匯考》和《大清會典》的記錄都是官方派人，和本文上表中史料1的平民有很大

〔註34〕浦廉一著，賴永祥譯：《清初遷界令考》，《臺灣文獻》第6卷第4期，1955年。
〔註35〕《皇朝掌故彙編》內編，卷19，《錢法一》，清光緒二十八年求實書社鉛印本。
〔註36〕大韓民國文教部國史編纂委員會編：《同文匯考》二，大韓民國文教部國史編纂委員會，1978年，第1404頁。
〔註37〕大韓民國文教部國史編纂委員會編：《同文匯考》四，大韓民國文教部國史編纂委員會，1978年，第3656頁。
〔註38〕《清朝文獻通考》卷33，浙江古籍出版社，2000年版，冊1，第5154頁。
〔註39〕茅伯科主編：《上海港史（古、近代部分）》，人民交通出版社，1990年版，第80頁。

區別，而史料 1 中朝鮮官員與船商的問答並未提到是否中國船商是有官方符信的買辦商人。那麼是否這批船商的官派身份是隱蔽的呢？清初確實是有官員微服赴日公幹，如康熙四十年（公元 1701 年）蘇州織造官員李煦在《莫爾森已從上海出洋摺》內稱「臣煦等恐從寧波出海，商船頗多，似有招搖，議從上海出去，隱僻為便」，結果杭州織造官員烏林達莫爾森改扮成商人從上海去日本以完成使命。〔註40〕松浦章認為莫爾森是去搞情報的。〔註41〕到底上表內史料 1 中是官方採購銅銀引起商人個人逐利的市場行為？還是海禁之初官方派遣的人掩蓋了自己的身份？後者的可能性更大一些，值得質疑和進一步論證。

可以肯定的是，上海是中日清代「絲銅貿易」航線的重要樞紐港，相關貿易活動至少從康熙解除海禁後就開始了，一直延續到近代。由於清朝不斷輸入銀、銅，引起某些後果。如引起日本方面禁止白銀的輸出，同時自康熙五十四年（公元 1715 年）開始，日本官方對銅礦的輸出加以設限，規定中國船每年輸入以三百萬斤、荷蘭船以一百五十萬斤為限，史稱「正德海舶互市新例」，〔註42〕而白銀不准出口的問題，後來有了變通。

這種史料記錄說明，當時上海地區的對日貿易其實在很大程度上是服從和服務於清日之間的官方絲銅貿易的，如果朝廷沒有這種需要，很可能經由上海的中日貿易就可能被大力限制或者乾脆禁止了。

日本於公元 1715 年頒布了《正德新令》，把每年來日本貿易的中國商船數量限制為 30 艘，其中南京、寧波計為 21 艘，廈門、臺灣、廣東三地來船各 2 艘，每年日本銅的輸出量不超過 500 萬斤。〔註43〕其中南京船和寧波船被分開計算，南京船即自上海港口出發的船隻。當時只有中國有船去日本，並無日本船來華：

> 惟中國商船往，無倭船來也。其與中國貿易，在長崎島，百貨
> 所聚，商旅通焉。〔註44〕

〔註40〕 《李煦奏摺》，中華書局，1976 年版，第 7 頁。
〔註41〕 （日）松浦章：《清代帆船與中日文化交流》，上海科學技術出版社，2012 年版，第 59 頁。
〔註42〕 以上見山本悌二郎，《近世日中貿易史研究》（東京：吉川弘文館，1960 年），第 68 頁。
〔註43〕 （日）山本悌二郎：《長崎の唐人貿易》，載《日本歷史叢書六》，吉川弘文館，1972 年版，第 86 頁。
〔註44〕 （清）魏源：《海國圖志》，嶽麓書社，1998 年，第 619 頁。

當時的歷史階段已經是絲綢之路發展的晚期，而貿易利潤卻仍然很豐厚，日本享保四年（公元 1719 年）長崎人西川如見在《長崎夜話草》卷 4 中記錄：

> 其時前來長崎的唐船，都隨意選取長崎商人的家作為旅館，所有貨物都搬到主人家中。這些主人獲得了大量財富，一夜之間就成為了富有之人。〔註45〕

這是指日本長崎的旅館主可以從來寄宿之清朝商人處獲得布匹絲綢藥材等貨物，實際也就參與了貿易活動，所以這些「船宿」的主人們樂於見清船前來，甚至出動入港迎接，與船商做出借宿約定。〔註 46〕

第二，表格中這批史料中的信息包括山東半島與上海地區之間直接的貿易路線上的活動，主要是山東的農漁副產品包括黃豆、青豆等銷往上海地區，東部沿海各地的商人都有可能參與，而史料中可見上海地區市場上的棉花和篁竹北上販賣，天津與崇明之間的海上貿易，貨物信息包括棗子和鯉魚、茶葉，實際上天津和山東市場上的棗子貨都有機會上船南下上海，貨物中的棗子還可以細分為烏（黑）棗和紅棗兩個不同品種，北洋航線上的海參販運量很大，多達一次四百斤，不僅小型乾貨食品，像鯉魚和豬等活物牲畜也都被販運南下，寧波商人和徽商都參與了上海到北洋的茶葉貿易，當時上海一定是茶商徽商北上販運的樞紐港。

史料中的上海地區產的棉花北上販賣，原因在於清代的山東省到乾嘉時代已經由明代的棉布輸入區轉型成為棉布輸出區，但生產原料多賴江南提供。如山東半島的黃縣「地不產棉，豐年之穀，不足一年之食。海舶木棉來自『江南，稻菽來自遼東，民所仰給也」。〔註 47〕而清山東省萊陽縣的海口也成為了南方商品的輸入港：「市場繁盛……南方棉、紙、竹木、蔗糖之類，……於焉轉輸。」〔註 48〕

針對當時上海和北方之間的農產品貿易活動背景，葉夢珠的《閱世編》卷 3 中稱「北方所產糧、豆、棗、梨運來江浙，每年不下一千萬石。」曾有學者

〔註45〕（日）西川如見著，飯島忠夫、西川忠幸校訂：《町人囊・百姓囊・長崎夜話草》，岩波文庫，2000 年版，第 286 頁。

〔註46〕《長崎實錄大成》，《長崎文獻叢書》第 1 集第 2 卷，長崎文獻社，1973 年，第 242～243 頁。

〔註47〕（清）同治《黃縣志》卷 3《食貨》，康熙十二年刻本。

〔註48〕民國《萊陽縣志》卷 26《商業》，昌陽書局印本。

指出明清時期的大豆也是山東輸往江南地區的重要產品。〔註49〕學者席龍飛則指出「清代每年有大量的大豆、豆油、小麥經由牛莊、天津等港南下上海，轉口如長江西運，又有大批棉布、絲綢、茶葉、糖等由上海轉口北運。沙船南下時以大豆為大宗……沙船北上時以棉布為大宗。」〔註50〕辛元歐則認為沙船貿易中最繁盛的部分是豆餅、大豆、棉花和棉布。〔註51〕但看來上海與北方間農產品的貿易實際情況更為豐富，不僅是糧食類和經濟作物產品，還包括鯉魚和活豬等牲畜和魚類，其價格應該也會不低的。

　　國內北洋航線上允許商船長途運輸，這是清朝和前朝的不同，這使得吳淞口港的地位更高，成為沿海沙船航運的重要樞紐。

　　史料 2 中的船上人以山東登州人為首，是在松江和登州間來往的登州船商，反映出上海地區本地水手在山東人商船上受僱謀生。此外，根據其供狀文字，他們行商範圍非常廣泛，包括浙江、福建、江西、湖廣等地，自稱「農商為業」是說明其並非專做商貿，同時從事或經營農業生產，即使在農曆春節的正月間還要到北方涉險跨海，應該是利用農閒經商。船上十三人的商業活動包括持山東產農產品、牲畜、藥材等貨物前往蘇州出售，並購買布匹和瓷器、棉花，應該平時還要去閩浙贛鄂等各省行商，可以說深入長江中游。船上人的貿易線路為自登州到蘇州，貿易目的為購買當地市場上的商品和特產，既然史料中說他們的船隻到蘇州貿易，應該是先到蘇州所屬的出海口崇明縣靠岸，然後可能會在崇明當地以中轉貿易的方式銷售一部分商品。

　　史料 4 中有兩個崇明人持錢三千弔，自崇明發船，往關東海州換買黃豆二百擔，在回程中遇風漂流。

　　史料 5 中有十三個崇明人搭載兩個蘇州人，自崇明開船北上往天津港，買了棗子一千石、鯉魚千餘擔，然後南返，貨物數量龐大，應該是大商人和大商船。在以往已知的沿海南北貨貿易史的研究中，農產品和茶葉貿易已經得到了較多關注和研究，而牲畜和魚類較少見。像這條史料中的魚類銷售量是相當大的。

　　史料 6 中一艘寶山商船受僱於徽州的茶商，運茶葉多達八百三十五包北上天津，然後再運上海縣客商王培照的紅棗二百六十擔，因此轉向山東武定府

〔註49〕張海英：《明清江南商品流通與市場體系》，華東師範大學出版社，2002 年版，第 235 頁。
〔註50〕席龍飛：《中國古代海洋船舶》，海天出版社，2019 年版，第 222 頁。
〔註51〕辛元歐：《上海沙船》，上海書店出版社，2004 年版，第 82 頁。

海豐縣，在途中遇風而罷。經由寶山商船在北洋航線上充當運載工具，徽商的茶葉貿易經由上海北上運到天津，而上海縣商人北上天津後購買的紅棗也運輸南下，這反映上海地區和徽州地區商人的各自的貿易專長。從史料中徽商的貿易路線來看，這當然不是孤立的事件，而是比較普遍的情況。

史料 7 中的船上人都是太倉人，在北上金州買了黃豆以後返回南方，並帶有「上海縣出洋人名小票二張」，這條船應該是經上海港口江海關審查後出海走北洋航線。

史料 8 中船上獲救的人包括十二個南通人，其中兩人是太倉州寶山縣人，另有一個崇明人。似乎這是南通人為主的商船，自上海縣運竹北上，並「傳致書信」。書信是居住在上海的山東商人寄回故鄉：

> 一封書，即山東膠州商黃瘦，寓居上海縣，付書於同鄉商人周
> 肇西者也。一封書，及南通洲（史料原文如此，應為南通州）商劉
> 雲洲，付書於其子者也。

山東人黃瘦在書信之外還有託船寄送同鄉的物品包括「則有布一包、丁香油一便、書一包、燭芯一箱、小櫃一雙、玉蘭四盆、鑰匙一介、木段四介。」似乎是些禮物饋贈。史料 10 中也有託船送書信之事，看來捎帶書信甚至少量私人物品應屬航運中常事，且所託運的物事有時數量不小，如果託運人和船商不是私交極好，就是有償託運的形式。

史料 10 中是鎮江丹陽人自海州（今江蘇省連雲港市）贛榆縣購買豆餅，前來上海縣發賣，做買賣半年之久後再北上關東收買青豆，然後準備回上海。估計船商在海州買到的豆餅來源於北洋航線，不是江蘇當地產品，即從北方運到海州，再向江南轉運，其在上海逗留期間所從事的活動不詳，這也反映出沿海岸線的中轉貿易的深刻存在。商船途中也幫人運送書信，係船主託人將信件轉交某登州人。這種託信行為應當是和上述所見一樣是常見的。

史料 12 事關漕運，背景是漕糧海運，船商是「轉運皇糧回來」的漕運者，自稱崑山人，船上卻很多是住崇明縣和上海縣的居民，且持有糧道執照票，因不願「回空」而搭載商客及運輸商貨。當時是咸豐五年，太平軍橫行江南，而北方運河淤塞，漕糧由運河運輸轉為海運。〔註52〕崇明有所謂「烏棗客」，山東也有貿易棗子的商人，穿梭於山東和崇明之間，販運烏棗與其他農副產品，貨物以食品為主。但是所謂的「烏棗客」並非只買賣棗子，杏仁、香干、梨、

〔註52〕倪玉平：《清代漕糧海運與社會變遷》上海書店出版社，2005 年版，第 103 頁。

槐花、紅豆、豆餅、粉條等農副產品都要銷售。其實此類從事漕運的船戶借回程經商在漕運史上，不在少數，南北商貨都有攜帶，南下所帶的主要是農產品及農副產品，手工業品較少。〔註53〕

　　史料13上海縣民往奉天購運農業特產回上海，貨物為「黃豆、小米、芝麻、瓜子、豬肉、牛油、胡桃油等物。」總價值為數千兩。史料稱這條船在海上航行時有「別船三十餘隻」，可見當時海上貿易規模之盛。這是一條重要史料，說明在當時海上來往於中日之間的商船數量和航行場面十分壯觀。這種情況的背景是清代南北間海上貿易繁榮，如史稱「自康熙二十四年（公元1685年）開海禁，關東豆麥每年至上海者千餘萬石，而布茶各貨亦由沙船載而北行。」於是，「上海人視江寧、清江為遠路，而關東則每歲四五至，殊不介意。」〔註54〕

　　史料14是山東榮成人裝鹽、魚前來上海出售，然後在南通的營船港購買棉花、桐油北上。如果從南北方間的經貿關係看，仍屬山東半島和江南地區之間北洋航線上的往返貿易，而從榮成、上海、南通三個港口城市的航線關係看，顯然帶有三角貿易的性質。

　　發展到清末，1851年的《北華捷報》中有《戎克貿易》一文稱「上海和山東之間，有戎克船從事貿易，每月從山東往上海輸送豆、豌豆、油粕。這些戎克船幾乎全部屬於上海近郊的住民所有。」〔註55〕

　　第三，表中史料內含有跨南北洋航線貿易的記錄，存在南北方沿海地區之間的多角貿易，如寧波人來上海運茶北上，以及福建人從事的三角貿易，把臺灣的糖帶進上海市場，再把茶葉帶到奉天省，然後將北方農副產品和藥材攜帶南下。以南北間商品而論，北方的農漁業產品，包括牲畜藥材為南方所接受，其中黃豆為常見大宗貨物，而南方之手工業產品、茶葉、棉花、桐油為北方所歡迎。以中日貿易而論，上海必為清初一中心，而以國內南北方之間海上多角貿易網來看，也是重要樞紐。

　　史料3中有蘇州人一名，不知縣籍，船員則以寧波人為主，在上海裝的茶葉，係寧波商船自上海運茶葉到北方，或存在三角中轉貿易。

　　史料9中船商自福建同安去臺灣，再從臺灣買糖到上海賣掉，購買茶葉，運到錦州賣掉，再購買包括一千石黃豆、十二包白米、八包鹿肉餅、牛筋五

〔註53〕李文治、江太新：《清代漕運》，社會科學文獻出版社，2008年版，第380頁。
〔註54〕齊彥槐：《海運南漕議》，載《皇朝經世文編》卷48。
〔註55〕 *The Nonth-China Herald*, No. 30, Feb.22, 1851.

包、七包木耳、十包遠志、十五包甘草、丹篆五包，赤芍藥七包，瓜子三十包，柴胡四包，防風六包等北方貨物返回福建同安，是「四角貿易」，實際是兩個三角貿易的相聯結，同安—臺灣—上海三角貿易和上海—錦州—同安三角貿易。這是自同安啟航的商船，船商或船主是福建泉州府同安縣人、南安縣人，漳州府海澄縣人，自臺灣販運糖到上海交易茶葉，然後運茶葉北上到奉天省交易農產品、特產、藥材等南運回同安，構成三角貿易，而且這種貿易的內容已經與臺灣到上海的特產貿易相關聯。如史料14，自福建同安出發的商船，自臺灣販運糖到上海交易茶葉，然後運茶北上到奉天省交易農產品、特產、藥材等南運回同安，構成多角貿易。同安人的此類形式的貿易在《備邊司謄錄》中還有數處，如「全羅道扶安縣格浦漂到大國人問情別單」中記錄同安縣居住商人自臺灣運糖到天津，然後運北方市場上的紅黑棗、葡萄乾、乾梅子、乾魚、燒酒回福建，〔註56〕也是三角貿易。

史書記載閩粵等地與江南地區的貿易活動也主要是通過上海港來轉口。福建商人「或載糖、靛、魚翅至上海，小艇撥運姑蘇行市，船回則載布匹、紗緞、囊綿、涼暖帽子、牛油、金腿、包酒、惠泉酒。」〔註57〕這是以福建農漁產品換上海蘇州的紡織品和加工後的食品。褚華《木棉譜》記載：「閩粵人二三月載糖霜來賣，秋則不買布而買花衣以歸，樓船千百。」這是以南洋航線沿線的糖霜換取江南紡織品，糖霜未必都來自閩越當地，也可能是臺灣。

又如康熙五十五年（公元1716年）九月甲申（28日）康熙云：

> 前張伯行曾奏，江南之米，出海船隻，帶去者甚多。若果如此亦有關係。洋船必由乍浦、松江等口出海，稽查亦易，聞臺灣之米，尚運至福建糶賣。〔註58〕

這說明當時存在自上海地區運米前往福建等地的航線。

清代福建商人多有北上奉天省經商甚至居住於當地者，如牛莊港口自明代就已經發展起來，乾隆二十五年（公元1760年）的《重修牛莊城北小姐廟碑記》記載當時的牛莊港口貿易已經達到南接「吳、楚、閩、越」的程度。〔註59〕乾隆五十六年（公元1791年）四月乾隆皇帝稱：「朕聞奉天錦州一帶沿海地

〔註56〕大韓國史編纂委員會：《備邊司謄錄》，東國文化社，1960年版，第20冊，第740頁。

〔註57〕《臺海使槎錄》，臺灣歷史文獻叢刊，臺灣銀行，1957年，第47～48頁。

〔註58〕《清實錄》卷269，中華書局，2009年版，第644頁。

〔註59〕廷瑞：《海城縣志》卷3，遼寧民族出版社，1999年版，第86頁。

方，竟有閩人在彼搭蓑居住，漸成村落，多至萬餘戶……據稱錦州、蓋州、牛莊等處每年俱有福建商船到彼貿易，即有無業閩人，在該處居住，漸聚漸多。」〔註60〕則大量福建商業從業群體已經在關外沿海各地形成定居狀態。閩粵商船到奉天沿海一般都是為了收買黃豆等農產品，而此種貿易並非單向長途往返，而是沿途之上海、臺灣共同構成多角中轉貿易。

史料14所反映的是咸豐時代的貿易狀況，實則這種貿易形式在當時已經開始衰落。明清時期的臺灣以蔗糖、茶葉、樟腦之生產為三大產業。康熙《臺灣府志》卷7《風土》記載臺灣產的「糖：有黑砂糖，有白砂糖。冰糖：用糖煮成如堅冰。」而製造冰糖需要三級煎糖法，臺灣冰糖在當時國內外市場上是優質製糖。臺灣蔗糖大部分外銷到國內外市場。清順治十五年（公元1658年）臺灣仍被鄭氏集團割據，當時年產蔗糖170萬斤，80萬銷往波斯，60萬斤銷往日本，外銷占80%。

以上史料所見貨物量都很大，但確實是歷史事實。如《閱世編》卷3稱「北方所產糧、豆、棗、梨運來江浙，每年不下一千萬石。」但是江浙是個很廣大的地理範疇，當然上海在其中的具體貨物流量很難闡明。學者辛元歐曾指出「實際形成上海至牛莊、天津、芝罘（煙台）三條航線。」〔註61〕但是結合《備邊司謄錄》中上海和東部沿海港口間的多角貿易網的史料來看，實際情況更為複雜，即使這三條國內北洋航線的分線也和南北間多條多角貿易線交織在一起。

四、史料中所見航行日程及其他信息

從《備邊司謄錄》記載的官民問答材料中可以看出不同航行活動的路程信息，由於載重、路線、風浪等各種不同情況的存在，這些信息只能作為大概的航程標準，其中僅有六條可以明確起止時間，予以計算以為參考。以往對這個問題的關注較少，而資料分散。

史料1中言自上海吳淞口發船去日本長崎，若遇西南風，則四晝夜時間可到目的地。誠如松浦章利用《華夷變態》考證所見上海到長崎「順風時需要三四天」。〔註62〕兩者近似，應為順風條件下航行速度的一般標準。其實這還是

〔註60〕《清高宗實錄》卷1376，第476頁。
〔註61〕辛元歐：《上海沙船》，上海書店出版社，2004年版，第75頁。
〔註62〕（日）松浦章：《清代上海沙船航運業史研究》，江蘇人民出版社，2012年版，第69頁。

比較快的速度，也是當時人大量航海經驗積累的結果。

史料 3 中的商人自寧波家中出發，到上海，似為空船，歷時 9 日之久，裝運茶葉自上海至山東石島，歷時 84 日，耗時太長。

清道光《重修膠州志》卷一圖「全海疆圖」的序中曾記載，康熙十八年給事中丁泰請弛海禁略曰：「由膠州抵雲台山，僅半日程。南至廟灣鎮裏河口，通淮揚，亦一日可南北互濟，猶不過輕舟，沿岸賫糧百石而止，連檣大艘未嘗至也。」[註63] 以此而論，即使船隻滿載茶葉貨物，從上海到膠東，也不當費時兩月，途中可能有遭遇風浪或他事，或從事沿途中轉貿易未為可知。

史料 4 中商人自崇明發船，費 35 日到關東海州。未知其船空否。

史料 6 中提及 1805 年 5 月自上海發船運茶去天津，費時 47 日，[註64] 航行時間相對也較長。

史料 7 中自上海發船去金州，費時 33 天，反為上述史料 4、史料 6 兩條為短。

史料 8 自上海運竹到南通，費時 7 日，未知是何原因。

總體來看國內沿海的航線費時與上海至長崎的國際航線均多數倍甚至數十倍，單純從地理距離看是不合理的，而考慮到季風與海浪的自然因素、多次中轉貿易的可能性等原因才可以順利解釋，而單憑《備邊司謄錄》所記載的有限內容很難解釋，需要結合更多資料具體考證每次航行的具體內容才好下結論。

此外，出於維護朝貢體系內和睦國際關係的需要，李氏朝鮮備邊司優待漂流者，「而清人漂到我界，輒皆從陸領還。」[註65] 對漂流遇難者有時候會提供經濟形式的撫恤，即將財帛交換幸存的一部分貨物，這在客觀上構成了一種特殊的變相貿易形式。如李朝肅宗十五年（公元 1689 年），朝鮮國王下令「仍使我國凡遇漂到者，有船則從海放遣，無船則領付鳳城，」[註66] 又如朝鮮李朝英宗四十年登州人漂流到康翎，「命本官糧」。[註67] 也有運氣好，

〔註63〕《中國地方志集成·山東縣志輯》39，鳳凰出版社，2008 年版，第 27 頁。

〔註64〕史料 6 為 1806 年記錄，文中提及「昨年」是指 1805 年，查曆書，是年閏月為五月。

〔註65〕《肅宗實錄》卷 2「十五年」條，見吳晗：《朝鮮李朝實錄中的中國史料》，中華書局，1980 年版，第 4133 頁。

〔註66〕同上。

〔註67〕同上書，卷 9，第 4599 頁。

船尚可修的，如李朝肅宗三十八年（公元 1712 年），十一月「有彼國（清朝）商船人四十餘名，漂到黃海道白翎島，（朝鮮方）命葺船給糧以還」〔註68〕有時這種款待隆重之至，清朝與李朝還要相互示好，開展外交交流，如在李朝英宗十六年（公元 1740 年），有漳州人漂流到朝鮮被遣送回國，李朝的最高官員領議政提出：「彼國有別咨文獎諭，此罕有也，不可無謝恩之舉。」乃上表謝恩。〔註69〕

又如史料 5 中李朝備邊司人員以六十五匹布換取了崇明船商遇難後自「浦邊」「收拾」的殘餘棗子，船商表示了感激言辭。

史料 3 中朝鮮官吏也提出向寧波商人購買所剩餘的船運茶葉，見問答記錄：

問：你們以商人，許多茶葉，空棄而去，雖云難運無惜，其在矜恤之道，不可無略給價本，以慰你等，你等心下如何。

答：俺等得保性命，以示萬幸，所棄茶葉，貴國不吃之物，貴國亦以無用之物，為憐俺等，給其價本，則俺等心下其能安乎，茶價實心不願。

史料 6 中備邊司官吏問船商，船上「紅棗一擔，價錢為幾何？」船上人回答為「每擔價銀五十兩。」於是朝鮮官吏提出了購買：

問：紅棗，我國諸果中，稍賤多者也。於我國，雖是不緊之物，自朝家為慮你們只難運空葉，不得已折銀以給，而每石三錢，或不致大幅落本耶。

答：俺等，愚蠢無識，雖以商販為業，萬死餘生之還故土，亦云幸矣，何可念及於物價之多少也，況貴國，曲賜軫念，以無用之物，換有用之物，使俺等得有歸路之資者乎，事之感激，不知何喻。

《備邊司謄錄》中還有不少此類記載，如《全羅道羅州牧荷衣島漂到大國人問情別單》記載：〔註70〕

問：你們東西里頭可以帶去的帶去，帶去不得的卻怎麼樣。

答：我們用不了的，任你們怎麼樣。

問：為念你們一路盤纏不夠，把你們帶去不了的這十多包子各種糧食也罷，和那沉水的一百幾十包子糧食也罷，東東西西都按時

〔註68〕同上書，卷 5，第 4289 頁。
〔註69〕同上書，卷 9，第 4507 頁。
〔註70〕大韓國史編纂委員會：《備邊司謄錄》，東國文化社，1960 年版，第 21 冊，第 632 頁。

　　價，饋你們銀子，你們心裏能夠領會麼。

　　答：這是貴國的特恩大德，實在當不起，當不起。

　　這種貿易的名義和理由是幸存者被千里遣返回國不便攜帶貨物，幸存貨物被拋棄未免可惜，因此備邊司官員出面購買，也能減少船商損失，也可以消費到難得的中國產品。考慮到遇難者是從陸路被遣送回國，因此一般也很可能沒有財力將殘餘貨物帶回。如在李朝英宗三年（公元 1726 年），有「清人漂到於大靜縣，遣譯官問情，許令由陸路還歸。」〔註71〕又如李朝正宗十八年，登州黃縣人漂到朝鮮，從旱路送回，教曰：「嚴飭道、帥臣，著意護送。」〔註72〕也有個別是從水路回去，如李朝正宗二十二年（公元 1798 年），漳州海澄船商漂到，船隻龐大，長二百三十尺。〔註73〕

　　然而這種貿易活動中，是否也多少帶有乘人之危低價收購的色彩很難證實，但對於漂流幸存者而言，生命既然得到保存，並得到朝鮮官方救助遣送，財物價值損失已經相對沒有不那麼重要。當然清朝和李氏朝鮮也是有邊境互市的。如李朝肅宗二十四年（公元 1698 年），「清（朝）許開市，粟米四萬石，分運水陸，使其吏、戶部兩侍郎出來管市。」〔註74〕但是經過備邊司官員購買幸存船貨這種特殊交易形式使得來自中國的商品有不少流入朝鮮是可以肯定的。

〔註71〕同上書，卷 8，第 4411 頁。

〔註72〕同上書，卷 11，第 4889 頁。

〔註73〕同上書，卷 12，第 4947 頁。

〔註74〕《肅宗實錄》卷 2「十五年」條，見吳晗《朝鮮李朝實錄中的中國史料》，中華書局，1980 年版，第 4133、4173 頁。

第十四章 海洋歷史變革中上海地區 絲路貿易的困境及波折轉型

　　在 1840 年以前的清朝，絲綢之路進入了最後的發展階段，中國的對外貿易從市舶時代進入了海關時代，當時古代中國的海禁空前加強，對上海地區外貿也構成了相當的制約，而同時全球化發展也在出現新的形勢，歷史變革在深入進行中。歐洲人主導的殖民貿易對傳統絲路貿易的侵蝕也日漸嚴重，再加上清代的海禁政策比明代更為嚴苛，實際上整個這一時期的開放政策與外貿政策都呈收緊的趨勢，上海地區外貿活動發展需要利用外部世界海洋貿易進步的有利環境，但是困難很大，發展狀態處於扭曲狀態。儘管環境出現了不利的制約因素，但上海地區已經通過多年積累而在絲路上形成美好聲譽，以絲路貿易樞紐而著稱，然而作為海洋城市仍有發育不足之處。

　　海上絲綢之路的衰落不僅和中國明清王朝的自我保守有關，也和西方殖民活動的發展相聯繫。西方人自印度洋逐步東來擴張，其所主導的殖民主義貿易逐步侵蝕和取代了印度洋乃至太平洋上各國原有的傳統貿易，這同樣是絲綢之路貿易鏈萎縮的重要原因。上海港口在清朝曾是官方確定的外貿口岸，但地位並不穩固，並不始終保證對外開放，但是與東北亞、東南亞、歐洲、美洲各地都存在著一定的貿易聯繫，雖然清朝實行禁海和一口通商產生了消極作用影響，迫使這種貿易或以間接的中轉貿易方式進行，或者斷斷續續的進行，但上海港口卻仍能成為國內貿易龍頭大港，為近代貿易開始後的再度繁榮打下堅實的基礎。上海地區的海港是海上絲路當仁不讓的貿易始發港，因為當地及周邊就是優質紡織品等產品的產地，同時仍然也是中轉貿易的大港。從清代

歷史來看，上海地區積極參與了海上絲綢之路交流活動，其經濟發展受益於海上絲綢之路，但是精神文化領域的交流不及唐宋自由、全面。上清代官方的貿易政策，是影響海外貿易興衰的最重要因素，在這種背景下，再繁榮的絲路交流活動也是脆弱不堪的。

　　海上絲綢之路交流的衰落不僅和中國明清王朝的自我保守有關，也和西方殖民活動的發展相關。西方人自印度洋逐步東來擴張，其所主導的殖民主義貿易逐步侵蝕和取代了印度洋乃至太平洋上各國原有的傳統貿易，這同樣是絲綢之路貿易鏈萎縮的重要原因。上海港口在清朝曾是官方確定的外貿口岸，但地位並不穩固，並不始終保證對外開放，但是與東北亞、東南亞、歐洲、美洲各地都存在著一定的貿易聯繫，雖然清朝實行禁海和一口通商產生了消極作用影響，迫使這種貿易或以間接的中轉貿易方式進行，或者斷斷續續的進行，但上海港口卻仍能成為國內貿易龍頭大港，為近代貿易開始後的再度繁榮打下堅實的基礎。上海地區的海港是海上絲路當仁不讓的貿易始發港，因為當地及周邊就是優質紡織品等產品的產地，同時仍然也是中轉貿易的大港。從清代歷史來看，上海地區積極參與了海上絲綢之路交流活動，其經濟發展受益於海上絲綢之路，但是精神文化領域的交流不及唐宋自由、全面。上清代官方的貿易政策，是影響海外貿易興衰的最重要因素，在這種背景下，再繁榮的絲路交流活動也是脆弱不堪的。

一、海關時代的海禁政策對上海地區對外貿易的制約

　　海上絲路的市舶貿易時代自清代建立即徹底結束，因為清朝開始以海關代替市舶機構來管控外貿，而在清朝初年經歷海禁之後，中外貿易關係在很大程度上也被重新建構。清代海關的職權是負責對外貿易船舶進行管理、檢查貨物、貨物，發放驗證，收取關稅。上海地方所設的江海關的官員，起初是由清朝內務府官員監督，設滿族和漢族各一員。《上海縣志》中則記載：「康熙二十四年（公元 1685 年），詔弛海禁設海關，關督於縣洽，專司海關稅鈔，以內務府司員監收，筆帖式付之，定例期年奏銷。」〔註1〕當時貿易和航運船隻都由吳淞口進泊黃浦江。起初由於海禁的影響及對外關係尚未理順，進出上海港的船舶有限，於是康熙六十一年（公元 1722 年）江海關的專職官員編制設置

─────────────

〔註 1〕　（清）同治《上海縣志》卷 2，見上海市地方志辦公室、上海市閩行區地方志辦公室《上海府縣舊志叢書》，上海古籍出版社，2015 年版，第 1420 頁。

被取消，而由蘇州巡撫代管海關，並由上海知縣就地辦理關務，派人到關上收稅。到清雍正年間上海江海關由蘇松道臺一職兼管，到公元 1730 年蘇松道臺移駐上海，恢復江海關專職官員。但是，伴隨著上海港絲路貿易活動的再度繁榮，中國對日本和東南亞的貿易都重新發展起來，來自南洋、閩浙的商船、鳥船也都進出上海港，而在長江和北洋航線上航行的沙船往來頻繁。上海港在明代的競爭對手劉家港也因為瀏河口積沙淤積不斷增長而日益衰落，商船也不斷轉為在上海港和黃浦江停泊。到了乾隆中期，江海關的稅收已經幾乎是康熙開海禁後初期稅收的 4 倍。

　　如以 1840 年為古代和近代的劃分，則相對於自唐至明的市舶貿易時代，中國古代的海關貿易時代其實非常短暫，到了乾隆二十二年（公元 1757 年），清政府將廣州作為官方對外通商的唯一的口岸，直至公元 1842 年簽訂南京條約之後上海的港口才重新恢復直接對外開放。

　　清朝時期的海上絲綢之路交流活動遭遇了來自國內外的困難和阻礙。就國內而言，清朝也實行過反覆的禁海和鬆弛，其對海外貿易的禁止或控制措施遠較明朝為甚。清朝初年為了平定臺灣鄭氏政權，朝廷在順治年間執行過「遷界禁海」，〔註 2〕措施嚴苛以致要求片板不許下海，禁絕了東南數省的沿海貿易。必須指出的是，清初的海禁政策不但禁絕的是臺灣鄭氏政權控制區域和清朝控制疆域之間的貿易，也在客觀上禁斷了其他的中外貿易，甚至國內南北方不同沿海地區之間的貿易。因此，等到平定臺灣後，海禁一開，大陸與臺灣的貿易、對外貿易、沿海南北間貿易等各種貿易同時得到恢復的機會。上海港口的對外貿易就在這樣的背景中起伏發展。

　　平定臺灣鄭氏政權以後，清朝於康熙二十三年（公元 1684 年）開放海禁，但只允許限定範圍內的貿易，並在上海港設立江海關。康熙二十四年（公元 1685 年）清廷指定澳門（後改廣州）、漳州（後改福州）、寧波、雲台山四個口岸對外國通商，唐振常認為開放港口的名單裏沒有上海，《上海港史》則指出這一說法存在差異，同治《上海縣志》明確記載其中一處移往上海。〔註 3〕後者認為康熙開海禁之後的第二年，上海就已設有江海關，江海關最初設在上海縣境內位於縣治東南的漴闕。然而清人葉夢珠在《閱世編》中記載：「上海之

〔註 2〕　《柳河鎮紀略》卷 3《劉河紀略》，轉引自太倉市史志辦公室編《太倉港發展史》，西安地圖出版社，2003 年版，第 92 頁。
〔註 3〕　茅伯科主編：《上海港史（古、近代部分）》，人民交通出版社，1990 年版，第 59 頁。

有権關，始於康熙二十四年乙丑，關使者初至駐答淞關」，〔註4〕同治《上海縣志》卷二中也記載「権使初駐淞關，（康熙）二十六年（公元 1687 年）移駐邑城，後以巡道権稅」，這個記載的内容其實也比較明確。可見在公元 1685 年江海關已移駐上海淞關。海關官署最初是設置於松江府華亭縣城，後移到上海縣城門寶帶門内，下轄江蘇省沿海口岸吳淞、劉河等 24 個海口分關。因此，筆者認為從縱向的發展來看，無論如何也可以得出結論上海港得以藉此實現自元代後期衰落以來的「中興」，再次成為海上絲綢之路的重要外貿港口。據學者樊百川的估算，鴉片戰爭前每年進出上海港口的北洋船舶和閩、廣、浙的海船以及長江航船和江南各處及本地内河客貨船噸位不下 300 萬噸。19 世紀上半葉上海港的吞吐量為國内各地港口所不及，與同時代的西方國家港口相比亦可納入世界大港之林。〔註5〕

　　康熙平臺後開海禁，使中外貿易迅速得以恢復，而沙船業也發展迅速，「沙船聚於上海，約三千五六百號。其船大者載官斛三千石，小者千五六百石。」〔註6〕而待海關一設，能停泊大船的吳淞口也把太倉港的生意都爭取了過來：

　　　　自海關通貿易，閩、粤、浙、齊、遼海間及海國巨舶慮瀏河淤
　　滯，咸由吳淞口入治城東隅，舶艫尾銜，帆檣如櫛，似都會焉。〔註7〕

　　包括國内外貿易的整個沿海海上貿易網活躍起來。清道光二十五年（公元1845 年）《重修膠州志》卷一圖「全海疆圖」的序中則記載：

　　　　康熙十八年（公元 1679 年），海州雲臺初復，給事中丁泰請弛
　　海禁略曰：「由膠州抵雲台山，僅半日程。南至廟灣鎮裏河口，通淮
　　揚，亦一日可南北互濟，猶不過輕舟，沿岸賚糧百石而止，連檣大
　　艘未嘗至也。」其後海氛靖而禁防弛，遂為商船輻輳之所，南至閩
　　廣。〔註8〕

　　但是，清代對出口貿易也有不少限制，對開禁不斷反覆，導致上海地区的

〔註4〕（明）葉夢珠：《閱世篇》卷 3，上海古籍出版社，1981 年版，第 82 頁。

〔註5〕樊百川：《中國輪船航運業的興起》，四川人民出版社，1985 年版，第 47～48頁。

〔註6〕（清）包世臣：《包世臣全集》，黃山書社，1993 年版，第 11～12 頁。

〔註7〕嘉慶《上海縣志》卷 1，見《上海府縣舊志叢書（上海縣卷）》，上海古籍出版社，2015 年版，冊 2，第 841 頁。

〔註8〕《中國地方志集成·山東縣志輯39》，鳳凰出版社，2008 年版，第 27 頁。

絲路貿易畸形發展，同時雖然海上航運貿易雖然仍在進步，但是海上絲路貿易
卻已經在趨於衰亡，實行廣州一口通商之後的上海地區失去了絲綢之路貿易
始發港地位。

如自清初康熙時期首次開海禁後，沿海地區商人不僅造船出海貿易者很
多，其中還有不少人長期留居東南亞，有的甚至不再回國，而且確實在東南亞
華人中有一些是反清或是抵制清朝的人，以致朝廷疑慮：「數千人聚集海上，
不可不加以防範」，並把東南亞稱為「海賊之淵藪」。康熙五十六年（公元 1717
年）清廷一度重新頒布針對南洋的禁海令，即只禁止中國與南洋之間的貿易。
沿海地區經濟受到打擊，給當地居民經濟生活造成嚴重後果，以致生活無著者
被迫逃亡海上，走私或是為盜，效果反而更糟。這當然會導致原有的絲路貿易
被切斷，為此不少人奏請開禁。於是十年以後，即雍正五年（公元 1727 年），
朝廷被迫解除針對南洋的海禁，但同時下令規定凡出海經商者三年之內必須
回國，否則便永不許回籍。

清代的海禁政策把很多商品列入違禁目錄。米在當時成為出口貿易的大
宗商品，而被重農的清政府注意到並加以禁止。如康熙十八年（公元 1679 年）
朝廷「禁兵民販米出海」，[註9]，相反的是鼓勵商民販運糧米回國，即糧食只
能進口不能出口。康熙二十三年（公元 1684 年）朝廷下令嚴禁硝磺、軍器出
口，對於糧食則也嚴禁販賣出洋，如違禁販運 50 石以上者，其米入官。因此，
在清代朝廷對於糧食進出口通過管制以保證糧食安全的思想已經出現。康熙
四十七年（公元 1708 年）正月御史官奏稱「江浙米價騰貴，皆由內地之米，
為奸商販往外洋所致」，於是康熙四十七年（公元 1708 年）正月己巳（21 日）
康熙帝針對上海和長江口一帶發布上諭：

> 上諭大學士等曰：「聞內地之米販往外洋者甚多，勞之辨條陳甚
> 善，但未有禁之之法。其出海商船，何必禁止洋船行走？俱有一定
> 之路，當嚴守上海、乍浦、及南通州等處海口，如查獲私販之米，
> 姑免治罪，米俱入官，則販米出洋者自少矣。」[註10]

在清代，中國的人口數量巨大，達到數億的規模，糧食生產不足已經成為
潛在危機，如在乾隆年間福建布政使陳弘謀曾上奏，主張從東南亞進口糧食，
並於乾隆十九年（公元 1754 年）發布檄文：

〔註9〕《清朝文獻通考》卷 33，浙江古籍出版社，2000 年版，冊 1，第 5164 頁。
〔註10〕《清實錄》卷 232，第 6 冊，中華書局，2008 年版，第 318 頁。

> 嚴禁各口需索米船橄　乾隆十九年閏四月
>
> 海船帶米入口，守口官役，不得藉盤查名色，留難停泊，守候
> 苛索。……今已入夏，南風盛發，正外洋商船連帆入口之時，又值
> 內地需米接救之會。……凡有外洋商船入口，照例查驗，如果人照
> 相符，又有行戶保認，立即放行。米穀多少，聽其隨處運糶。其近
> 洋船隻，如往把蔥、柬埔寨港口等處，入口者原無別貨多載米穀，
> 更宜隨驗隨即放行，不得藉故刁難需索。〔註11〕

然而，貿易是商人生計所在，故官府屢禁不止，包括在江南和松江，即使
不販運糧食出口，商人在航行過程中也需要搭載足量糧米以備萬一，到了海外
行程也很有可能遇到耽擱變化。清朝君王所關心的是糧價穩定以助統治穩定，
對於商業對社會經濟的拉動作用不予理解、理會，如康熙五十五年（公元 1716
年）九月甲申（28 日）康熙云：

> 前張伯行曾奏，江南之米，出海船隻，帶去者甚多。若果如此
> 亦有關係。洋船必由乍浦、松江等口出海，稽查亦易，聞臺灣之米，
> 尚運至福建糶賣。由此觀之，海上無甚用米之處。朕理事五十餘年，
> 無日不以民生為念……〔註12〕

這說明當時存在自臺灣運米前往福建等地的航線。康熙質疑出海的船自
身不需要帶太多的米，因為從上海和乍浦出發的船商如果去福建和臺灣等本
國地區是容易得到米的供應的，因此如果商船帶很多米出海是沒有理由的，康
熙懷疑商船帶米出口，並擔心因此影響民生。

除此之外，官府根據船隻上的人數和航期進行嚴格計算，規定了船載口糧
允許攜帶的數量，對每人每日只許帶米一升五合，多了不許攜帶，而凡偷運米
糧出口圖利者，一經查出即行治罪。清廷為此在崇明和太倉以及浙江沿海設崗
盤查：

> 令該督撫、提鎮於江南崇明、劉河，浙江乍浦、定海各海口，
> 加兵巡察。

巡查之下，凡商人帶米超過五十石者，即被沒收。〔註13〕

〔註11〕《培遠堂偶存稿》文檄卷 34，轉引自（日）上田信：《東歐亞海域史列傳》，
　　　　廈門大學出版社，2018 年版，第 167 頁。
〔註12〕《清實錄》卷 269，中華書局，2008 年版，第 644 頁。
〔註13〕何泉達選輯：《清實錄江浙滬地區經濟資料選》，上海社會科學院出版社，1989
　　　　年版，第 10 頁。

這種政策當然限制了走私糧米的可能，但是也限制了商人的遠航能力。海上航行不同於陸上旅行，有很多不測因素，船上如果沒有充足的食物儲備是沒有人敢遠航的，而途中發現意外的商機也無法改途牟利，若是遭遇自然風險和生意耽擱則難有對策。

當時海上有比較嚴重的海盜行為，故允許船隻帶兵器自衛，但是限制數量。

據嘉慶《松江府志》記載自康熙年間開始上海海關出海的商船也不准多帶火器和火藥：

> 清康熙間起，所有閩、廣、山東、關東商船皆由上海關進口。
>
> 內商出洋者，須依式成造船身，熔印刊名。往外夷之大洋船，准攜炮不得過兩門，火藥不得過 30 斤，其鳥槍、弓、箭、腰刀亦准攜帶。
>
> 凡船隻在外損壞，准其照式另造，驗明入口。

雍正九年（公元 1731 年）朝廷甚至嚴禁鐵及鐵器出口。乾隆五年（公元 1740 年）官府規定每船隻許攜帶鐵鍋一隻，只許帶鐵斧一把，帶「廢鐵」出洋者治罪，這同樣也削弱了船商的海上生活能力和船隻故障修理能力，遭遇海盜時的自衛能力被削弱還在其次，也間接影響了船隻的遠航能力。乾隆二十四年（公元 1759 年）朝廷還曾一度禁止蠶絲出口，至次年因國內鑄幣需要進口大量日本的銅才重新允許商船攜帶一定數量的綢緞絲絹，輸稅出口到日本購買銅，見下章具體論述。這種現象當然會使上海地區的絲綢貿易處於波折狀態中。至於圖書，特別是史、志、地理等圖冊，清代則嚴禁出口，因此可以認為唐宋時期上海地區與日本之間曾存在的文化交流自由在清代已經不復存在。

到乾隆年間的時候，清政府再次厲行限制對外貿易。當時，來到中國海岸線的英國人想要向華北沿海深入推銷商品，並與出產茶、絲的地區進行貿易，努力想在廣州以北開闢新的貿易口岸。英國的通事洪任輝偕同英國武裝商船數次來寧波、定海兩地，引起了清廷的重視。為了整肅浙江省海防，清朝在乾隆二十二年（公元 1757 年）下令：「（夷船）將來只許在廣州收泊貿易，不得再赴寧波，如或再來，必令原船返棹至廣，不准入浙江海口。」這算是清廷外貿政策的一個較大轉折。之後到公元 1842 年《南京條約》簽訂之前，共八十五年的時間裏，廣州是中國沿海唯一對外開放的口岸，上海港口被排除在外，在這段時期裏中國的對外貿易關係基本上是「廣州對外貿易」。上海地區所參與的絲路貿易史幾近結束。

二、全球貿易的歷史變革與上海港口的絲路美譽

到了清代，從國際範圍來看，全球化有了新的發展，西方殖民者深入入侵印度洋地區和東亞海域，殖民貿易活動先是侵蝕後是逐漸取代了傳統的絲路貿易，殖民主義貿易與絲綢之路貿易之間發生了重大的歷史交替。古代海上絲綢之路交流活動逐漸衰落並接近尾聲。清代中國和海上絲綢之路都面臨著世界格局的全新轉型所帶來的巨大挑戰。和明代不同的是，東南海洋而不是西北內陸真正成為中國所面臨的地緣戰略重心，當然這也是經歷了較長過程才完成。

應該指出的是，古代中國文明在東方世界曾經的崛起與絲綢之路交流活動不無關係，正是通過絲綢之路才令中國文明走向世界，開展相互的交流與學習。絲綢之路連接和支撐了國際貿易網絡，促進文化交流，同時也帶來了競爭與挑戰，因此推動進步和發展。推動絲綢之路發展的國際力量是多元化的，來自不同文明、國家和民族，絕非依靠一家獨大的力量就可以完成宏偉壯舉。在東亞地區，中國文明曾經是最為領先的文明之一，也是物質文化和精神文化的主要輸出者之一，然而同樣有著悠久文明的印度社會、阿拉伯社會等也是絲路交流的重要推動者。海上絲綢之路和陸上絲綢之路不同，對交通技術進步的依靠更大一些。海上絲綢之路的參與者是廣泛的，而重要推手只能是善於航海並為航海技術進步作出重要貢獻的幾個民族。在中國的魏晉時期，古代印度就能造容納二百人的大船，並供東晉僧人法顯回中國搭乘，而在唐宋以後，中國人、中東穆斯林都是絲路推手。早在唐代，穿越印—太海域的大船可載六七百人，從中國出發的船可以開到今伊拉克的幼發拉底河口，然後換小船運貨前往巴格達。到宋代則出現了供出訪使節乘坐的「萬斛舟」。到 13 世紀後期，西亞穆斯林也跨過印度洋向東南亞大量移民、傳教、航行和貿易。公元 1500 年以後基本上不再有中國商船來橫渡印度洋。鄭和下西洋活動曾經為印—太海域帶來短暫的朝貢制國際秩序，但自公元 16 世紀開始，也就是自明代的中晚期開始，中國官方相關的海上力量逐漸退出遠洋，發生反覆禁海，而同時亞洲南部瀕海民族的航海事業在西方入侵者的壓力下也趨於萎縮，西歐殖民主義者竟成為印度洋和太平洋等大洋上的航海和貿易主力，這「一出一進」體現和導致了包括中華文明在內的東方文明的整體衰落，以及西方文明的崛起。明朝正德年間，葡萄牙殖民者開始向東亞滲透。到 16 世紀以後，西歐殖民遠征者日益成為從印度洋到太平洋的近乎唯一的海洋主宰，這在經濟全球化的同時

削弱了異質文化的平等交流，構成了消極的歷史影響。西方主導的殖民貿易的擴張和東方主導的絲路貿易的萎縮同時發生，構成了兩種貿易活動和貿易網絡的轉型式交替，甚至引起了東西方國際秩序的全面變遷。從 16 世紀到 19 世紀，殖民貿易和絲路貿易之間逐漸完成了對接、侵蝕和取代。海上絲綢之路貿易活動的衰落是出於西方海洋殖民主義活動的崛起和東方海上力量的衰落雙重原因。在這個重大歷史交替時期，有一個有趣的現象，即凡曾是在傳統絲綢之路上以貿易航運發達便利而著稱之地，都引起西方殖民者和商人的覬覦與開拓，上海地區同樣經歷了兩種貿易的銜接與興替，也引起了西方遠來者的關注。

有人認為清朝自建立直至乾隆實行一口通商的這段時間裏，上海地區進出的商船數量應該說確實不及廣州、廈門、寧波，而江海關的歲入稅額，也居四海關之末。但是國內海上貿易在上百年的時光裏總體是繼續呈穩定的、直線的發展，上海地區港口在外貿萎縮的同時迎來了國內貿易的鼎盛。清人曹晟在《覺夢錄》中稱：「海禁既開，民生日盛，生計日繁，區區草縣，名震天下。」唐振常則認為：「海上貿易與轉口貿易的發展，加快了上海通商城市的形成。從康熙中葉到道光初期的二百年間，上海港已經成為東南沿海數一數二的重要港口」，「清嘉慶、道光年間，上海港已經成為我國東南沿海的一大商港；上海縣也已經成為我國江南的商業城市。」〔註14〕

多數學者認為，1840 年爆發的鴉片戰爭標誌著古代海上絲綢之路結束。〔註15〕也有學者認為在鴉片戰爭結束之後「海上絲綢之路」仍然存在，連接中外的海上交通線依然是「海上絲綢之路」。〔註16〕筆者認同前一種觀點，即也認為歷史上的「海上絲綢之路」在中國近代史的開端已經結束。但是「海上絲綢之路」不是中國一家的海上絲綢之路，而是古代世界各國的海上絲綢之路，因此絲綢之路的結束在不同國家和地區是在不同時間階段完成的，比如中國參與的「海上絲綢之路」交流活動和印度參與的絲綢之路交流活動，是在不同歷史階段以不同形式結束的，而且往往有過程。印度的絲綢之路交

〔註14〕唐振常主編：《上海史》，上海人民出版社，1989 年版，第 104、108 頁。

〔註15〕馮定雄：《新世紀以來我國海上絲綢之路研究的熱點問題述略》，載《中國史研究動態》，2012 年第 4 期。

〔註16〕施存龍：《「海上絲綢之路」理論界定若干重要問題探討》，見林立群主編：《跨越海洋——「海上絲綢之路與世界文明進程」國際學術論壇文選》，浙江大學出版社，2012 年版，第 18～32 頁。

流活動是在被英國殖民地化的過程徹底消亡的，但是印度殖民地化進程的開啟遠早於中英鴉片戰爭，而中日之間的絲綢之路傳統貿易也是在美日之間「黑船開國」事件發生之後開始徹底改變的。因此，傳統絲綢之路的衰亡是一個在不同國家和地區逐漸發生的長期過程，不同民族和地區以不同方式和時間退出。

　　然而古代上海地區在傳統的海上絲綢之路國際貿易網中所形成的顯赫聲譽引起西方新來者的注意。據襲昔司指出，在公元 1756 年時東印度公司職員畢谷把上海看成是一個理想的中轉港，並鼓動公司派出使團去中國北方的港口活動，甚至企圖上書清朝廷，然而終無所得，〔註17〕西方人杜‧哈爾德則寫道：

　　　　松江城建立在水上，中國的船，或者更確切地說是貨船，可以從各個方向進入此城。並可以經此出海，松江城離海並不遠。那裏有數量極多的棉花和各種布匹，不僅可以供應這個帝國，而且可以供應外國。這使它非常有名，並且是一個極大的場所。它下屬有四個城市，它們既不比核心城市貧困，也不比它富裕。雖然這些城市都是第三流的，但它們在商業規模上盡可與最好的城市相匹敵，許許多多的各地客商一年到頭帶著各種貨物來此地經商。例如上海縣城，來自福建的船源源不斷地駛入，另一些帆船則從那裏出發到日本去做生意。〔註18〕

　　這一文字可以反映出哈爾德眼中所見情況有四，一者松江是內河水運和海運的樞紐，也是兩者的銜接點，二者松江棉布產量巨大可以供應國內外，三者為松江及屬縣商業發達不亞於中國任何城市，四者福建及日本商人多來上海貿易。由此可見其發展之規模。

　　另一位英國來客在 19 世紀 30 年代記述道：

　　　　我所熟識的城市，沒有一個擁有像上海一樣的優勢；上海是中華帝國的門戶，實際上是至關重要的入口，……潮起潮落使上海成為出口貨物集送地，也把進口貨物運往中國遙遠的內地。上海港擠滿了大小船隻。〔註19〕

〔註17〕（葡）襲昔司：《晚清上海史》，上海社會科學院出版社，2012 年版，第 24 頁。
〔註18〕狄立普‧巴蘇選編：《十九世紀的中國》，轉引自茅伯科主編《上海港史（古、近代部分）》，人民交通出版社，1990 年版，第 80 頁。
〔註19〕Jeffrey Wasserstrom., Global Shanghai, 1850~2010. Routledge, 2009: 4.

　　道光十二年（公元 1832 年），英國船「阿美士德」號闖進上海港，考察當地的港口和商業。在其回國遞交的報告中幾次提到上海，認為「這個地區的自由貿易對於外國人，尤其對英國人的好處是不可估計的」，並且特別強調「這一地區在對外貿易方面所擁有的特殊優越性」，而「過去竟然未曾引起相當注意，是十分令人奇怪的」。差不多同時，英國傳教士麥都思也來到上海，回國後說上海是「中國東部海岸最大的商業中心……上海的貿易即使不超過廣州，至少也和廣州相等」。不久之後，另一個英國人福鈞曾稱：「就我所熟悉的地方而論，沒有別的市鎮具有像上海那樣的有利條件。上海是中華帝國的大門，廣大的土產貿易市場……世界上沒有什麼地方比得上它。」因此，當 1840 年鴉片戰爭爆發後，當英軍用堅船利炮強行迫使清朝打開國門的時候，通江達海的上海便成為列強首先要求開埠的 5 個通商口岸之一。

　　當時這些洋人瞭解到的情況未必全面可靠，而他們的記述也多少有些誇大，但是這些記述確實反映了在絲綢之路發展的末期上海地區在中國東南地區與東亞各地之間貿易交流中已經形成的特殊地位及美好聲譽，這些已經逐漸積澱成為一種歷史傳統及其記憶。

　　以往的江南史研究中曾有一些關於江南和西歐的經濟史發展比較研究，筆者在此處無意捲入這樣重大的學術課題研討，這也和本課題研究主旨無關，只想指出如果拿清朝的松江與歐洲較早實現近代變革的荷蘭相比較，可以看到其地理環境條件有相似之處，兩者都是向海生長的沿海低窪平原，都有能與內陸富庶區域聯繫及通向遠方海洋的優異水運條件，也有發達的商業和傳統城市化，主要區別在於松江是棉紡織製造業的中心，而荷蘭卻走上了金融中心發展的道路。由於各種社會因素的存在，絲綢之路貿易並沒有給古代上海地區帶來經濟制度的變革。

　　即使在近代上海開埠以後，絲綢出口依然非常重要：

> 早期形成的絲綢貿易有了長足的發展，而從事這一行業者致富較易，著名的絲綢產區現在可以直接和外部世界接觸，非常有規律的供給確保外國及本地商人都有豐厚的回報，就在不久以前，一年內從上海船運出口的絲綢價值就達到了 1000 萬英鎊。〔註20〕

　　因此有學者認為晚清上海不僅在中國國內貿易中，也在對外貿易中居於支配地位，甚至主導了西方製造業產品以及中國產品對朝鮮、日本的出

〔註20〕　（葡）裘昔司：《晚清上海史》，上海社會科學院出版社，2012 年版，第 66 頁。

口。〔註21〕鴉片戰爭以後，江南蠶絲出口仍然不斷上升，「道、咸之際，承平日久」，「桑綠如海」，「萬國來同，湖（湖州）絲既年盛一年，而遠人所爭購者，尤以（南）潯絲為最」〔註22〕而上海仍是湖絲出口重要港口。上海未通商之時，「洋商居香港，已有（雙林）鎮人運絲往售」，「以此起家積資鉅萬」。五口通商之後，湖州商人則「運至上海直接售與洋行」，「常年出口者三千餘擔」〔註23〕。南潯生產的湖絲經由上海洋行出口，貿易量之大可謂「一日貿易數萬金」。〔註24〕長興縣「自夷人通商，長興歲入百萬計」。〔註25〕實際上在 1840 年開埠之後的近代初期，通過上海對外出口的產品主要是茶葉和絲綢，分別占出口總量的 52% 和 46%，這些屬於絲路交易的傳統商品類型，〔註26〕

這些現象說明雖然在 1840 年以後，中國社會經濟發展出現半殖民地化，絲綢之路交流活動結束了，但是絲路貿易和絲綢貿易的影響都並沒有結束，國際貿易的總趨勢是上升的。上海，還應該包括其他不少其他海上絲綢之路貿易樞紐港口，由於地理優勢不變，歷史傳統積澱深厚，在西方人主導的國際貿易體系中實現了某種復興。

三、古代上海的海洋城市性質問題

本書在此處想提出一個問題，但也只能是提出而不能答覆。在本書對古代上海地區的絲路交流史的梳理之後，筆者感覺必須面對這個重要問題。歷史上上海地區有若干個海上絲綢之路貿易港口出現，不僅僅是有一個上海港，既曾存在過始發港，也曾有中轉港。但古代上海在歷史上存在一個古代海洋城市嗎？

「海洋城市」與「海港城市」僅一字之差，但是內涵的差異很大，主要是文化性的。筆者認為海洋城市有文化、經濟的不同衡量指標，而從歷史發展角

〔註21〕 萬志英著，崔傳剛譯：《劍橋中國經濟史：古代到 19 世紀》，中國人民出版社，2018 年版，第 336 頁。

〔註22〕 光緒《烏程縣志》卷首，光緒七年刻本；《南潯志》卷 31，轉引自陳旭麓《近代中國的新陳代謝》，上海人民出版社，1992 年版，第 128 頁。

〔註23〕 民國《雙林鎮志》卷 17《商業》，商務印書館，1917 年鉛印本。

〔註24〕 民國《南潯鎮志》卷 31《農桑》，轉引自樊樹志《江南市鎮：傳統的變革》，復旦大學出版社，2005 年版，第 239 頁。

〔註25〕 同治增補本《長興縣志》卷 8，見李文治編《中國近代農業史資料》第 1 輯，三聯出版社，1957 年版，第 428 頁。

〔註26〕 Marie-Claire Bergère, *Shanghai: China's Gateway to Modernity.* pp. 50~52；張仲禮主編：《近代上海城市研究（1840～1949 年）》，第 91、94 頁。

度看，完整意義上的海洋城市能夠成立至少需要四個要素，應包括地理因素，經濟結構，歷史傳統和文化觀念等四個方面的因素。

第一，海洋城市應該是具備濱海的地理位置，有著通海航行的便利，就是是說至少是個海港城市，這是前提條件，否則就是內陸城市了，一般的海港城市都具備此類特徵，區別只是所濱臨的海洋環境是狹窄的內海、海峽、邊緣海還是直接瀕臨廣闊的大洋。第二，海洋城市應該有依賴海外貿易的經濟結構，甚至是出口導向型的經濟結構，不僅中轉也生產銷往海外的商品，否則連與外界聯繫的海洋紐帶都不存在，但這卻不是任何一個海港城市都能具備的條件，比如因為政策或者技術原因不實行對國外開放的海港城市，與內河港口城市的貿易條件相比併無本質上的區別。第三，由於這個城市的經濟結構的長期積累，加上與海外異域的長期交流，在城市裏形成了親海的歷史傳統。第四，在經濟結構和歷史傳統的長期作用下，當地的城市文化呈現的是具有海洋文化的強烈特徵，形成海洋型城市文化，而不是與周邊陸地環境接近的大陸文化，這種海洋文化具有重視商業的文化特徵，愛好自由與冒險，追求開發利用海洋，生活方式和文化觀念中具備崇尚開放、力量、自由、競爭等品格，有強烈的個體自覺意識和開創意識、冒險意識，富於進取精神。

在依靠海洋貿易紐帶的全球化時代和大航海時代開始以前，古代世界已經存在海洋城市。如古希臘時代的愛琴海城邦雅典就是一座典型的海洋城市。今天的上海市地理範圍內在古代存在過不止一座城鎮，而且當地城鎮實際大多參與了對外貿易，甚至普遍生產了可供絲綢之路貿易交易的商品，也參與了跨海的對外文化交流活動，但是，從古代上海地區參與絲綢之路活動的歷史來看，是否就完全具備了海洋城市的要素？

從上文所述四要素出發考察，就會發現海港城市就一定可以成為真正的海洋城市，經濟和文化的意義都不可低估。比如，一座依靠貼近大陸的近海航線，或者沿海岸的領水航線只進行國內貿易的港口城市和一個沿著內河航線進行運輸貿易的內陸大港在經濟功能上沒有質的區別，都不可能是真正意義上的海洋城市。因此，在禁海狀態下，清代上海港口城市和武漢港口城市都是國內水上貿易港口城市，無論是當地經濟功能還是在國內經濟結構中都沒有質的區別。只有在允許對外國的海上貿易進行，實行對外開放的情況下，上海港口才會在經濟結構和功能方面和前者有所區別，才可能融入國際海洋貿易的體系，才可能產生海洋性的歷史傳統和城市文化。古代上海地區是江南地區

的一部分，明清江南社會史史學界普遍承認江南地區在明清時期發生了有重要意義的經濟變遷，而這種變遷的動力主要來自內部的產業發展，筆者本人目前不對江南地區這一歷史進步和絲綢之路所帶來的外部環境刺激之間關係作出判斷，但是這種經濟進步在很大程度上依靠了當地農業和家庭手工業的進步，應該是並無學術爭議的。

古代上海地區，在社會發展上從屬於江南地區的整體狀態，而江南地區儘管在明清時期出現了商業和手工業的重要進步，但是農業社會傳統及其文化特徵仍然影響著社會文化發展的主流和方向，濱海的古代上海地區也不例外。雖然國家在一段時期內實行嚴厲的海禁，迫使上海地區和江南地區一樣出現過眾多的走私行為，但是沒有資料表明因此曾出現地方性的全面經濟崩潰。真正的海洋經濟實際上從來沒有誕生過。上海地區的海外交流雖然曾經在古代曾長期進行，但受中國大一統體制的約束而曾呈現脆弱、斷續和受限的狀況，中國整體的海上絲綢之路對外交流同樣也面臨過類似的消極影響。對於古代的上海地區城市而言，除了親海的經濟結構和歷史傳統有不穩定和薄弱的特徵，海洋城市文化特徵也發育不足。自晚清上海再次開埠之後，上海地區的海外貿易經濟結構以被動的方式再度復興，使近代的上海逐步成為一個充滿經濟活力的國際大城市。

第十五章 明清上海地區港口的通海地理條件

　　明清上海參與絲路交流活動，也有地理條件方面的優勢作為依靠，且與青龍鎮有一脈相承的相似之處。一是，上海港本身作為長江口對外口岸的功能比青龍鎮更加有利和穩固，依然有中國海岸線中心點和環中國海域中心點的優勢可以借助；二是明清時期上海港依然是江南出海口港，與青龍鎮時期相比，明清江南的航運貿易網更加發達，也更能為上海提供貿易腹地。明清上海地區對外的貿易交流，包括社會經濟發展都受益於長江航運和環中國海域絲路航運及江南水網航運多重的優越區位環境，形成了聚合效應。明清上海地區港口在地理條件方面有著天然的優勢，毫不亞於當年的青龍鎮港，但因地方生產能力和經濟規模進步巨大，故遠勝青龍鎮多矣。明清上海參與絲路交流活動，既有地理條件方面的優勢作為依靠，受益於長江航運和環中國海域絲路航運及江南水網航運多重的優越區位環境，形成了聚合效應。當然，地理條件上的劣勢也是有一定存在的。

一、明清上海的交通地理優勢

　　首先，明清上海繼續擁有並利用位於長江口的各種地理優勢。

　　以貿易流通變化來看，清代以長江和沿海交通更為重要。史稱明清松江「雄襟大海，險遏三江，引閩越之梯航，控江淮之關鍵。蓋風帆出入海，瞬息千里。而錢塘灌輸於南，長淮揚子灌輸於北，與松江之口皆輻列海濱，互為形援。津塗不越數百里間，而利害所關且半天下」。[註1] 又稱松江府乃「僻遠之

　　　　　　　　　　　　　　　　　　　　　　　　　　　　　　

〔註 1〕顧祖禹：《讀史方輿紀要》卷 24《南直六》；《續修四庫全書》第 601 冊。

鄉也，然負海枕江，山環水拱，自成一都會。」〔註2〕「江」和「海」各自的
交通價值及其結合之處都是古代上海地區優勢地理條件，這使得當地可以接
近國內外最長的優越航線。

直到明代，長江中游周邊的江西所產瓷器也有會經上海出口日本。

比如姚叔祥所著《貝只編》中記載他通過詢問去日本的中國商人得知：

> 大抵日本所須（需），皆產自中國，如室必布席，杭之長安織也；
> 婦女必須（需）脂粉，漆扇諸工必須（需）金銀箔，悉武林造也；他
> 如饒（州）之瓷器，湖（州）之絲棉，漳（州）之紗絹，松（江）之
> 棉布，尤為彼國所重」。「夷利其貨，惟怨商船之不至。〔註3〕

這段史料中提到的出口日本商品有五種，包括杭州長安織，饒州瓷器，湖
州絲棉，漳州紗絹，松江棉布。其中三種是要走上海港出口，饒州瓷器是自江
西內陸運出，沿江到長江口，中轉貿易多要經過上海，在當地把運貨的江船換
成海船。明代的上海和寧波兩處港口都有去日本的航線。饒州瓷器可以從上海
出海直發日本，也可以經過上海中轉以後再到寧波轉運，遵循類似唐宋時期江
西景德鎮陶瓷走青龍鎮港出口的中轉方式，但是如果在寧波沒有其他中轉貿
易需要的話，就畫蛇添足了。

明清時期，徽商也把安徽的大量茶葉沿長江販往上海，其中很多是要出口
的。〔註4〕長江口的優勢，也使上海借助南、北洋航線而成為航運重鎮。到清
代，嘉慶《松江府志》卷首稱上海縣：

> 地勢高亢，支港為潮泥所壅。水田絕少，只宜木棉。惟富商大
> 賈，北販遼左，南通閩粵，百貨咸集，民每因其利。〔註5〕

因此，明清上海地區仍是長江航運和海上絲綢之路的中轉銜接點，如果說
當時在長江沿線存在沿江經濟帶的話，上海地區的港口貿易應是大受其益。

其次，明清上海仍然是江南重要的對外口岸，江南內部的運輸網也仍然
是上海發展貿易可資利用的優勢條件。

從貿易流通的角度看，明代的江南內部仍然是以運河為貿易交通的主幹

〔註2〕正德《松江府志》卷四《風俗》，見上海市地方志辦公室、上海市松江區地方
　　　志辦公室編：《上海府縣舊志叢書（松江府卷）》冊1，上海古籍出版社，2011
　　　年版，第61頁。

〔註3〕姚士麟：《貝只編》卷上，鹽邑志林本。

〔註4〕吳永安、唐力行：《明代徽州茶商述論》，《安徽史學》，1985年第6期。

〔註5〕嘉慶《松江府志》，《上海府縣舊志叢書（松江府卷）》冊6，第46頁。

線。明朝初期的永樂初年，戶部尚書夏元吉主持整治江南水利，包括疏濬黃浦江下游的范家浜，使其水流量大大增加，如崇禎《松江府志》卷二五《兵防》記載已形成「漕船商舶日夕往來要路」的盛況。〔註6〕於是，上海作為江南出海口的重要地位就很快恢復了。

江南運河早在唐宋時期就運陶瓷來青龍鎮，其航路所流經的地區本來就是平原為主，而水源也豐富，因此經過歷代治理，到明清時期比較暢通，已經是「固皆清流順軌，不煩人力。」〔註7〕

吳淞江是清代上海地區及周邊重要的通海運輸水道，如方志所稱：

> 吳淞江，在縣治南六里。西承震澤之委，自吳江長橋東流至尹山，一作龐山。折東南流，經澱山湖，又北合趙屯，東合大盈、顧會、崧子、盤龍凡五大浦而至宋家橋，東北流合黃浦之水以入海，東西亙二百六十餘里，通長洲、元和、崑山、新陽、青浦、嘉定、上海、寶山諸邑，統杭、嘉、湖、蘇、松、常、太七府州之水，俱泄於此，故規水利者必首事也。〔註8〕

明清吳淞江是上海地區內河航運的主要幹道之一，向東可以出入於海，向西沿著運可以到蘇州常州一帶，向北通過水路可以到達太倉的瀏河以及常熟地區。吳淞江南還有很多河流作支流。清前期的上海至蘇州有兩條重要內河水道，「或過黃浦江，或過泖湖」，由此商船可以運出土產，運來洋貨。故有史籍稱：「船之運鹽者曰鹽拖，又名湖船，今則慣載洋貨赴蘇。」清代的江南海船也多是自上海出海：「吳淞港口在內，遠近商船都聚開船所。」〔註9〕又如福山塘水道在為東西間水上商業要道，而上海西邊的婁江則「為太倉、松江、崇明、崑山必由之要道」。〔註10〕

唐代之蘇州曾以上海地區的華亭縣青龍鎮港為出海口，即所謂「松江口」，這在上文第二章當中有所論述。到宋元蘇州基本是內陸地區。到了明清，上海地區的崇明島和附近的太倉州一度都隸屬蘇州，因此蘇州仍能借港出

〔註6〕崇禎《松江府志》卷25，書目文獻出版社，冊上，第647頁。
〔註7〕《清史稿》卷127，中華書局，1977年版，第13冊，第3770頁。
〔註8〕光緒《重修寶山縣志稿》，見上海市地方志辦公室、上海市寶山區地方志辦公室編《上海府縣舊志叢書（寶山縣卷）》冊下，上海古籍出版社，第1352頁。
〔註9〕（日）松浦章：《清代上海沙船航運業史研究》，江蘇人民出版社，2012年版，第141頁。
〔註10〕清道光《元和唯亭志》卷三《風俗》，道光二十八年刻本。

海，選擇還不少：

> 蘇之水港浩繁，田塍交錯，不可勝計。要其總要樞紐所當控扼者，不過十四處：自海口而入，則嘉定之吳淞江、黃窰港，太倉之劉家河、七丫口，四者其險要也。〔註11〕

文獻甚至稱清代蘇州「上自帝京，遠連交廣，以及海外諸洋，梯航畢至。」〔註12〕這種海上交通狀況實際主要是當時屬蘇州的嘉定縣和崇明縣的濱海條件造成的。在上一章中對李氏朝鮮的《備邊司謄錄》史料的梳理已經表現出崇明和蘇州船商在海上貿易活動中有積極的表現。

蘇州在江南的樞紐作用和歷史面貌不僅說明了清代蘇州通海的獨特表現，也證明了江南地區的外銷網絡把多個生產中心，包括上海地區聯結在內。除了歸蘇州府管轄的港口外，清代蘇州還要利用上海地區港口向外運銷商品。如清劉獻廷《廣陽雜記》卷四記載清代之蘇州與北京、佛山、漢口三城市並稱「天下四聚」，很大程度上是因為太倉、常熟甚至包括松江的很多棉布都匯聚在蘇州，然後遠銷各地。根據張海英的考證以蘇杭為中心的主要商路共有 12 條，一為蘇州府由嘉興府至上海縣，二為蘇州由太倉至南翔鎮水路，三為蘇州府由周莊至松江府，四為蘇州由雙塔至松江府水路，五為蘇州由陶橋至松江府，六為蘇州由常熟縣至通州水路，七為蘇州由東壩至蕪湖縣水路，八為蘇州由湖州至孝豐縣水路，九為蘇州由杭州府至南海水路，十為蘇州府跳船至廣德州水、陸路，十一為蘇州府由廣德州至徽州府水路、陸路，十二為蘇州由四安至徽州府陸路。〔註13〕其中前五條路線，都是以蘇州城為起點的南下浙江、東去上海、松江的棉紡織品商路，都是出口貿易可茲利用的商路。清代的「松江布」在國內遠銷「湖廣、江西、兩廣諸路」以及東北、華北、山東各地，其往北方的運銷和絲路貿易一樣是通過海上運輸出去的，其實江南地區的棉布也都是一樣。通過張氏總結的前六條路線把棉布運銷到上海然後商船北運或出洋都是可以的。上述的第九條路線是自蘇州到杭州再到寧波出海，沿途所產紡織品絲棉兼有之，連接太湖流域與浙東沿海，是一條出口貿易的競爭路線。張海英認為江南棉紡品外運流向，基本是商人們先匯聚產布區松江地區購買，爾後

〔註11〕清光緒《蘇州府志》卷二《形勢》，光緒九年江蘇書局本。

〔註12〕《明清蘇州工商業碑刻集》，江蘇人民出版社，1981 年版，第 331 頁。

〔註13〕張海英：《明清江南商品流通與市場體系》，華東師範大學出版社，2002 年版，第 35～54 頁。

返抵蘇州集中，由此發運全國。〔註14〕但是這應該主要是通過內陸路線向國內
市場輻射的過程，外貿出口和海運北方的部分都應該是集中在松江的上海，或
是小部分在崇明，然後搭船出海。如據《盛湖雜錄》記載，盛澤絲業在清「咸同
間局面極闊，外縣皆直接收買，用護照運銷各地，而以上海出口為大宗，名曰洋
莊，歲銷額值銀千餘萬」。蘇州的對外的商貿流通要依靠多條至上海的商路，
如由嘉興至上海的路線，沿途所經之處，如平望鎮、王江涇、嘉興府、平湖縣、
海鹽縣、嘉善縣、楓涇、朱涇、七寶等均為江南棉紡織重要市鎮，黃汴稱為「路
須多迂，布商不可少也。」〔註15〕商人沿途收購，一併運到上海登船出海。又
如經太倉至南翔鎮的水路，〔註16〕沿途經太倉和崑山、嘉定境內及外岡鎮、南
翔鎮等棉布產區，也將蘇州及其東北東南部棉產地與上海港連為一體。

又如崇禎《松江府志》記載明清澱山湖西的雙塔鎮之興盛，蓋因地處蘇州
與松江間水路的中途，故多有行商至此休息過夜，人稱商榻鎮。在晚清時期，
《淞南樂府》稱：「船之運鹽者曰鹽拖，又名湖船，今則慣載洋貨赴蘇。」蘇
滬水道是和外貿出口有關的，而且有很多蘇州人自上海地區出海貿易。

當然從清代以後的政區變化來看，蘇州失去其出海口，相關的海事史線索
追述即出現了難度。如嘉定在1985年劃歸上海市，按照「一史兩用」的原則，
清代嘉定、崇明的海事活動史實際也都是上海地區海事歷史的一部分。從上文
《備邊司謄錄》的史料信息看，清代蘇州通海活動對上海港口的依賴很大。

同時期之江南近海各地之通海條件或不如古代上海地區，或其通海口岸
後來併入上海地區，又或與古代上海地區在通海貿易及交通方面存在重要聯
繫。如清代太倉港的通海能力大不如前代，船商只好多借上海江海關出海，如
上一章所引《備邊司謄錄》史料7中的船上人都是太倉人，北上關外金州購買
黃豆後返回南方，並帶有「上海縣出洋人名小票二張」，說明了船隻應該是經
過上海港口的江海關走北洋航線出海北上。

又如在整個明清時期，江南蠶絲大量出口海外。湖州雙林鎮是江南絲織品
最大市場與銷售中心，「僅本鎮一處出之，行銷各直省，且達日本。」〔註17〕

〔註14〕張海英：《明清江南商品流通與市場體系》，華東師範大學出版社，2002年版，
　　　　第78頁。
〔註15〕黃汴：《一統路程圖記》卷7，轉引自張海英《明清江南商品流通與市場體系》，
　　　　華東師範大學出版社，2002年版，第35頁。
〔註16〕程春宇：《士商類要》卷1，明天啟六年文林閣唐錦池刻印本。
〔註17〕民國《雙林鎮志》卷16，1917年商務印書館本。

明朝時期即使有海禁，也有大量的湖絲通過走私出口到南洋地區。湖絲之優質吸引明清時各地商人來購買，民國《濮院志》卷十五記載湖州濮院鎮的優質「肥絲」，「以供本地織機及紹客織紡綢者，中管絲亦有由滬運銷外洋者，歲產值數十萬金。」而「細絲可售諸洋商」，〔註18〕「西洋賈客貿去者為多」〔註19〕（107），主要供應海外市場。

到了明清時期，上海地區本地成為手工業紡織品製造中心，上海港口仍然是江南地區產品的出口港。上海地區還可以通過江南內部的交通網充當江南地區和絲綢之路的貿易中轉，作為江南出海口的區位特點使得上海便於參與江南和海外的中轉貿易，銜接周邊的水鄉運河網和絲路航線，故被稱為「七郡之關鍵」。〔註20〕

這一地理特征和青龍鎮相比，具有歷史的相似性，但有過之而無不及。

就連在 1843 年來到上海的英國人羅伯特‧福瓊稱：

> 上海現在是中國海岸線上最重要的外貿港口，自然也就吸引了公眾更多的注意。我到過的那些城鎮中，沒有哪個具有上海這樣的優勢，它是中華帝國的門戶，進出中國的主要關口。沿著黃浦江進入上海，撲入眼簾的是一片林立的船桅，馬上就能讓人意識到這兒的貿易規模有多大。來自沿海各地的船隻雲集於此，不僅有華南的，還有來自華北山東、北直隸的，每年還有相當多的船隻來自新加坡和馬來群島。上海便利的內陸中轉優勢也舉世無匹。它位於揚子江沖積平原上，平原上眾多美麗的河流縱橫交錯，其間又有很多運河往來鉤連，大多數運河近乎天然形成，另外一些則是人類的偉大作品。由於這一地區地勢低平，潮水在起起落落之間，能夠深入到內陸很遠的地方，有利於地方上的人們將其出口貨物運送到上海，也方便他們把進口來的貨物分送到很遠的內陸去。上海港內聚集了很多大大小小航行於內河上的船隻，在內陸的各個地方，人們都可以見到這些航船四處往來的身影。〔註21〕

〔註18〕光緒《桐鄉縣志》卷 7，清光緒元年蘇州陶漱藝齋本。

〔註19〕同治《安吉縣志》卷 8，同治十三年刻本。

〔註20〕嘉慶《松江府志》卷 2《疆域志》，見《上海府縣舊志叢書（松江府卷）》冊 6，上海古籍出版社，2011 年版，第 114 頁。

〔註21〕（英）羅伯特—福瓊著，敖雪崗譯：《兩訪中國茶鄉》，江蘇人民出版社，2015 年版，第 69～70 頁。

這種記錄既反映了對上海地區海上航運條件便利的記錄，也反映了對上海地區內河水運條件優越性的描述。

二、明清上海地區絲路交流活動的不利地理因素分析

明清時期上海地區參與絲路貿易活動，仍然要受到消極地理因素的制約，這些不利因素與唐宋青龍鎮所具有的如出一轍。上海地區的地理條件對其絲路地位也有不利影響，因其處於長江口位置，因此海岸線發育曾呈不穩定狀態，而長江和江南河道的下游淤積也會造成對貿易航運的不利影響，如到了清代，上海地區連接周邊特別是蘇州的內河航運比較發達，據陶澍所稱道在嘉慶十七年之前：

> 瀏河即古之婁江，其上游自太湖東北迤邐而來，至新陽縣界之新造橋，與吳淞分流而東，繞太倉州城南，歷鎮洋、嘉定等界，東入於海，綿長七八十里。自嘉慶十七年挑濬之後，屢經水患，沙泥淤墊，旱澇無從灌溉。不但太倉州屬農田失收。兼為上游蘇松一帶水道之梗。近來淤墊更甚，以致歲收屢歉。臣陶澍前因公經過該處，目擊情形，幾同平陸。其出海之處，有攔門沙一道，阻遏海口。〔註22〕

但是這種因素對航運和貿易的阻礙在明清比唐宋時期大大降低，特別是經明清時人大力改善水利之後，為害也大大減輕，不至於像青龍鎮時期那樣「致命」，在明清時期，特別是清代，上海港發展的穩定性已經大大加強。但依然另有一自青龍鎮時期開始就存在的不利的地理因素存在，延續千年，值得論述，即周邊缺少「大灣區」環境條件也是上海地區絲路港口出現較晚和發育不善的重要原因。

在以往的研究中容易被忽視的一個問題是古代上海地區在參與外貿方面的歷史地理劣勢條件應該還包括缺少一個良好的周邊灣區，這使得周邊腹地條件有天然的限制。

上海在經濟上的一個天然而重要的經濟腹地是江南地區，後者是以水網縱橫的太湖平原為中心，形成了內部密切的社會與經濟聯繫，有助於境內各地的交流發展，這一點毋庸置疑。但江南畢竟是一個陸地平原區域。從海洋發展

〔註22〕陶澍：《會同江督借款挑濬瀏河折子》（道光八年），載《陶澍集》上冊，嶽麓書社，1998 年版，第 463～464 頁。

的角度看，在多數情況下環海灣區比沿海平原更加有助於港口和向海經濟體的發展。

在海洋歷史上，較早興起海洋文明的古代地區都是環繞在一個大海灣或邊緣海的周圍，這個「大（海）灣區」的形態特徵是海岸線背後一般有著相當的陸地平原縱深，而與外界較大的海洋水體之間可以便利地直接進出，充當了大陸和大海之間聯繫的媒介，當然也可以是在群島島嶼環繞中的海灣、內海。在人類文明史的視角下，作為航海文明重要搖籃的「大灣區」的界定不一定僅僅是指小的海灣，而是包括灣型海域，考察範例在不同時期以航海技術所及為限。

古代文明的崛起與所臨近的海灣環境存在密切關係的案例比比皆是，比如古希臘時代的雅典城邦與愛琴海，古埃及王朝與紅海地區，古代兩河流域的古巴比倫文明與波斯灣地區，上古中國的東夷人與環渤海灣地區，古閩沿海與環抱它的臺灣海峽，漢代北海郡與北部灣海域，中世紀的威尼斯商業城邦與亞得里亞海。這種「大灣區」環境的對於海洋文明發展的優勢在於以下四個方面。

一是「大灣區」環境中，存在一個區域內海洋交流的優良環境，在其中的海上航行風險略低，而對在內部航行的技術要求沒有大洋沿岸的大陸突出部環境那麼高，因此出海探索的獲益相對容易，有助於航海文化的初步發展和盡快發育，以及周邊經濟文化的交流進步。古希臘時代愛琴海文明眾多城邦的共同興起就是典型的例子，它們可以在環愛琴海的環境中交流和成長，愛琴海的形狀如同一個海灣，而其內部航程相對較短，因此跨海航行的困難相對容易克服，整個地區的向海和向心成長是一致的，並在環境中獲取有利因素。

相對而言，有些古代島嶼社會雖然一開始就處在大洋當中，但其島嶼面積太小，經濟潛力小，儘管在較早的歷史時期就主動或被動發展航海事業，但其發展很難形成規模，比如古代的密克羅尼西亞群島，南太平洋的復活節島等等，當地社會其實都是在人類文明的較早階段就出現了涉洋海事活動，由於頻繁而豐富的跨地域交流難以發生，而各地可供交流的文明成果和自然資源內容有限，因此沒有也無法興起繁盛的文明。

二是當地發展航海業所需的自然資源和商品種類豐富，或可以在臨近的內陸便易地取得，或可以在半環形的海岸線間進行交換取得，並通過跨越海灣方便地進行運輸和交易。歷史案例比如古代的紅海，古埃及法老通過紅海貿

易活動從東非埃塞俄比亞獲得寶石和木材等資源，古埃及通過紅海與阿拉伯半島的交往至晚自公元前 2500 年就開始了。〔註23〕

三是在航海文明有初步發展之後，這個灣區沿岸的社會可以借助航運技術的進一步發展逐步進入周邊相連的大海大洋，進一步提升海洋文明的發展程度。比如古希臘社會的人口和經濟能力達到一定程度之後，就開始向外殖民，其殖民城邦遠至意大利地區和西部地中海，使一個環愛琴海的文明社會擴展成了蔓延與地中海的文明社會。

四是此類「大灣區」環境通過借助跨海的海上商業紐帶，可以打造海洋經濟發展的腹地，這種腹地首先是商業進步的動力和搖籃所在，這與成片平原面積較大的半島型環境或者大陸沿海沖積三角洲不同，後者往往首先提供的是農業經濟深入發展的腹地。

在「大灣區」環境當中，在上古時期航海技術初步發展的階段，區域內航海活動可以取得較積極的發展，通過貿易和文化的交流促進社會與文明的進步，並因此增強對海洋探索的信心和願望，再通過進入更遠的大型海洋，與世界其他地區加強聯繫。因此，以往歷史研究發現被小亞細亞和愛琴海諸島、巴爾幹半島所環繞的愛琴海首先孕育了地中海東部的海洋社會，同時期海面更為開闊的地中海西部的文明發展卻陷於相對遲緩，考古發現證明古代印度文明和巴比倫文明的交往很早就已經非常密切，把阿拉伯海作為波斯灣的一個擴展區進行海上貿易，而紅海地區在古埃及時期就是重要的貿易通道，埃及法老通過紅海港口貿易獲取來自非洲之角和也門海岸的大量的木材、礦石等物產，而自漢代到宋代都有證據表明紅海地區和中國有朝貢貿易往來。又如先秦的東夷民族就已經善於航海，中國山東半島的港口在先秦已經有所發展，到秦漢時期已經形成重要港口，秦代也在山東半島組織大型海運和派出徐福東渡船隊遠海探查，這就是依傍了環黃渤海環境的半封閉性海域來完成早期航海文化的孕育。即使西漢時期廣州已經成為絲路大港，但是當時的海上絲綢之路限於航行技術水平，主要是沿著亞洲大陸海岸線來航行，不能離開海岸太遠。

古代的「大灣區」往往出現中心大港城市與幾個分散分布的港口並存的局面，港口群在內部相互之間交流、促進，互為腹地，形成海上交通的網絡，拉

〔註23〕M S. Pandley, "*Foreign Trade Routes and Ports in Ancient India*", Journal of the Bihar Research Society, 59 (1973).

動大灣區進步的歷史動力包括海洋交流,大灣區的中心是海域灣區,而不是成塊的陸地,這與大陸地區以成片平原為中心,借助內部的陸上交通網絡取得發展的方式有所不同。大灣區港口城市的經濟與交通腹地包括海陸周邊,腹地相互交織,但必然包括大片海域。比如古希臘航海文明始於愛琴海大灣區的克里特島,後來逐漸產生了眾多的海港城邦,再後來則以雅典為中心。漢代的北部灣曾存在密切的海洋貿易,並以中國北海古港口合浦為中心,今天北海有不少出土漢墓,其中發現大量東南亞的物產。自秦漢直到唐宋,環黃渤海地區也有登州、萊州、朝鮮半島漢江口等一系列重要港口。大灣區的中心城市會受益於區域的整體發展,並居於經濟上的領導地位。

中國大陸的海岸線大體以弧形凸出為特徵,大灣較少,除了渤海灣和北海灣、可以看成大型海灣的環黃渤海、臺灣海峽外,都是很小的海灣。當然,古代上海地區的經濟發展可以以太湖平原和長江三角洲作為重要的發展腹地,在很大程度上彌補了沒有大灣區的條件缺憾,而自唐開始,江南地區整體也以中國最為富庶的沿海經濟區這一面貌出現,此外,古代上海地區也在環中國海域的海岸線上處於大環境中的有利位置,但同時長江口缺少大灣區的環境特徵也是不小的消極因素。因為南北海岸線以近似於弧形向海向東挺出,長江口位於中國海岸線的凸出部,面對廣闊的東海,前方並無大的島嶼等陸地。長江口不遠處的舟山群島相對較小,無法幫助在江口一帶形成大的半封閉灣式海域,再加上入海口港口水文條件發育的不穩定性,因此古代上海地區所面臨的海洋環境條件有不及其他沿海地域理想的一面。因此,直到唐宋時期,特別是到南宋時期航海技術有了新的大的進步,上海地區的絲路港口才可能借助和周邊地區間的中轉貿易實現初步的崛起,而後再借歷代地方水利工程的成績來鞏固港口有利條件。此外,古代上海地區與江南地區的關係很密切,不同時期的不同商品貿易可以以長江中下游流域或三角洲地區為經濟腹地,由於內陸交通條件較好,所以出口活動容易找到市場替代,且周邊沒有距離適當的海洋灣區腹地交流環境,背後又是適於耕種的大片優良農業平原,因此當地航海文化發展受到的刺激十分有限,即使出現了相當規模的外貿活動,大陸型文化必然在地方上仍占主導地位。這也可以從文化的角度理解為何古代上海地區的對外港口不能較早興起,以及即使港口興起之後也曾一度長期落後於某些其他名港的重要原因。

但是這個問題並非不可克服,雖然不能通過水利工程來改變,方法就是用

大的眼光和格局去看待和改變。現代交通技術的發展大大縮短了人們旅行的時間和距離，因此在歷史上被認為是遙遠和廣闊的空間距離被大大克服，如果把「環中國海域」，也就是被朝鮮半島、第一島鏈和中國海岸線、中南半島所環繞的海域看成是一個大海灣，那麼上海就在其中佔據著有利的地理區位，具備著良好的交通、交流條件。

第十六章　結　論

縱觀古代上海參與絲綢之路交流活動的歷史，可以分為以青龍鎮港和上海港為中心的不同時期，其中是地理條件變化造成的興衰起伏。以上海港為中心的時期也在元代晚期又因為地理條件變化而產生過有限的短期衰落，在明朝開啟了港口的復興和穩定上升，因此可以劃分為前期、後期兩個時期。上海能在海上絲綢之路上佔有一定地位，是由多重地理和人文因素及其聚合效應決定的，最重要的是本地地理條件方面的優勢，大環境因素，包括不同時期絲綢之路形勢的變化也造成了一些有益的刺激和推動，經歷了曲折的興衰過程。在歷史上政策和人文因素也起到了一定影響。在不同時期，上海地區在絲路交流活動中有著不同的地位和表現。歷史留給了我們豐富的啟示和遺產。

一、古代上海作為絲路重鎮的發展分期及其特徵

古代上海地區與絲綢之路關係的歷史，跨越了一千多年，根據地理條件變遷引起的支點港口興衰現象，分為前後三個時期，分別為「青龍鎮海絲港時期」、「上海海絲港前期」和「上海海絲港後期」，每個時期的歷史演進各有時代特徵。

首個歷史時期為「青龍鎮絲路港時期」，起止大致從青龍鎮設鎮到南宋晚期的慶元元年前後。在這一時期，青龍鎮港是上海地區參與絲路活動的支點港，是國際陶瓷貿易中轉樞紐和中日之間航線始發港，是古代上海地區在海上絲綢之路上佔有一席之地的重要表現。

唐代是海上陶瓷之路開始興盛的時期，而唐五代時期上海地區港口開始初步興起。青龍鎮港的興起也借了陶瓷貿易興起的東風。在這一時期上海地區

主要是以中轉貿易的方式參與海上絲綢之路交流的市舶貿易活動，依傍「循海岸水行」的航線，使港口貿易獲得重要發展。中古時期出現的「循海岸水行」航線在唐五代繼續作為重要的貿易線路發揮作用，使創設於盛唐的青龍鎮港口發展受益於經濟變遷和航路變遷的作用，成為海上絲路重要的陶瓷中轉貿易樞紐。青龍鎮不僅在中外絲路貿易中，也在南北交流中佔有重要的樞紐地位。在唐五代，長江流域和閩江流域名窯生產的瓷器通過中轉貿易線路，借助青龍鎮港和其他港口中轉後向國內外不同地區出口，既沿海岸線北上中原，甚至深入北方草原，同時外銷輻射範圍也遠至東亞和印度洋周邊。無論東南亞還是東北亞、北方內亞草原地帶都是青龍鎮港中轉貿易的聯繫範圍，中轉貿易的延伸範圍甚至遠至印度洋周邊。五代時期南方割據政權十國之一的吳越國不僅重視對外貿易，和日本存在官方和民間的商業往來，也有文化典籍的交流，為宋代上海地區的對外文化交流也打下了基礎。

宋代海上絲路的發展開始超越陸上絲路。海上陶瓷之路也走向盛期，海上對外貿易活動因此上了一個新臺階。青龍鎮仍在國內外貿易網中佔據了有利和重要的位置，繼續保持海上絲路中轉貿易重鎮地位。中古時期出現的「循海岸水行」航線演變成新的形式，繼續提供沿海港口重要的發展動力，宋代青龍鎮是長江流域和閩江流域瓷器的中轉貿易要地，出口外銷遠至東亞和印度洋各地。

唐宋時期也是海上絲綢之路史發展的重要階段。唐宋時期，長江和錢塘江流域、閩江流域的名窯陶瓷商品有相當一部分匯入「循海岸水行」航線為主幹的東亞國際海上貿易網，借助青龍鎮港和其他港口中轉後向國內外不同地區出口，也會沿海岸線北上中原，甚至深入北方草原，除了外銷輻射範圍遠至東亞，中轉貿易的延伸範圍甚至遠至印度洋周邊。宋代上海地區港口對外貿易活動的發展，有一個重要的變化，就是設立了市舶機構，成為正式的市舶貿易港，在某些時期地位還比較高。宋代在上海地區設立過市舶務和兩浙路市舶司，一度曾使當地成為外貿管理部門高級別的駐地治所，當地的城鎮發展受到一定的刺激，對傳統城市化產生了積極作用。青龍鎮市舶貿易港出現了巨大的商稅稅額，貿易規模已經達到自身的鼎盛狀態，其港口貿易發展具有市舶貿易的鮮明特徵，受到國家市舶貿易政策的嚴格約束。青龍鎮港繼續也借助陶瓷貿易的發展而繁榮，並在宋代經歷了自身發展的極盛，在北宋時期和南宋前期華亭縣和長江口一帶的外貿依然依靠青龍鎮港為支點來拉動。青龍鎮港

是自唐代興起的，卻盛於北宋，而衰於南宋。巨大的商稅稅額表明青龍鎮貿易規模已經達到自身的鼎盛狀態。在南宋時期，青龍鎮港口衰落，與其先天地理區位優越但先天自然條件不足有關，但其部分貿易活動被轉移到江灣鎮港、黃姚鎮港、上海鎮港來分擔，反而是「薪火相傳，生生不息」，最終還實現了上海鎮港一枝獨秀。除了經濟對外交流。在南宋時期官府特別重視海外貿易，上海地區的對外貿易發展在當時基本上處於市舶貿易為主的階段，受國家相關貿易政策約束，其發展特徵體現出種種市舶貿易體製造成的烙印。在宋代，還有日本國師前來上海地區求法學佛，促進了中日佛教和文化交流，產生重要成果。

第二個時期為「上海絲路港前期」，跨度從 12 世紀末到 14 世紀 70 年代。此時上海地區參與絲綢之路交流的支點港轉為上海港，對外交流、地方經濟發展、傳統城市化也都屬於快速上升和受到刺激推動的狀態。

在這一時期，上海港的興起和青龍港一樣，也是在一個密切的港口網絡中實現的。揚州港衰落後，寧波明州港也不可能接手長江流域外銷港口的地位，於是，上海港成為青龍港和揚州港的主要繼承者快速崛起，同時克服了唐宋之際入海口地理變遷的不利影響，在短短的幾十年裏設立了市舶機構和行政建制，並很快在元代初年設縣。元初上海港成為八大市舶貿易口岸之一。元朝上海地區活動的海事權貴大族借助朝廷重視海洋和貿易的政策而興起，皆為海運與外貿官宦世家，其私家海上運輸力量很大，在政府的信賴和利用下具有「承包」重要官方海事活動的能力，大大發展了海洋貿易活動。這既體現了本地海事活動發展的活躍度相當高，也說明上海港口在中外海洋航運和貿易活動中具有的重要地位。元朝之後，相似的政策環境和地方社會環境再也沒有重複出現過。元代上海地區也是江南地區面向海上的對外文化交流門戶，且能借江南文化與海絲交通而左右逢源。元代中日佛教宗派出現的重要發展推動了新的交流，借地開展，證明古代上海地區與海上絲綢之路文化交流的不解之緣。在元朝後期，長江口一帶的水文地理條件發生新的較大的變化，於是上海地區港口出現了自宋代青龍鎮港衰落以來的第二輪衰落，太倉的港口因此一度取代上海港成為長江口最重要的出海港。

第三個時期為「上海絲路港後期」，有關明清時期的上海地區與海上絲綢之路的關係。在這個時期上海港的地理條件再次穩定下來，並走出之前的短暫衰落期，港口地位因此日益穩定和上升。

　　明代的上海地區對外貿易仍然處於市舶貿易時代，也經歷了曲折的興衰歷程。明前期上海地區發展逐漸走出了元後期的衰落週期，使下西洋活動與上海地區發生一定的關係，鄭和艦隊數次在這裡集中和停泊，當地人物也以不同方式參與了下西洋活動。明中葉以後，海禁政策出現，但松江和江南的經濟生產進步推動對外貿易發展，出現了絲路商品的生產中心，上海再次成為絲路航行始發港，對外貿易繼續與東、南海上絲綢之路都發生了聯繫。

　　在清代，上海港口作為國內大港和絲路重鎮的雙重海港地位日益穩定，並取得新的發展進步，其參與海外活動仍然很積極，其港口形象甚至在絲路上形成了美譽，成為國際上所向往的商業交流中心，但是卻面臨清朝海洋政策的約束限制與海上絲路活動整體衰落這兩大不利因素。海上絲路的衰落不僅和明清自我保守有關，也和西方殖民擴張活動有關。清初海禁一解除，上海港就是中日絲銅貿易的重要始發港。周邊地區也借上海港為通海口岸。在 1840 年以前的清朝，上海港口只是在一段時期內作為官方指定的外貿口岸，地位並不穩定，但仍能以直接和間接的形式與東北亞、東南亞、歐洲、美洲都始終有著繁榮的貿易往來。雖然清朝在不同時期實行的禁海政策和一口通商政策產生過消極影響，但是上海港口卻仍然成為當仁不讓的絲路貿易始發港，造成厚重的歷史積累，為近代中外貿易肇始時上海港口的再度繁榮打下了堅實的基礎。上海當地及周邊是優質紡織品產地，同時仍是中轉貿易大港，但在精神文化領域的交流不及唐宋自由、全面。明清上海地區的天然的地理優勢條件及其作用，與唐宋青龍鎮相比如出一轍，但卻堪稱更上一層樓。

　　總之，古代上海地區的港口是中外交流的重要門戶，且愈往後期發展，愈是更進一步的融入國際和國內的貿易網、經濟圈中，儘管這種關係也受到一些官方政策的不利影響。

二、古代上海地區在絲路中的地位形成的原因

　　古代上海地區在海上絲綢之路上雖然崛起較晚，但仍始終佔有一席之地，是多重因素決定的，其中影響最大的是兩者，一為地理條件，二為絲路與海洋的環境因素。

　　上海地區港口崛起較晚，且其絲路地位無論興、衰都比較波折，與地理條件都有很大關係，可以說「成也蕭何，敗也蕭何」。上海地區參與絲路活動的地理條件還需要在東南沿海港口關係中去觀察，才可以進一步更好的理解。

古代上海地區可以借助江南地區四通八達的水陸運輸網，令商業的觸手伸向遠方，並與長江和大運河這樣的重要交通線連接起來。江南地區最佳的通海門戶就在上海地區。自古江南地區就是長江下游的精華之區，在兩宋更成為全國的經濟重心，內部的交通聯繫發達，而在國內外貿易中均佔有一席之地。在歷史上的江南，海路交通和內陸水運貿易對於中轉貿易網絡的形成都發揮了一定的重要作用。京杭大運河的江南段縱貫江南核心的蘇、松、杭、嘉、湖各地，形成一體化的水上交通運輸網，各色的商旅和貨物得以便利的航行，因此不僅江南內部物質交流容易開展，江南與南北不同地區之間的商品交流也易於溝通。這是有助於以上海為中心開展對外貿易的環境條件，也是各地陶瓷湧入唐宋青龍鎮的重要原因。

古代上海地區不僅有著江南地區〔註１〕的主要海港，也佔據著長江出海口所在，恰好位於環中國海域西側海岸線即中國大陸海岸線的中段位置，在交通與航運的網絡中處於長江航運線和南北不同方向的海上絲綢之路所構成的丁字形路口的位置，同時在國內外航運網的整體結構中上海地區又佔據江南地區出海口的突出位置。當然，這一條件主要是唐朝晚期開始發揮作用的，之前這一優勢主要是由揚州周邊專享的。

中國周邊東亞海域的絲路交流，在歷史上是海上絲路的發源。這片重要的海域也被日本學者稱為「環中國海域」。古代上海地區位於長江入海口附近，其在海岸線上的區位特徵是處於環中國海域西岸相對適中的位置，在交通上形成丁字路口效應，向北為沿海多沙的北洋航線，與通往東北亞的「東方海上絲綢之路」相聯繫，而向南的南洋航線可以延伸到南海地區，又與前往東南亞，甚至遠至印度洋的「南方海上絲綢之路」相聯繫。故此，上海地區位於南北不同方向的航線交匯點，不僅通過南洋航線運來的浙閩商品和東南亞舶來品可以至此和北運，而北洋航線運來的商品和日韓產品也可以抵達本地和南運。自唐代以降，在上海地區一直可以見到分屬南北洋航線和兩條絲綢之路的商品種類和商人，也有沿長江而來的商人和貨物，可謂左右逢源，自古有證。在這一點上如果拿上海地區和周邊其他古港相比也是有相當優勢的。

這種區位優勢在航海技術沒有那麼發達的歷史時期反倒更加凸顯。如在唐代沿海開展的中轉貿易活動對相對安全、便利的「循海岸水行」線路有相當

〔註１〕這裡所說的「江南」是狹義上的江南，包括太湖平原的「小江南」，明清的蘇松常嘉湖五府地理範圍，其中唯有松江府和嘉興府是臨海的。

程度的依賴。長江和錢塘江流域的名窯陶瓷商品出海和到達海口之後，相當一部分匯入「循海岸水行」航線為主幹的東亞國際海上貿易網，並因此多在青龍鎮中轉。

當然上海地區古代上海地區的天然地理位置對其航運貿易的發展存在有利的一面，但同時也存在地理條件的一些劣勢，存在阻礙絲路貿易發展的不利的地理條件。長江口一帶海岸的水文因素的不穩定性導致港口的發育呈現波折曲線，數次打斷了海上絲綢之路交流活動成果形成穩定積累效果的可能性。然而，港口水文地理條件的不穩定性既是地方港口，如青龍港衰落的不利條件，也是不斷催生新港，如青龍、黃姚、江灣、上海諸港的有利條件。最終上海地區在這個歷史時期出現了從個別港口到港口群體出現的歷史過程。在地理條件方面，青龍鎮港和上海港既有天然地理優勢，即其區位較佳，同時又存在不利因素，即河道下游的淤積現象導致海岸線不斷變動，潛伏著削弱港口的不利水文因素。周邊海洋環境方面的消極因素，即有助於海洋文化發展的大灣區環境條件缺席也值得注意，這在以往的研究中曾被忽視，大灣區的缺乏使得周邊腹地條件和本地海洋文化孕育遇到天然的限制，但這個劣勢在歷史發展過程中會因為技術發展而被逐漸克服。

和周邊東南沿海的絲路名港如寧波、廣州相比，上海地區的古港發展歷程相對曲折，但是雖歷波折絕不衰竭，自有其原因在，亦足以啟發現實借鑒。古代上海的港口一直是在東部沿海的港口網絡中發展。從港口間關係看，早在唐宋時期，新生的青龍鎮港口和周邊古老港口如揚州、明州之間的關係既有競爭的成分，也有在共同的航運貿易網中相互依存的貿易關係，就像是唐宋時期青龍鎮的繁盛中轉貿易所表現的那樣。這種港際關係加上上海地區港口發展的獨特地理優勢，造成了廣大的交通和貿易腹地，所以從參與的一開始可以在海上絲綢之路史上佔據一席之地。中古時期長江口良港揚州港在唐代後期開始衰敗，長江口地形變遷，導致其地位和功能有很多被上海地區的青龍鎮所繼承，而唐宋之際的明州港發展態勢雖然勝過上海地區港口，但因為距離長江口仍然較遠，不能接掌原屬揚州的全部相關功能，終究是依靠上海地區出現可用的港口來頂替。青龍鎮港和寧波港不僅在「繼承」揚州的問題上存在一定的競爭關係，實際它們在沿海的多種中轉貿易線上也是相鄰的中轉站關係，在中轉貿易中呈相互依存關係。故此，在唐宋，上海地區的青龍、上海等港口雖然有盛有衰，但其興衰此起彼伏，不絕如縷，與其長江口和江南海口的獨特

地理位置有關，不是那麼容易被取代的。雖然古代上海地區港口進出口商品大部分並非本地生產或供本地消費，卻總能在國內外貿易網和航運網中佔有重要地位，而中轉貿易的產品產地包括來自長江中游內地和江南、閩江流域，且相關商品貿易範圍能遠達東亞和印度洋地區，即使上海地區港口貿易發展的早期階段是以中轉貿易為主，仍能依傍循海岸水行航線、長江航線、東方海上絲綢之路、南方海上絲綢之路的多航線交匯優勢。直到明清時期，這些地理條件和優勢也都在持續發揮作用，而當時生產進步，為絲路交流史增加了濃墨重彩的一筆。

古代上海的發展是在絲綢之路和海洋交流的歷史大環境進行的，受到環境中多種重要歷史進程的影響。

今天的上海是中國最大、最重要的城市之一，而在世界上也是最大、最重要的城市之一。今天的上海直轄市，是中國的省級行政區，在國內是級別最高的行政區劃。無論政治、經濟還是文化，上海都在全中國具有舉足輕重的地位。在全球的港口貿易中，上海的地位也是位列前茅的。然而，在古代，在大一統的王朝時期，上海只是郡縣制體系中的一個沿海的「角落」，儘管當地的貿易與交通位置十分特殊，但是它的政治地位和發言能力並不算高。在今天上海市轄境範圍內的土地上，在古代所設過的最高行政區劃是松江府，在中央王朝的指揮棒面前和全國幾百個同級別行政區沒有什麼兩樣。即使如此，古代上海依然能成為沿海地區屈指可數的絲路交流重鎮之一，從唐宋開始這片土地在海上交流中的地位在很多方面都不亞於中國東南沿海的主要港口城市。除了上文分析的地理條件優勢外，上海的絲路地位也是重要的歷史過程和歷史格局的作用結果。

自古中國就是一個大國，其海陸複合型大國的地理形態形成於秦漢一統局面形成之後，在當時中國開始兼有遼闊的陸地疆域、漫長的海岸線和廣闊的海疆，也開始了海上絲綢之路交流活動。從秦漢到隋唐，中國的經濟重心一直在向更便於和遙遠的海外交流的東南地區移動，這一進程直到宋代才完成。正如上文所提到的，上海佔據了江南出海口這一有利位置，而在經濟重心南移的進程中，江南的生產力自魏晉南北朝開始就不斷增長，一直需要良港來對外交易。唐宋之際，海上絲綢之路的興盛進程以唐代海上陶瓷之路的興盛為前驅和重要表現，古代上海最初的海港青龍鎮港因此而被催生。

唐朝、宋朝和元朝對海上對外交流持日益重視甚至鼓勵的態度，而在明

初下西洋活動結束之後，明清王朝面對海洋卻開始逐漸變得保守，其海洋政策不斷出現消極作用，甚至對海外交流實施嚴格的控制，且以清朝尤甚。古代上海的對外交流在這種歷史格局中不可能不受到影響。可是，從唐宋到明清，海上絲綢之路交流活動日益興盛，無論怎樣的海禁政策都無法扭轉中國和世界向海交流和求發展的歷史進程，中國的歷史也向一個海洋大國緩慢推進。從16 世紀開始，全球化的進程如火如荼的開展，海洋對人類文明發展的意義變得空前重要，以海洋為中心的新的世界歷史格局出現，各地的舊格局被打破。傳統的海上絲綢之路交流，以及明清上海的生產和貿易，也都被深深捲入新的歷史進程中，被全球化的浪潮推動。在整個明清時期，世界性海上交流始終處在向上發展的歷史進程中，古代上海港口和對海交流的發展也就在明清政策消極面和全球繁盛海洋活動之間的巨大張力中繼續前行。當古代上海捲入一個個重要的歷史進程的時候，它在地理條件方面的很多優勢就成了最好的催化劑和發展保障。

三、政策和人文因素對上海絲路活動的影響

政策和人文因素也在上海的絲路活動史上具有一定重要意義。

對於上海地區參與絲路交流，在歷史上政策因素所起的作用很大，正面、負面的都有。比如宋代在華亭和青龍設立市舶機構是一個極大的推動，使對外交流、本地社會經濟發展和傳統城市化都得到了很大促進。當青龍鎮衰落的時候，宋朝也曾力爭挽救，在徽宗年間由官方出頭疏通河道。此後，元明在上海設立市舶機構都起到了積極的效果，也曾多次在上海地區搞水利工程。每次國家對外貿易政策的收縮，如南宋末期、元代後期和明代後期，對上海地區的對外交流都產生了消極影響，尤其是明清的禁海完全使對外交流處在不正常狀態中。

但是國家政策的作用也不是絕對的。歷史文獻中記載的市舶司設廢不是考察港口是否參與外貿的唯一標準，因為走私貿易和中轉貿易都可能在不設市舶管理機構的港口發生，甚至會呈現出巨大規模，只是因為文獻記載較少或是失於記載。即使貿易活動的形式和規模與設有市舶機構的港口比會遜色很多，未設立市舶司、海關的港口仍可能各種方式參與對外交流。比如唐代青龍鎮雖然沒有設立市舶機構，沒有直接對外貿易的權利，不具有市舶司港口地位，但也承擔了以海外為目的地的大規模的中轉貿易。青龍鎮遺址發現的陶瓷

商品中絕大部分都不是本地生產和消費，但是通過中轉形式港口貿易仍能納入全國的市舶貿易網絡中，因此仍然在受國家市舶貿易政策約束的同時「搭便車」，並因此產生了巨大稅額，仍然是有外貿樞紐的地位，中轉商品的數量和質量也都非常卓越。而在宋代，大部分的時期當中，不論市舶的設廢如何變化，青龍鎮港基本上都可以參與中轉貿易。無論如何，國家政策所能發揮的積極作用，如鼓勵貿易，才是真正有意義的。

總的看歷史上的政策的作用，唐宋元歷代海洋貿易政策是持開放態勢的，唐宋元的統治者對海洋交流的重視程度在逐漸提升，而政策的積極作用也是不斷展現的，上海港口發展也能從中得益，但是明清時期自明初鄭和下西洋之後卻展現出從搖擺不定到嚴格控制的保守姿態，特別在清代政策的保守性表現日益加強，政策的消極作用也不斷體現出來。好在 16 世紀以後，全球化的進程不斷加快，上海也已深深捲入不斷提升的海洋交流活動中，於是，上海港口和海上交流在明清政策消極面和繁盛海洋活動的巨大張力中繼續取得發展。

江南地區自宋代成為中國經濟重心，不僅經濟發達，文化發展也是領先的。豐富的人文積累也是促進絲綢之路文化交流的重要因素。古代上海地區是江南的一部分，自青龍鎮時期開始，佛教在當地就有良好發展，宗教文化積澱深厚，故在宋元時期多有名剎與高僧，而海外交通也有很好的發展，信息交流可以順利進行，因此也成為中日佛教交流的重鎮，日本高僧俊芿和住錫華亭的高僧如清拙正澄等也為文化傳播與交流作出了重要的貢獻。

以對絲路交流作出貢獻的傑出人物而言，除了上文提到的名僧大德，宋元主持市舶政務的良吏如董楷、王楠等，宋元代從事海事活動的大族代表如朱氏、張氏、殷氏、楊氏，加入鄭和船隊的松江人士，清代從事沙船業的大商人和下海歷險的崇明生意人，主持水利改善工程的任仁發、夏原吉，甚至包括傳播棉布技術的黃道婆，都是值得紀念的。他們從地方治理、開展貿易、海外歷險、發展經濟、對外交流、改善交通、提高生產等各種角度做出了自己的歷史貢獻。航海文化也依靠崇明海商和其他沙船業主而初步發展起來。

四、上海與絲路關係史的現實啟示意義

沿海港口城市是變革的突破口，因為以海港為中心可以開展世界性的文化交流，也有著廣闊延伸的商業網絡，其發展腹地同樣廣闊，甚至深入大陸，

具有著流動性的社會制度，因此也有著自我更新的強大能力，如果港口城市擁有主權國家所賦予的足夠的發展空間，它可以領導海上貿易的大飛躍甚至區域性的歷史變革。

上海絲路關係史的現實啟示意義重大。現代中國社會正在經歷從僅僅依賴內部力量的傳統大陸型社會向依賴對外貿易的海洋性社會的轉型，正從一個歷史積澱厚重的海陸複合型國家向一個在全球都舉足輕重的海洋大國過渡。這種轉型已經非止一日。「一帶一路」的倡議正在不斷落實，「21 世紀海上絲綢之路」上的國際交流也在蓬勃發展，今天上海需要並正在搭上順風的時代巨艦遠航萬里，取得新的歷史成就。今天的海洋環境和交通、交流技術手段與古代相比有著巨大變化，注定會不斷推動新的變革。上海在中國海岸線上的位置沒有變化，要保持發展勢頭，依然要重視自身在長江流域和長江三角洲的龍頭地位，借助發展「長江經濟帶」的國家戰略，借助「一帶一路」，發揮國內外交通網中的特殊地位與作用。現代交通技術的進步可以縮小地理距離感，隨著現代港口與航運相關科技的進步，上海地區的港口不可能再有因水文地理因素而發生的衰落，而技術和經濟的進步也使環中國海域，即從日本海到南海的成片海域成為一個放大版的「大灣區」，但是歷史經驗告訴我們，上海除了關注自身的生產與市場、交通地位進步之外，重視海洋文化發展也是必要的，新時期借助「一帶一路」進行腹地開拓的眼光應當是廣闊，要有勇於擁抱全球化潮流的胸懷。豐富的絲路歷史文化資源與遺產也等待我們去研究和開發、利用。

參考文獻

一、古典文獻類

1. 庾信：《庾子山集注》，中華書局，1980 年。

2. 《全唐詩》，中華書局，1960 年。

3. 《宋會要輯稿》，中華書局，1957 年。

4. 《三國志集解》，上海古籍出版社，2009 年。

5. 《舊唐書》，中華書局，1975 年。

6. 《新唐書》，中華書局，1975 年。

7. （高麗）金富軾著，孫文範等校勘：《三國史記》，吉林文史出版社，2003 年。

8. 陳襄：《古靈先生文集》，上海圖書館藏宋紹興三十一年陳輝贛州刻本。

9. （日）圓仁：《入唐求法巡禮行記》，上海古籍出版社，1986 年。

10. 《資治通鑑》，中華書局，1956 年。

11. （宋）馬端臨：《文獻通考》，中華書局，1986 年。

12. （宋）孫覿：《鴻慶居士文集》，文淵閣四庫全書本，臺灣商務印書館，1983 年。

13. 《冊府元龜》，中華書局，1960 年。

14. 陳尚君輯纂：《舊五代史新輯會要》，復旦大學出版社，2005 年。

15. （梁）釋慧皎：《高僧傳》，中華書局，1992 年。

16. 《佛祖統紀校注》，上海古籍出版社，2012 年。

17. 《佛祖歷代通載》，中華書局，1994 年。

18.《宋史》，中華書局，1977 年。

19.《全宋文》，上海辭書出版社、安徽教育出版社，2006 年。

20.《遼史》，中華書局，1974 年。

21.《蘇東坡全集》，北京市中國書店，1986 年。

22.（宋）蘇軾著，李文亮箋注：《蘇軾文集編年箋注》，巴蜀書社，2011 年。

23.《安雅堂集》，《文淵閣四庫全書》影印本，臺灣商務印書館，1986 年。

24.《宋元方志叢刊》，中華書局，1990 年影印本年。

25.《宋元四明六志》，寧波出版社，2011 年。

26. 李心傳：《建炎以來繫年要錄》，中華書局，1988 年。

27. 章如愚：《山堂群書考索》，中華書局，1992 年。

28.《元典章》，中華書局、天津古籍出版社，2011 年。

29.《元史》，中華書局，1976 年。

30.《新元史》，上海古籍出版社，2012 年。

31.《金華黃先生文集》，《續修四庫全書》影印本，上海古籍出版社，1995 年。

32.（元）單慶修、徐碩纂：《至元嘉禾志》，上海古籍出版社，2010 年。

33.（元）汪大淵著，蘇繼廎校釋：《島夷志略校釋》，中華書局，1981 年。

34.《通制條格》，浙江古籍出版社，1986 年。

35.《即休契了禪師拾遺集》，《卍新續藏》第 71 冊，東京株式會社國書刊行會，1967 年。

36. 明河：《補續高僧傳》卷一三，《卍新續藏》第 77 冊，東京株式會社國書刊行會，1967 年。

37.《續文獻通考》，浙江古籍出版社，1988 年。

38. 馬金鵬譯：《伊本‧白圖泰遊記》，寧夏人民出版社，1985 年。

39. 屠寄：《元史二種》，上海書店出版社、上海古籍出版社，1989 年。

40. 馮承鈞譯：《多桑蒙古史》，中華書局，1962 年。

41.《明實錄》，上海古籍出版社，1983 年影印本。

42.《明實錄類纂：經濟史料卷》，武漢出版社，1993 年。

43.《明史》，中華書局，1984 年。

44.《天啟海鹽縣圖經》，復旦大學館藏明天啟刻本。

45. 程春宇：《士商類要》，明天啟六年文林閣唐錦池刻印本。

46. 張燮：《東西洋考》，中華書局，2000 年。

47. 《日本藏中國罕見地方志叢刊續編》，北京圖書館出版社，2003 年。

48. 嚴從簡著，余思黎點校：《殊域周諮錄》，中華書局，2000 年。

49. 陶宗儀：《南村綴耕錄》，中華書局，1959 年。

50. 馬歡著，萬明校注：《明鈔本〈瀛涯勝覽〉校注》，海洋出版社，2005 年。

51. 歸有光：《震川先生集》，《四庫叢刊》上海涵芬樓影印本。

52. 徐光啟：《農政全書》，嶽麓書社，2002 年。

53. 陳璉：《琴軒集》，康熙六十年刻本 2000 年東莞市政府據萬卷堂藏版康熙
    刻本重印。

54. 汪向榮、嚴大中校注，李言恭、郝傑編撰：《日本考》，中華書局，2000
    年。

55. 沈德符：《萬曆野獲編》，中華書局，2012 年。

56. 《大明律》，法律出版社，1999 年。

57. 王文祿：《策樞》，中華書局，1985 年。

58. 《明經世文編》，中華書局，1962 年。

59. 姚士麟：《貝只編》卷上，鹽邑志林本。

60. 張弼：《張東海集》卷二《梅嶺均利記》，《四庫全書存目叢書》集部第 39
    冊。

61. 明范濂：《雲間據目抄》卷四，上海市松江區地方史志編委會出版，1997
    年。

62. 明謝肇淛：《五雜組》，上海書店出版社，2009 年。

63. 《皇朝政典類纂》，（臺灣）文海出版社，1982 年。

64. 王士禎：《居易錄》，文淵閣四庫全書本年。

65. 《包世臣全集》，黃山書社，1993 年。

66. 黃以周等輯注：《續資治通鑑長編拾補》，中華書局，2004 年。

67. 《清朝文獻通考》，浙江古籍出版社，2000 年。

68. 《陶澍集》，嶽麓書社，1998 年。

69. 顧祖禹：《讀史方輿紀要》，中華書局，1955 年。

70. 顧炎武：《天下郡國利病書》，上海古籍出版社，2012 年。

71. 吳偉業：《梅村家藏稿》，宣統三年刻本。

72. 吳偉業：《吳梅村全集》，上海古籍出版社，1990 年。

73. 《宮中檔雍正朝奏摺》,(臺北)故宮博物院,1978 年影印本。

74. 《李煦奏摺》,中華書局,1976 年版,第 7 頁。

75. 王逢:《梧溪集》,《景印文淵閣四庫全書》本,臺灣商務印書館,1986 年。

76. 包世臣:《安吳四種‧中衢一勺》,《近代中國史料叢刊》,文海出版社, 1968 年。

77. 《明清蘇州工商業碑刻集》,江蘇人民出版社,1981 年。

78. 《清代詩文集彙編》,上海古籍出版社,2010 年。

79. 《清代外交史料》,故宮博物院編,1933 年。

80. 葉夢珠《閱世篇》,上海古籍出版社,1981 年。

81. 《清實錄》,中華書局,2009 年。

82. 魏源:《海國圖志》,嶽麓書社,1998 年。

84. 何如璋:《使東述略》,載王錫祺:《小方壺齋輿地叢鈔》,第十帙。

85. 王沄:《漫遊紀略》,見《筆記小說大觀》,江蘇廣陵古籍刻印社,1983 年。

86. 《吳郡圖經續記》,江蘇古籍出版社,1999 年。

87. 《皇朝經世文編》,臺灣大學出版社,1989 年。

88. 《皇朝掌故彙編》,清光緒二十八年求實書社鉛印本。

89. 秦榮光著:《上海縣竹枝詞》,上海古籍出版社,1989 年。

90. 陳夢雷主編:《古今圖書集成醫部全錄》,人民衛生出版社,1988 年。

91. 廷瑞:《海城縣志》,遼寧民族出版社,1999 年。

92. 上海市地方志辦公室等編:《上海府縣舊志叢書》,上海古籍出版社。

93. 《吳江縣志》,吳江縣圖書館藏乾隆十二年(1747)刻本。

94. 《松江府志》,(臺灣)成文出版社,1983 年影印本。

95. 《松江府志》,《四庫全書存目叢書》本,齊魯書社,1996 年影印本。

96. 崇禎《松江府志》,書目文獻出版社,1990 年。

98. 《中國方志叢書》,臺灣成文出版社,1966 年。

99. 《中國地方志叢書》,(臺北)成文出版社,1983 年。

100. 崇禎《太倉州志》,廣陵書社,2010 年。

101. 嘉靖《浙江通志》,天一閣藏明代方志選刊續編本,上海書店出版社, 2014 年。

102. 同治《安吉縣志》,同治十三年刻本。

103. 光緒《嘉興府志》,國家圖書館出版社,2016 年。

104. 光緒《蘇州府志》，光緒九年江蘇書局本。

105. 光緒《桐鄉縣志》，清光緒 1 年蘇州陶漱藝齋本。

106. 嘉慶《潮陽縣志》，成文出版社，1966 年。

107. 道光《元和唯亭志》，道光二十八年刻本。

108. 宣統《黃渡鎮志》，宣統三年修，1932 年鉛印本。

109. 王祖畬等纂：《（民國）太倉州志》，1919 年（民國八年）刊本。

110. 光緒《烏程縣志》卷首，光緒七年刻本。

111. 《中國地方志集成》，鳳凰出版社。

112. 《粵海關志》，廣東人民出版社，2002 年。

113. 同治《黃縣志》，康熙十二年刻本。

114. 民國《南潯志》，1918 年刻本。

115. 民國《萊陽縣志》，昌陽書局印本。

116. 民國《雙林鎮志》，商務印書館，1917 年鉛印本。

117. 《上海鄉鎮舊志叢書》，上海社會科學院出版社，2005 年。

118. （英）羅伯特—福瓊著，敖雪崗譯：《兩訪中國茶鄉》，江蘇人民出版社，2015 年。

119. 大韓國史編纂委員會：《備邊司謄錄》，東國文化社，1959 年。

120. （韓）申爽鎬：《備邊司與謄錄》（《韓國史料解說集》），韓國國史編纂委員會，1964 年。

121. 《長崎文獻叢書》，長崎文獻社，1973 年。

122. 吳晗編：《朝鮮李朝實錄中的中國史料》，中華書局，1980 年。

123. 《日本隨筆大成》第 1 期第 14 卷，吉川弘文館，1975 年。

124. （日）山本悌二郎：《長崎の唐人貿易》，載《日本歷史叢書六》，吉川弘文館，1972 年。

125. （日）西川如見著，飯島忠夫、西川忠幸校訂：《町人囊・百姓囊・長崎夜話草》，岩波文庫，2000 年。

126. 《清史稿》，中華書局，1977 年。

二、今人專著

1. （日）木宮泰彥：《中日交通史》，商務印書館，1935 年版。

2. 王輯五：《中國日本交通史》，商務印書館，1998 年影印版。

3.（日）桑原騭藏：《蒲壽庚考》，中華書局，1954 年。

4.《臺海使槎錄》，臺灣歷史文獻叢刊，臺灣銀行，1957 年。

5. 李文治編：《中國近代農業史資料》，三聯出版社，1957 年。

6. 沙畹：《西突厥史料》，中華書局，1958 年。

7. 何良俊：《四友齋叢說》，中華書局，1959 年。

8. 林天蔚：《宋代香藥貿易史稿》，中國學社，1960 年。

9.（日）山本悌二郎：《近世日中貿易史の研究》，東京：吉川弘文館，1960 年。

10. 姚賢鎬：《中國近代對外貿易史資料》，中華書局，1962 年。

11.（日）三杉隆敏：《探尋海上絲綢之路——東西方陶瓷交流史》，大阪：創元社，1968 年。

12. 全漢昇：《中國經濟史論叢》，新亞研究所，1972 年。

13. 張曼濤主編：《中日佛教關係研究》，大乘文化出版社，1978 年。

14.《上海港史話》編寫組：《上海港史話》，上海人民出版社，1979 年。

15.（日）木宮泰彥：《日中文化交流史》，商務印書館，1980 年。

16. 上海博物館圖書資料室編：《上海碑刻資料選輯》，上海人民出版社，1980 年。

17. 徐新吾：《鴉片戰爭前中國棉紡織手工業的商品生產與資本主義萌芽問題》，江蘇人民出版社，1981 年。

18.（日）村上專精：《日本佛教史綱》，商務印書館，1981 年。

19.（法）L·布爾努瓦，耿昇譯：《絲綢之路》，新疆人民出版社，1982 年。

20.（日）藤家禮之助：《日中交流二千年》，北京大學出版社，1982 年。

21. 樊百川：《中國輪船航運業的興起》，四川人民出版社，1985 年。

22. 葉亞廉、夏林根主編：《上海的發端》，上海翻譯出版公司，1992 年。

23.（日）三上次男著，胡德芬譯：《陶瓷之路——東西文明接觸點的探索》，天津人民出版社，1983 年。

24. 聶寶璋編：《中國近代航運史資料（第一輯）》，上海人民出版社，1983 年。

25. 沈光耀：《中國古代對外貿易史》，廣東人民出版社，1985 年。

26. 茅伯科主編：《上海港史》，人民交通出版社，1986 年。

27.（日）愛宕松男著：《東洋史學論集》第一卷《中國陶磁產業史》，三一書房，1987 年。

28. 鄭昌淦:《明清農村商品經濟》,中國人民大學出版社,1989 年。

29. 唐振常編:《上海史》,上海人民出版社,1989 年。

30. 何泉達選輯:《清實錄江浙滬地區經濟資料選》,上海社會科學院出版社, 1989 年。

31. 董書城:《中國商品經濟史》,安徽教育出版社,1990 年。

32. (美)馬士著,區宗華譯:《東印度公司對華貿易編年史》,中山大學出版 社,1991 年。

33. 陳高華、吳泰、郭松義著:《海上絲綢之路》,海洋出版社,1991 年。

34. 陳旭麓:《近代中國的新陳代謝》,上海人民出版社,1992 年。

35. 阮仁澤、高振農主編:《上海宗教史》,上海人民出版社,1992 年。

36. 《上海軍事編年》編纂委員會編:《上海軍事編年(公元 132 年~公元 1990 年)》,上海社會科學院出版社,1992 年。

37. 黃宗智:《長江三角洲小農家庭與鄉村發展》,中華書局,1992 年。

38. 顧吉辰:《宋代佛教史稿》,中州古籍出版社,1993 年。

39. (法)布羅代爾:《地中海與菲利普二世時期的地中海世界》,商務印書 館,1996 年。

40. (日)大庭修:《江戶時代日中秘話》,中華書局,1997 年。

41. 熊月之主編:《上海通史》,上海人民出版社,1999 年。

42. (美)斯塔夫里阿諾思:《全球通史:1500 年以前的世界》,上海社會科學 院出版社,1999 年。

43. 吳承明:《中國的現代化:市場與社會》,三聯書店出版社,2001 年。

44. 張海英《明清江南商品流通與市場體系》,華東師範大學出版社,2002 年。

45. 何勇強:《錢氏吳越國史論稿》,浙江大學出版社,2002 年。

46. 太倉市史志辦公室編:《太倉港發展史》,西安地圖出版社,2003 年。

47. 張劍光:《唐五代江南工商業布局研究》,江蘇古籍出版社,2003 年。

48. 黃純豔:《宋代海外貿易》,社科文獻出版社,2003 年。

49. 辛元歐:《上海沙船》,上海書店出版社,2004 年。

50. 李映輝:《唐代佛教地理研究》,湖南大學出版社,2004 年。

51. 柴志光、潘明權主編:《上海佛教碑刻文獻集》,上海古籍出版社,2004 年。

52. 李伏明：《制度、倫理與經濟發展——明清上海地區社會經濟研究（1500
    ～1840）》，中國文史出版社，2005 年。

53. 倪玉平：《清代漕糧海運與社會變遷》，上海書店出版社，2005 年。

54. 樊樹志：《江南市鎮：傳統的變革》，復旦大學出版社，2005 年。

55. 林士民：《再現昔日的文明——東方大港寧波考古研究》，上海三聯書店，
    2005 年。

56. 孫光圻：《中國古代航海史》，海洋出版社，2005 年。

57. 葉喆民：《中國陶瓷史》，生活·讀書·新知三聯書店，2006 年。

58. 鄭若曾：《籌海圖編》，中華書局，2007 年。

59. 劉鳳鳴：《山東半島與東方海上絲綢之路》，人民出版社，2007 年。

60. （日）松浦章：《清代帆船東亞航運史料彙編》，（臺北）樂學書局，2007
    年。

61. 李文治、江太新：《清代漕運》，社會科學文獻出版社，2008 年。

62. 葛金芳：《宋代經濟史講演錄》，廣西師範大學出版社，2008 年。

63. 張錦鵬：《南宋交通史》，上海古籍出版社，2008 年。

64. 游彪：《宋史：文治昌盛與武功弱勢》，三民書局，2009 年。

65. 劉鳳鳴：《山東半島與古代中韓關係》，中華書局，2010 年。

66. 齊濤：《中國古代經濟史》，山東大學出版社，2011 年。

67. （日）松浦章：《清代帆船與中日文化交流》，上海科學技術出版社，2012
    年。

68. 林立群主編：《跨越海洋——「海上絲綢之路與世界文明進程」國際學術
    論壇文選》，浙江大學出版社，2012 年。

69. （葡）龔昔司：《晚清上海史》，上海社會科學院出版社，2012 年。

70. （日）松浦章：《清代上海沙船航運業史研究》，江蘇人民出版社，2012 年。

72. 謝端琚、馬文寬：《陶瓷史話》，社會科學文獻出版社，2012 年。

73. 駱文亮：《中國陶瓷文化史》，中央編譯出版社，2012 年。

74. 閆孟祥：《宋代佛教史》，人民出版社，2013 年。

75. 張仲禮主編：《近代上海城市研究（1840～1949 年）》，上海人民出版社，
    2014 年。

76. （英）胡夏米著，張忠民譯：《阿美士德號 1832 年上海之行記事》，《上海
    研究論叢（第二輯）》，上海書店，2015 年。

77. 王輝：《青龍鎮》，上海人民出版社，2015 年。

78. 石元蒙：《明清朝貢體制的兩種實踐》，知識產權出版社，2015 年。

79. 範金民：《衣被天下：明清江南絲綢史研究》，江蘇人民出版社，2015 年。

80. 樓鋼：《大巧若拙：建窯研究及圖錄》，廣東科技出版社，2016 年。

81. （日）松浦章：《清代海外貿易史研究》，天津人民出版社，2016 年。

82. 時平、朱堅秋：《上海與鄭和研究》，海洋出版社，2016 年。

83. 《中國海洋文化》編委會編：《中國海洋文化·上海卷》，海洋出版社，2016 年。

84. 泉州市博物館主編：《福建陶瓷與海上絲綢之路：中國古陶瓷學會福建會員大會暨研討會論文集》，東北師範大學出版社，2016 年。

85. 浙江省文物考古研究所，慈谿市文物管理委員會辦公室：《秘色瓷器——上林湖後司嶴窯址出土唐五代秘色瓷器》，文物出版社，2017 年。

86. 林達·約翰遜主編，成一農譯：《帝國晚期的江南城市》，上海人民出版社，2005 年。

87. 上海博物館編：《千年古港：上海青龍鎮遺址考古精粹》，上海書畫出版社，2017 年。

88. 上海博物館編：《考古·古港：上海青龍鎮的發掘與發現》，上海古籍出版社，2017 年。

89. 《中國文物地圖集·上海分冊》，中國地圖出版社，2017 年。

90. （日）上田信：《東歐亞海域史列傳》，廈門大學出版社，2018 年。

91. 萬志英著，崔傳剛譯：《劍橋中國經濟史：古代到 19 世紀》，中國人民出版社，2018 年。

92. 漆俠：《宋代經濟史》，南開大學出版社，2019 年。

93. 鮑志成主編：《絲瓷茶與人類文明：東方文化論壇（2014～2018）論文選》，浙江工商大學出版社，2019 年。

94. 席龍飛：《中國古代海洋船舶》，海天出版社，2019 年。

95. 王為國：《吳淞江文化研究》，蘇州大學出版社，2019 年。

96. 三杉隆敏著，吳昊陽譯：《陶瓷：黏連文明的泥土》，燕山出版社，2020 年。

97. 上海博物館編：《青龍鎮 2010～2015 年發掘報告》，上海古籍出版社，2022 年。

98. 陳高華、吳泰：《宋元時期的海外貿易》，天津人民出版社，1981 年。

三、今人論文

1. （日）重吉萬次：《關於備邊司的設置》，《青丘學叢》，1936 年第 23 期。

2. 鄭紹宗等：《赤峰縣大營子遼墓發掘報告》，《考古學報》，1956 年第 3 期。

3. 宋晞：《明州在宋麗貿易史上的地位》，《宋史研究集》第 18 輯，國立編譯館中華叢書編審委員會，1958 年。

4. 譚其驤：《上海得名和建鎮的年代問題》，《文匯報》，1962 年 6 月 21 日。

5. 譚其驤：《上海市大陸部分的海陸變遷和開發過程》，《考古》，1973 年第 1 期。

6. 龜井明德、石丸詳：《關於九州出土的中國陶瓷器》，《東京國立博物館研究志》第 291 號，1975 年 6 月。

7. 鄒逸麟：《上海地區最早的對外貿易港——青龍鎮》，《中華文史論叢》，1980 年第 1 輯。

8. 三上次男：《從陶磁貿易看中日文化的友好交流》，《社會科學戰線》，1980 年第 1 期。

9. 王永興：《唐代土貢資料繫年——唐代土貢研究之一》，《北京大學學報》，1982 年第 4 期。

10. 彭澤益：《鴉片戰爭前廣州新興的輕紡工業》，《歷史研究》，1983 年第 3 期。

11. 葉文程：《宋元時期我國陶瓷器的對外貿易》，《中國社會經濟史研究》，1984 年第 2 期。

12. 李潆雲：《從馬市中幾類商品看明中期江南與塞北的經濟聯繫及其作用》，《內蒙古師大學報》，1984 年第 4 期。

13. 吳永安、唐力行：《明代徽州茶商述論》，《安徽史學》，1985 年第 6 期。

14. 馮先銘：《元以前我國瓷器銷行亞洲的考察》，《文物》，1981 年第 6 期。

15. 朱江：《朝鮮半島和揚州的交通》，《揚州師院學報》，1988 年第 1 期。

16. 蘇月秋：《上海與鄭和下西洋關係考》，《傳統中國研究集刊》第 15 輯。

17. 劉洪石：《唐宋時期的海州與海上「陶瓷之路」》，《東南文化》，1990 年第 5 期。

18. 羅一星：《清代前期嶺南市場的商品流通》，《學術研究》，1991 年第 2 期。

19. 王杰:《中國古代對外航海貿易管理史》,大連海事大學出版社,1994 年版。

20. 張忠民:《「小生產,大流通」——前近代中國社會再生產的基本模式》,《中國經濟史研究》,1996 年第 2 期。

21. 齊小光、王建國、從豔雙:《遼耶律羽之墓發掘簡報》,《文物》,1996 年第 1 期。

22. 虞旭浩:《北方地區出土越窯青瓷及相關問題》,《中原文物》,1996 年第 4 期。

23. 章深:《重評宋代市舶司的主要功能》,《廣東社會科學》,1998 年第 4 期。

24. 廖大珂:《試論宋代市舶司官制的演變》,《歷史研究》,1998 年第 3 期。

25. 大隅晶子:《十六、十七世紀的中日葡貿易》,《東京國立博物館紀要》,1998 年第 23 期。

26. 許秀娟:《麒麟形象的變遷與中外文化交流的發展》,《海交史研究》,2002 年第 1 期。

27. 上海博物館考古研究部:《上海青浦區塘郁元明時期碼頭遺址》,《考古》,2002 年第 10 期。

28. 李慶新:《〈琴軒集〉與鄭和下西洋》,《廣東社會科學》,2003 年第 4 期。

29. 吳玲:《九世紀唐日貿易中的東亞商人群》,《西北工業大學學報》,2004 年第 3 期。

30. 李若晴:《麒麟入貢——〈瑞應麒麟圖〉考析》,《中國花鳥畫》,2007 年第 4 期。

31. 鄒逸麟:《青龍鎮興衰考辨》,《歷史地理》第 22 輯,上海人民出版社,2007 年。

32. 劉斌、王寧遠、郭留通等:《餘杭石馬蚪東晉窯址發掘簡報》,《東方博物》,2008 年第 1 期。

33. 董新林等:《內蒙古巴林左旗遼代祖陵考古發掘的新收穫》,《考古》,2008 年第 2 期。

34. 王輝:《宋元青龍鎮市鎮布局初探》,《都會遺蹤》,2010 年第 1 期。

35. 費馳:《17 世紀末 18 世紀初的東亞商路及其影響》,《中國邊疆史研究》,2011 年第 4 期。

36. 宋先超：《〈備邊司謄錄〉史料價值初探》，東北師範大學 2011 年碩士學位論文。

37. 周運中：《元明時期上海的海運業變遷》，《上海：海與城的交融》，上海古籍出版社，2012 年。

38. 上海博物館考古研究部：《上海市青浦區青龍鎮遺址 2010 年發掘簡報》，《東南文化》，2012 年第 2 期。

39. 鄭建明：《德清窯略論》，《文物》，2011 年第 7 期。

40. 周運中：《宋元之際上海的興起》，《學術月刊》，2012 年第 3 期。

41. 青龍鎮考古隊：《上海市青浦區青龍鎮遺址 2012 年發掘簡報》，《東南文化》，2014 年第 4 期。

42. 張曉東：《唐代後期的海上力量和東亞地緣博弈》，《史林》，2013 年第 2 期。

43. 青龍鎮考古隊：《2010～2012 年青龍鎮考古的主要收穫》，《上海文博論叢》，2013 年第 1 期。

44. 秦大樹：《中國古代陶瓷外銷的第一個高峰：9～10 世紀陶瓷外銷的規模和特點》，《故宮博物院院刊》，2013 年第 5 期。

45. 範金民：《清代前期福建商人的沿海北體貿易》，《閩臺文化研究》，2013 年第 2 期。

46. 樊紅爽：《江海關與上海地區的對外貿易研究（1684～1757）》，黑龍江大學 2014 年碩士研究生學位論文。

47. 單麗、馬琳：《元明清時期上海沙船航運業的發展與變遷》，《航海》，2014 年第 2 期。

48. 袁曉春：《朝鮮李朝《備邊司謄錄》中的廣東商人》，（《海洋史研究》第 6 輯，海洋出版社，2014 年。

49. 鄒然：《〈備邊司謄錄〉與中國漂流民——以「問情別單」為主要史料》，浙江工商大學碩士學位論文，2015 年。

50. 朱少偉：《青龍鎮與海上「絲綢之路」》，《都會遺蹤》，2015 年第 1 期。

51. 王軼凌、鄭建明：《隋唐時期浙江地區窯業的時空特徵》，《東南文化》，2015 年第 2 期。

52. 馮定雄：《新世紀以來我國海上絲綢之路研究的熱點問題述略》，《中國史研究動態》，2012 年第 4 期。

53. 周中堅：《古代泉州港興衰史淺探》，《天津師範學院學報》，《天津師範大學學報》，1981 年第 8 期。

54. 張曉東：《古代上海地區與海上絲綢之路——以宋代為中心考察》，見《行舟致遠：揚帆海上絲綢之路》，黃海數字出版社，2015 年。

55. 張曉東：《略論唐宋元時期的上海地區與海上絲綢之路交流活動》，《傳統中國研究集刊》第 12 輯，上海社會科學院出版社，2015 年版。

56. 黃仁偉、張曉東：《歷史時期的上海地區與海上絲綢之路》，《文匯報》「說苑」，2015 年 4 月 8 日。

57. 陳少豐：《宋代未立市舶機構港口之海外貿易》，《海交史研究》，2016 年第 1 期。

58. 易惠莉：《沙船商人與上海傳統城市化和近代社會變遷》，《國家航海》第 14 輯，上海古籍出版社，2016 年。

59. 徐瑩：《唐五代越窯青瓷的國內分布與傳播路線研究》，浙江大學碩士學位論文，2016 年。

60. 袁曉春：《〈備邊司謄錄〉中的山東海商與海船》，《國家航海》第 17 輯，上海古籍出版社，2016 年。

61. 袁曉春、張俊傑：《海上絲綢之路朝鮮史料中的山東海商》，《朝鮮·韓國歷史研究》，延邊大學出版社，2016 年。

62. 森達也：《宋元外銷瓷的窯口與輸出港口》，《考古與文物》，2016 年第 6 期。

63. 顧吉辰：《宋高宗時期有關上海青龍鎮的幾條史料》，《都會遺蹤》，2016 年第 4 期。

64. 張曉東：《明清時期的上海地區與海上絲綢之路貿易活動——兼論絲路貿易和殖民貿易的興替》，《史林》，2016 年第 2 期。

65. 趙紅軍、陸佳杭、汪竹：《美洲白銀輸入是否抬升了江南的米價？——來自清代松江府的經驗證據》，《中國經濟史研究》，2017 年第 4 期。

66. 高文虹、王建文：《上海青龍鎮遺址出土閩清義窯瓷器初步研究》，《福建文博》，2017 年第 2 期。

67. 張志清：《江蘇太倉樊村涇元代遺址》，《大眾考古》，2017 年第 12 期。

68. 王建文：《從出土瓷器看青龍鎮對外貿易》，《文匯報》，2017 年 1 月 13 日。

69. 張曉東：《歷史時期上海地區的地理特徵與絲路地位》，《海洋文明研究》第 3 輯，中西書局，2018 年。

70. 李彬森、郭璐莎：《五代北宋時期的越窯青瓷——以中心——邊緣關係切入》，《華夏考古》，2018 年第 3 期。

71. 秦大樹、任林梅：《早期海上貿易中的越窯青瓷及相關問題討論》，《遺產與保護研究》，2018 年第 2 期。

72. 耿元驪：《五代十國時期南方沿海五城的海上絲綢之路貿易》，《陝西師範大學學報》，2018 年第 4 期。

73. 袁曉春：《海上絲綢之路朝鮮史料中的寧波海商》，《民族史研究》第 14 輯，中央民族大學出版社，2018 年。

74. 張曉東：《唐宋上海地區市舶機構設置沿革與港口城市地位發展——兼論從上海鎮到上海縣的發展歷程》，《歷史視野下的港城互動》，科學出版社，2018 年。

75. 謝西營：《唐兩京都城遺址出土越窯瓷器及相關問題探討》，《中原文物》，2018 年第 2 期。

76. 周運中：《青龍鎮海上絲綢之路兩則新史料》，《都會遺蹤》，2018 年第 2 期。

77. 孟原召：《華光礁一號沉船與宋代南海貿易》，《博物院》，2018 年第 2 期。

78. 戴鞍鋼：《唐宋青龍港與明清上海港》，《絲路和絃：全球化視野下的中國航海歷史與文化》，復旦大學版社，2018 年。

79. 田聖寶：《東方海上絲綢之路研究述評》，山東行政學院學報，2018 年第 1 期。

80. 張曉東：《古代上海地區發生的中日佛教交流——以宋元為中心的考察》，《江南大學學報》，2019 年第 3 期。

81. 付亞瑞：《長江下游地區宋元時期沿海港市遺存的考古學研究——以出土瓷器為中心》，碩士學位論文，吉林大學，2019 年。

82. 張劍光：《宋元之際青龍鎮衰落原因探析——兼論宋元時期上海地區對外貿易的變遷》，《社會科學》，2019 年第 3 期。

83. 張曉東：《〈備邊司謄錄〉中的清代上海社會與海上貿易——基於史料整理為主的考察》，《寧波大學學報》，2019 年第 4 期。

84. 王旭：《宋代澉浦鎮興衰軌跡再探》，《河北大學學報》，2019 年第 5 期。

85. 賀雲翔、干有成：《考古學視野下的寧波越窯青瓷與東亞海上陶瓷之路》，《海交史研究》，2020 年第 3 期。

86.（日）松浦章著，徐純均譯，曹婷、劉麗婷校譯：《清「展海令」的實施與長崎唐館設置的關係》，《海交史研究》，2020 年第 1 期。

87. 楊富學、安語梵：《唐與回鶻卷碼互市實質解詁》，《石河子大學學報》，2020 年第 4 期。

88. 張曉東：《古代上海的大族與海上航運：以元代為中心》，《許昌學院學報》，2022 年第 1 期。

89. 張曉東：《從海上陶瓷之路變遷看唐宋青龍鎮港口的興衰》，《史林》，2022 年第 5 期。

90. 章天根：《崇明島上天妃宮及其民間信仰》，見中國人民政治協商會議上海市崇明縣委員會網站，文史資料部分：http://zhengxie.shcm.gov.cn/cmzx_wszl/List/list_11.htm。

91. 鄒逸麟、張修桂：《上海港的歷史地理》，《自然雜誌》，1993 年第 2 期。

92. 李敏、段紹伯：《吳淞江的變遷與改道》，《學術月刊》，1996 年第 7 期。

93. 黃純豔：《論宋代貿易港的布局與管理》，《中州學刊》，2000 年第 6 期。

後　記

　　在本書的前序中我已經提到了一些關於「歷史過程」的看法，很有趣的
是本書的寫作對我個人來說也是意味著一個「具體歷史過程」。我是在 2019
年申請並獲得上海市社科規劃辦資助的課題項目「古代上海社會與海上絲綢
之路研究」，在此以前我研究相關領域已經有了 4 年左右的時間，探索活動始
於 2015 年發表於《文匯報》的一篇文章《歷史時期的上海地區與海上絲綢之
路》。

　　在寫《文匯報》文章之前，我已經開始搜集有關上海與絲綢之路關係史的
資料，恰逢所領導黃仁偉院長找我寫一篇「命題作文」給報紙，這也要感謝他
的引領指導。於是，這一研究過程從此開始。在發表了數篇論文後，我申請了
到了相關課題，然後開始投入本書書稿的寫作。

　　課題寫作過程是艱辛的，但在 2022 年趕上了上海疫情的最艱苦歲月，封
控在家好幾個月，而當時我已經開始準備申請結項，卻苦於不能去圖書館查閱
資料。在封控結束後，妻子為我專心照顧幼兒，我則努力投入結項，在短期內
高強度工作，終於在年底順利完成初稿申請結項。結項後，如今我又獲得了花
木蘭出版公司的資助出版，可以讓這本書問世。

　　海洋史研究一直是我自 2013 年以來的研究重點。我本人的研究的志趣主
要在於運河史、海洋史、軍事史和海洋戰略問題。在上海與海上絲綢之路關係
史研究活動暫時告一段落之後，我也會繼續在原來的幾個研究方向上探索下
去，希望能做出更好的關於海洋史的研究成果，也以此來回應當前海洋作用日
益擴大的新時代。

　　首先我要感謝花木蘭文化事業有限公司的慷慨資助，以及公司編輯工作

人員的辛苦工作。這已經我在該公司出版的第三本著作，對於這家公司對嚴肅學術研究活動的支持，我表示由衷的讚許與感謝。

其次要感謝我的同學及好友趙航，身為出版社編輯的他為本書的校對和修訂提供了幫助，還給過我很多好的建議，有助於我完善這本書的文稿。

再次我要感謝我的家人，我父母和妻子都在生活上支持和幫助我，使我得以專心著述。我的兩個女兒也激發和鼓勵了我工作的熱情。特茲將本書獻給我的妻子。